光明行 系列丛书

心理与心态

北京市监狱管理局
北京市戒毒管理局　编著

中国政法大学出版社

2025·北京

**图书在版编目（CIP）数据**

心理与心态 / 北京市监狱管理局，北京市戒毒管理局编著. -- 北京：中国政法大学出版社, 2025. 3. -- ("光明行"系列丛书). -- ISBN 978-7-5764-1991-7

Ⅰ. D926.7

中国国家版本馆 CIP 数据核字第 2025H4F845 号

--------------------------------------------------------------------------------------

| | |
|---|---|
| 书　名 | 心理与心态<br>XINLI YU XINTAI |
| 出版者 | 中国政法大学出版社 |
| 地　址 | 北京市海淀区西土城路 25 号 |
| 邮　箱 | bianjishi07public@163.com |
| 网　址 | http://www.cuplpress.com (网络实名：中国政法大学出版社) |
| 电　话 | 010-58908466(第七编辑部) 010-58908334(邮购部) |
| 承　印 | 北京中科印刷有限公司 |
| 开　本 | 720mm×960mm　1/16 |
| 印　张 | 17.5 |
| 字　数 | 270 千字 |
| 版　次 | 2025 年 3 月第 1 版 |
| 印　次 | 2025 年 3 月第 1 次印刷 |
| 定　价 | 62.00 元 |

# 第一版编委会

# 修订版编委会

# 修订版总序

　　教材是传播知识的主要载体，体现着一个国家、一个民族的价值观念体系。习近平总书记指出："紧紧围绕立德树人根本任务，坚持正确政治方向，弘扬优良传统，推进改革创新，用心打造培根铸魂、启智增慧的精品教材。"监狱作为教育人、改造人的特殊学校，更加需要一套科学系统的精品教材，洗涤罪犯灵魂，将其改造成为守法公民。多年来，首都监狱系统在"惩罚与改造相结合、以改造人为宗旨"的监狱工作方针指导下，始终坚持用心用情做好教育改造罪犯工作，秉持以文化人、以文育人理念，于2012年出版了北京市监狱管理局历史上第一套罪犯教育教材——"光明行"系列丛书，旨在用文化的力量，使人觉醒、催人奋进、助人新生。

　　丛书自问世以来，得到了司法部、北京市委政法委、市司法局等上级机关和领导的充分肯定，获得了范方平、舒乙、洪昭光等知名专家的高度评价，受到了全国监狱系统同行的广泛关注，得到了罪犯的普遍欢迎，成为北京市监狱管理局科学改造罪犯的利器。这套丛书获得了多项荣誉，2012年被国家图书馆和首都图书馆典藏，《道德与践行》被中央政法委、北京市委政法委列为精品书目，《健康与养成》获得了"全国中医药标志性文化作品"优秀奖等。"光明行"系列丛书已经成为北京市监狱管理局罪犯改造体系的重要组成部分，成为北京市监狱管理局的一张名片，为全面提升罪犯改造质量发挥了重要作用。

　　党的十八大以来，以习近平同志为核心的党中央高度重视监狱工作，习近平总书记多次作出重要指示，为监狱工作提供了根本遵循，指明了前进方向。特别是随着中国特色社会主义进入新时代，社会主要矛盾发生根本转变，经济生活发生巨大变化，社会形势发生重大变革，全党确立习近平新时代中国特色社会主义思想，提出了一系列治国理政的新理念、新思想、新战略，取得了举世瞩目的成就。近年来，随着刑事司法领域全面深化改革的逐步推进，国家相关法律和监狱规章发生较大调整，监狱押犯构成发生重大变化，监狱机关面临新形势、新任务、新挑战，需要我们与时俱进，守正创新，在罪犯改造的理论体系、内容载体、方式手段，以及精准化水平等方面实现新的突破，以适应新的改造需要。在这样的背景下，北京市监狱管理局以"十个新突破"为指引，正式启动对"光明行"系列丛书的修订改版，进一步丰富完善罪犯教育教材体系，推动教育改造工作走深、走精、走活、走实。

本次修订对原有的《监狱与服刑》《道德与践行》《法律与自律》《劳动与改造》《心理与心态》《回归与融入》6本必修分册，以及《北京与文明》《信息与生活》《理财与规划》《健康与养成》4本选修分册进行更新完善，同时新编了一本《思想与政治》必修分册，以满足强化罪犯思想政治教育、树立"五个认同"的现实需要，使得丛书内容体系更加科学完善。

新修订的"光明行"系列丛书共计160余万字，展现出以下四大特点：一是反映时代特征。丛书以习近平新时代中国特色社会主义思想为指导，反映十几年来社会发展和时代进步的最新成果，将中央和司法部对监狱工作的新思路、新要求融入其中，特别是坚持同中国具体实际相结合，同中华优秀传统文化相结合，对理论及内容进行更新，充分展现"四个自信"。二是彰显首善标准。丛书总结这十几年来北京市监狱管理局改造工作经验，将"十个新突破"及教育改造精准化建设的最新要求融入其中，体现了市局党组和全局上下的使命担当和积极作为，反映了首都监狱改造工作取得的成绩和经验，展现了首都监狱工作的特色和水平。三是贴近服刑生活。丛书立足监狱工作实际，紧扣服刑、改造、生活、回归等环节，贯穿服刑改造全过程，摆事实、讲道理、明规矩、正言行，既供罪犯阅读，也供民警讲授，对罪犯有所启发，使其有所感悟，帮助罪犯解决思想和实际问题。四是适合罪犯学习。丛书更新了大量具有时代性和典型性的故事和事例，以案析理、图文并茂，文字表述通俗易懂、简单明了，每个篇章新增了阅读提示、思考题以及推荐书目和影视作品，使罪犯愿意读、有兴趣、能读懂、易接受，将思想教育做到潜移默化、润物无声。

本次修订改版从策划编写到出版问世，历时一年，经历了内容调研、提纲拟定、样章起草、正文撰写、插图设计、统稿审议、修改完善和出版印刷等大量艰辛繁忙的工作。丛书修订得到了各级领导的大力支持和悉心指导，参与社会专家达到 21 人，参与编写的监狱民警 80 余人，组织召开各类会议 130 余次，问卷调查涉及罪犯 1800 余人次，投入经费 200 万元。我们还荣幸地邀请到秦宣、章恩友、马志毅、金大鹏、林乾、吴建平、元轶、刘津、许燕、杨光、巫云仙等知名专家担任顾问，加强指导、撰写序言、提升规格、打造精品。希望广大罪犯珍惜成果、加强学习、认真领悟、真诚悔过、自觉改造，早日成为有益于社会的守法公民。

在此，谨向付出艰辛劳动的全体编写人员致以崇高敬意，向支持帮助丛书编写出版的同志们及社会各界人士表示衷心的感谢！由于时间和水平有限，难免存在疏漏和不足之处，欢迎批评指正。

"光明行"系列丛书编委会
2025 年 1 月

# 分　序

在当今社会中，心理学与我们每个人的生活息息相关。很有幸为《心理与心态》这本书撰写修订版序言，期待这本书能够为读者提供心理纾解与指导。

心理健康对于个人生活和社会平安具有重要作用，尤其是对服刑人员更为重要。这本书旨在为服刑人员提供一个深入理解自身心理特征、调整情绪、平稳心态、促进个人成长和改造的窗口。

在特殊环境下的生活与改造过程，也是自我新生的心理重建过程，心理学知识与方法是个体实现自我反省与人格提升的基础。只有认识过去内心的人格暗影，才能启动当下自我改造的决心；只有放弃过去有偏差的价值取向，才能启动对生命意义的追寻；只有识别过去积存的情绪阴霾，才能启动当下情绪调适的功能；只有分辨过去反常的行为模式，才能启动当下自主控制的动机。这本书力求通过学习心理学知识，运用心理学方法，重选未来人生之路，实现个人的心理建设目标。因此，本书也是服刑人员的必读书目。

本书内容丰富，结构清晰，方法多样。全书分为六个篇章，每个篇章都包含了实用的知识和技巧。本书内容包含心理学基础知识的介绍，分析狱中常见心理状态，帮助读者识别"心理不适"的表现，积极适应监管环境，知晓危机时刻的求助行为，重构自我认知，确立正确的人生观和价值观，掌握人际交往技能，学会自我调适方法，提升抗挫折能力，形成良好的行为习惯，积极参与心理训练与改造项目，为重返社会提供准备。

　　心理成长是大家重返社会、重新生活的关键。希望这本书能够成为大家的心灵伴侣、成长的催化剂，助力大家开启新的人生篇章。

　　是为序。

北京师范大学心理学部教授

2024 年 12 月 1 日

# 目 录

# 第一篇 常识普及

心理健康是一种良好的、持续的心理状态与过程。表现为个人具有生命的活力、积极的内心体验、良好的社会适应能力，能够有效地发挥个人身心潜力以及作为社会一员的积极的社会功能。

【阅读提示】

1. 了解保持积极心态对构建阳光人生的重要性。

2. 学习如何自我评估心理状态，掌握把脉心灵的方法。

3. 认识各种常见"心灵不适"的表现及成因。

4. 重视心理危机状态，掌握应对危机和寻求帮助的途径。

# 一、阳光人生从心开始

重视心理健康和精神卫生。
——党的二十大报告

## 心理健康不容忽视

世界卫生组织（WHO）对健康的定义是："健康不仅是没有疾病，而且包括躯体健康、心理健康、社会适应良好和道德健康。"由此可知，健康不仅仅是指躯体健康，还包括心理、社会适应、道德品质的健康，它们之间是相互依存、相互促进、有机结合的关系。当人体在这几个方面都健全时，才算得上真正的健康。一般而言，心理健康是指个体的心理活动处于正常状态下，即认知正常，情感协调，意志健全，个性完整和适应良好，能够充分发挥自身的最大潜能，以适应生活、学习、工作和社会环境的发展与变化。

心理健康对人有着十分重大的意义，心理和生理相互影响不可分割。如果心理健康状况不良，就会影响生理状况，对人的躯体健康造成危害，甚至可能导致疾病，如高血压、冠心病、溃疡病等。不良情绪可以使人的免疫力下降，使人容易生病，所以生活中我们会看到郁郁寡欢的人更易积郁成疾。

心理状态会影响人的社会适应能力。一般有心理疾病的人，最常见的困难就是人际关系不如意，或表现为过分退缩，不敢或不愿与人交往，或是不善处理人际冲突或纠纷，他人也因为其表现不适宜而不愿与之过多交往。患有抑郁症或焦虑症等心理疾病，也会对学习或工作效率产生很大影响。若患有严重的心理疾病，患者甚至无法进行正常的家庭生活和社会生活，不仅给个人和家庭带来痛苦和不幸，而且可能会给社会造成损害。社会上发生的恶性事件，有不少与当事人的心理健康状况不良有关。

心理健康是幸福、快乐的源泉，是人生成败的重要影响因素。人幸福快乐与否，并非取决于外在条件（如容貌、经济条件、社会地位等），而在于用何种心态去接受人生的考验。只有拥有良好的心理素质和健康的心态，在面临困难和挫折时才能及时地调整自己，合理地看待困难和挫折，保持乐观、自信的心态，并最终战胜困难和挫折，从而拥有成功的人生。

## 心理不健康的常见表现

以下情况持续时间一个月以上，可能是心理不健康：感到焦虑和紧张；感到无法应对；感到要做的事情太多；感到来自他人的压力，容易发火或爱发牢骚；因为责任而感到过度忧虑；感觉孤独或寂寞；感觉疲倦；对未来感到担忧；很难放松或睡眠出现问题；头痛；很难集中注意力；认为一件事情非常糟糕，找不到头绪。

## 影响心理健康的因素

### 生物因素
包括遗传因素、病毒感染与躯体疾病、脑外伤及其他因素。

### 环境因素
没有谁是一帆风顺的，我们可能会经历生病、离异、重要的人去世、考试没通过、被裁员等各种负性事件，当无法应对这些负性事件时，就会给我们的心理健康造成消极影响。

### 心理因素
人在处于消极情绪时，不但会降低对自我的认知和评价，而且紧张、恐惧、烦躁的情绪会阻碍问题解决的速度，陷入对某一类问题"总是"无法解决的困境。

贬低自己，会使我们丧失自信，做不好本来能做好的事。

敏感多疑，会降低我们的心理承受能力，以至于终日处于紧张焦虑的心理状态之中，最终导致心理崩溃、自信心丧失。

回避社交，会让我们难以与他人建立亲密关系，因为孤单而越发孤僻，感到无助寂寞。

# 心理稳定之光柱冥想

该冥想技术是重要的心理稳定化方式，可以帮助当事人快速处理身心反应；对闯入性体验暂时隔离，快速缓解躯体化反应。

指导语如下：

感受一下此时此刻你身体的哪个部位有不舒服或疲劳的感觉。

把这个感觉物化、具体化，描述其细节。比如物化后的感觉有多大，是什么形状，外表是什么颜色，是否平整，材质是什么，有没有气味，等等。

想象从天空中照下一束温暖、平和的光柱，描述光柱的大小、形状、颜色、温度。光柱的大小和能量要能够融化所物化的负面感受。如果感觉不够，可以再追加一些光，把光柱变大、变强。

让光柱从你的头皮开始慢慢由上而下地进入你的身体，在身体不舒服的位置停下来，用光柱的力量击打物化后的负面感受，如果力量不足，可以再追加光柱，直到有力量把它全部打碎融化。之后光柱继续沿着身体下行，光柱带着温暖从你的脚流进大地里面。

感受身体那个此前不舒服的部位是不是轻松了。

设计一种方式，一个动作，或者一句话。当你想让光柱再回来的时候，用这种方式，就可以让光柱立即回到你头的上方，为你融化不舒服的感觉。

此外，如果用光照了那个部位，还觉得疲劳、难受，可以继续追加光柱，加大力量，继续想象光柱在缓慢重复地融化疲惫、难受。

该方法学会后可以反复使用。

**思考题**

1. 入狱服刑给你的心理带来哪些影响？你认为影响狱内服刑心理健康的因素有哪些？

2. 心态对人生的影响主要体现在哪些方面？请举例说明积极心态和消极心态分别会带来怎样不同的人生轨迹。

3. 当面对生活中的挫折和困境时，如何从"心"出发保持阳光人生？本节给出了哪些启示？

# 二、我为心灵把把脉

一个心地干净、思路清晰，没有多余情绪和妄念的人，是会带给人安全感的。因为他不伤人，也不自伤；不制造麻烦，也不麻烦别人。某种程度上来说，这是一种持戒。

——林语堂

## 那些需要修正的心灵

李峰（化名），犯贪污罪被判有期徒刑十年。自小父母对他很溺爱，缩衣节食也要满足他的要求。他进了一所三本大学，在那里结识了一群富家子弟，追求跟他们一样的享乐生活。毕业后，李峰到医院工作，私自低价出售了医院价值一百多万元的药品。入狱后，他仍然表现得爱慕虚荣，显摆自己在外面花钱如流水的生活，吹牛"哪位大人物"

是自己家的亲戚，说起大话是面不改色心不跳。

看起来李峰是过分自信，但其实，他心里特别惶恐。他想得到大家的注意，想得到自己得不到的东西，实际上他也知道自己的现实条件并没有那么好，但他想让别人对他高看一眼。爱慕虚荣的人具有戏剧化的人格倾向，他们多半容易冲动、善变、缺乏真实的情感，很难静下心来锻炼自己的能力，浮躁不安。他们为自身资本的不足而感到自卑，便以夸大其词来掩饰。

李峰如果要改变自己爱慕虚荣的性格，需要付出辛劳的历练，摆脱浮躁情绪；多一些对生活的见识和阅历，消除完美主义，接纳自己的不足；培养一项专长，找到自己的精神支柱。

张力勤（化名），在改造生活中常常为一些琐碎小事和他人发生口角。别人一获得什么奖励，他就会风言风语；别人受到表扬，他就会觉得自己所受的待遇不公而大发牢骚。他就是看不得别人好，只要别人有什么比他强，他就会恶语中伤对方。

这种见不得别人好的心理源于嫉妒，在面对"人好我差，人有我无"的情况时，心里便不是滋味，潜意识中希望占有属于别人的东西；当无法占有别人的东西时，便去破坏别人的东西，力图把别人拉回到和自己一样的起跑线上。嫉妒和对抗的心理是因为内心仅渴望占有，但又不想发展自己。有这种心理的人往往因为一些创伤经历，自我评价很低。经了解，张力勤在入狱前，因童年时父母离异，给他的心理打击非常大，因而年纪很小就离家出走。这样的经历让他觉得自己很不幸，接受不了别人的幸福和优越。

对于好妒的人，他们需要获得一些自我价值感，才能把别人的"好"视为对自己的鞭策和挑战，不再试图通过打击别人来抬高自己。

丁平（化名），因抢劫罪被判入狱。在一次调整劳动工种后，表现得特别不适应，不久赶上父亲来探监，和他谈到最近身体状况不好，丁平从那天起就开始心情烦躁，坐立不安，紧张害怕。一周后，因为一件小事就和同班组罪犯打起来。渐渐地，他

开始悲观失望，觉得活着没意思，每天晚上噩梦连连。

原来，丁平在从前的工种中做得很顺手，被调到新的工种，一时上不了手，完成不了任务。他是个自我评价很高的人，完不成任务的状况让他觉得自己很无能、很沮丧。同时，他还猜疑是不是自己因为什么事

惹恼了民警，民警有意跟他过不去才调整了他的劳动岗位，于是越猜疑越睡不着觉。父亲是丁平的精神支柱，这次探视，父亲谈到身体不好，让本来内心动荡的丁平突然有一种要失去父亲的恐惧，于是精神压力袭来，不堪重负。

直到他主动求助，心理咨询师帮他向民警了解了换工种的原因，原来是目前的岗位缺人，而他是被推荐的人选。丁平又和父亲那边通了电话，确认父亲的病并不是很严重。了解了烦恼的缘由，丁平的焦虑、抑郁状况才渐渐消失，他开始在民警的指导下写日记，检视自己放大焦虑的想法，强大自己的内心。

## 心理健康的标准

根据北京市卫生健康委员会宣传教育中心资料，2015 年，蔡焯基教授等 190 多名中国心理卫生专家经过 3 年的调查与研究，提出了中国人心理健康的 5 条标准及 15 条评价要素，以下为具体内容。

第一条，认识自我，感受安全。主要考察自我意识水平，评价要素包括：

（1）自我认知：了解自我，恰当地评价自己，有一定的自尊心和自信心。

（2）自我接纳：体验自我存在的价值，接受自己。

（3）有安全感：对人身安全、生活稳定有基本的安全感。

第二条，自我学习，生活独立。主要考察生活和学习能力，评价要素包括：

（1）生活能力：能够独立处理日常生活中大部分的衣食住行活动。

（2）学习能力：具有从经验中学习、获得知识与技能的能力。

（3）解决问题能力：能够利用获得的知识、能力或技能解决常见的问题。

第三条，情绪稳定，反应适度。主要考察情绪健康水平，评价要素包括：

（1）情绪稳定：能够保持情绪基本稳定。

（2）情绪控制：能够调控自己情绪的变化。

（3）情绪积极：情绪状态能够保持以积极情绪为主导。

第四条，人际和谐，接纳他人。主要考察人际关系，评价要素包括：

（1）人际交往能力：具有基本的社会交往能力，能够处理和保持基本的人际交往关系。

（2）人际满足：能在人际互动中体验到正常的情绪情感，获得安全感。

（3）接纳他人：能够接纳他人及交往中的问题。

第五条，适应环境，应对挫折。主要考察环境适应能力，评价要素包括：

（1）行为符合年龄与环境：基本能够履行社会所要求的各种角色规定，心理与行为符合所处的环境与年龄特征。

（2）接受现实：保持与环境接触，积极主动地去适应现实和改变现实，而不是逃避现实。

（3）合理应对：能够面对现实，正确面对并克服困难、挫折。

## 什么样的心理是健康的？

"最近心里头难受，身体也觉得不太舒服。"像这样的感受每个人都有过，那你知道心理健康如何影响身体健康吗？又有哪些生活方式有助于身心健康？

"孩子总是让我操心，这两天老人又有点儿不好。"家庭生活是幸福的基石，你一定想了解，如何才能更好地照顾孩子的心理发展以及如何才能更好地关爱老人的心理健康。

国家卫生健康委员会针对社会对心理健康的主要关切，制定了《心理健康素养十条（2018年版）》，以下为具体内容。

第一条：心理健康是健康的重要组成部分，身心健康密切关联、相互影响。

一个健康的人，不仅在身体方面是健康的，在心理方面也是健康的。心理健康是人在成长和发展过程中，认知合理、情绪稳定、行为适当、人际和谐、适应变化的一种完好状态。心理健康事关个体的幸福，家庭的和睦，社会的和谐。心理健康与身体健康之间存在着密切的关联。一方面，心理健康会影响身体健康。例如，消极情绪会导致个体的免疫水平下降。癌症、冠心病、消化系统溃疡等是与消极情绪有关的身心疾病。另一方面，心理健康也受到身体健康的影响。例如，慢性疾病患者的抑郁焦虑等心理疾病发病率比普通人群更高。长期处在较大的压力下而无法得到有效疏解，对心理健康和身体健康都会带来不良影响。

第二条：适量运动有益于情绪健康，可预防、缓解焦虑抑郁。

运动是健康生活方式的核心内容之一，对于心理健康也有帮助。运动尤其是有氧运动时，大脑释放的化学物质内啡肽是一种"快乐激素"，不仅具有止痛的效果，还是天然的抗抑郁药。太极拳、瑜伽等注重觉察和调整自身呼吸的运动有助于平静情绪、缓解焦虑。运动还可以提升自信、促进社会交往。坚持适量运动，每周运动三到五天，每次锻炼30分钟以上，对于预防和缓解焦虑抑郁更为有效。

第三条：出现心理疾病积极求助，是负责任、有智慧的表现。

出现心理疾病却不愿寻求专业帮助是常见而有害健康的表现。不愿求助的原因包括：认为去见精神科医生或心理咨询师就代表自己有精神心理疾病；认为病情严重才有必要就诊；认为寻求他人帮助就意味着自己没有能力解决自己的问题；担心周围的人对自己的看法等。其实求助于专业人员既不等于有病，也不等于病情严重。相反，往往是心理比较健康的人更能够积极求助，他们更勇于面对问题、主动做出改变、对未来有更乐观的态度。积极求助本身就是一种能力，也是负责任、关爱自己、有智慧的表现。出现心理疾病可求助于医院的相关科室、专业的心理咨询机构和社工机构等。求助的内容包括：寻求专业评估和诊断、获得心理健康知识教育、接受心理咨询、心理治疗与药物治疗等。

第四条：睡不好，别忽视，可能是身心健康问题。

睡眠质量是身心健康的综合表现。常见的睡眠问题包括入睡困难、早醒、夜间醒后难以入睡、经常做噩梦等。睡眠不良提示着存在心理疾病或生理问题，是身心健康不可忽视的警示信号。多数睡眠不良是情绪困扰所致，抑郁、焦虑等常见情绪问题都可能干扰睡眠。焦虑往往导致入睡困难，抑郁则常常伴随着失眠早醒等问题。另外，睡眠不良会影响心理健康，加重心理疾病。睡眠不足会损害情绪调控能力，使负面情绪增加。

第五条：抑郁焦虑可有效防治，需及早评估，积极治疗。

抑郁症和焦虑症都是常见的心理疾病。如果情绪低落、兴趣丧失、精力缺乏持续两周以上有可能患上抑郁症。抑郁症可导致精神痛苦、学习无效、工作拖延，甚至悲观厌世。抑郁患者具有较高的自杀风险，需要及时防范。焦虑症以焦虑情绪体验为主要特征，主要表现为无明确客观对象的紧张担心、坐立不安并伴有心跳加速、手抖、出汗、尿频等症状。公众要提高对自身情绪健康的觉察能力，及时寻求科学的评估方法，尽早求治，防止问题加重。抑郁症、焦虑症可以通过药物治疗、心理治疗或两者相结合的方式治疗，及时治疗有助于降低自杀风险，预防复发。

第六条：服用精神类药物需遵医嘱，不滥用，不自行减停。

药物治疗是针对许多心理疾病常用而有效的治疗方式之一。精神类药物种类繁多，药物在用量、适用范围与禁忌、副作用等方面各有特点，精神类药物必须在精神科医生的指导下使用，不得自己任意使用。某些药物的滥用可能会导致药物依赖及其他危害。在用药期间，要把自己的实际情况及时反馈给医生，遵从医嘱按时复诊，听从医生的指导进行药物类别及用量的调整。在病情得到有效的控制后，应继续听从医生的用药指导，不可急于停药。自己任意调整药量甚至停止用药可能带来病情复发或恶化的风险。药物具有一定的副作用，其表现和程度因人而异，应向医生沟通咨询，切不可因为担忧药物的副作用而拒绝必要的药物治疗。

第七条：儿童心理发展有规律，要多了解，多尊重，科学引导。

儿童心理发展包括感知觉、认知、语言、情绪、个性和社会性等方面，各有其内在发展规律。在存在普遍规律的同时，不同的儿童在发展的速度、水平、优势领域等方面存在差异。养育者需了解儿童发展特点，理性看待孩子间的差异，尊重每个孩子自身的发展节奏和特点。越是早期的发展阶段，对其一生心理特征的影响就越大。如果儿童的压力过大、缺乏运动、缺乏社交，将不利于大脑发育，阻碍心理成长。儿童心理发展，离不开先天因素与环境因素的共同作用。家庭是最重要的环境因素，良好的家庭氛围有益于儿童的身心健康。惩罚是短期有效但长远有害的管教方式。比奖惩更有效的，是理解并尊重孩子的情绪和需求，科学引导。养育者需要管理好自己的情绪，在养育孩子的过程中不断学习、反思和成长。养育者要把握好尺度，既要支持引导，又不要急于干预。在儿童发展中，有些"问题"其实是常见的，这类"问题"会随着成长逐渐消失。养育者有时可能会夸大或忽视孩子的问题，要开放地听取他人的反馈，或向专业人员求助。

第八条：预防老年痴呆，要多运动，多用脑，多接触社会。

老年痴呆是一种发生于老年期的退行性脑病，目前尚无特效药物能达到治愈效果，所以早期识别和干预尤为重要。老年痴呆的主要症状包括：记忆退化乃至影响生活、难以完成原本熟悉的任务、难以做出决策、言语表达出现困难、性格发生变化等。通过认知功能评估可尽早发现老年痴呆。健康的生活方式有助于预防老年痴呆。老年人要多运动、多用脑、多参与社会交往，包括保持规律运动的习惯、增加有益的户外运动、保持学习与思考的习惯、积极进行社会交往等。

第九条：要理解和关怀精神心理疾病患者，不歧视，不排斥。

人们对于精神心理疾病的恐惧和排斥很多是出于对疾病的不了解。实际上，精神心理疾病在得到有效治疗后，可以缓解乃至康复。因此，精神心理疾病患者经过有效治疗，症状得到控制后，可以扮演好家庭、职场与社会中的不同角色，承担不同责任。把患者排除在正常的人际交往和工作环境之外，是不必要的，也是不恰当的。对于具有工作能力的精神心理疾病患者，为其提供适当的工作和平稳的生活环境，有利于病情的好转和康复。

第十条：用科学的方法缓解压力，不逃避，不消极。

面对生活中的各种压力，人们会采取不同的方式进行缓解。需要注意的是，有些减压方式看起来能够立刻舒缓心情，但或许弊大于利，是不健康的。例如，吸烟、饮酒、过度购物、沉迷游戏等解压方式。虽然当时可能带来缓解，但也会带来更多身心健康和生活适应的问题。通过学习科学有效的减压方式可以更好地应对压力，维护身心健康。第一，调整自己的想法。找出导致不良情绪的消极想法；根据客观现实，减少偏激歪曲的认识。第二，积极寻求人际支持。选择合适的倾诉对象，获得情感支持和实际支持。第三，保持健康的生活方式。采用适量运动等健康的方式调节情绪。判断什么是科学的减压方式，主要是看这种方式是否有利于人们更好地应对现实问题，是否有利于长远的身心健康。

## 不存在绝对的心理健康或不健康

一方面，我们应该对心理健康保持关注和重视；另一方面，我们也不必过于恐慌，稍有风吹草动就给自己贴上心理不健康的标签。大家需要明白心理健康是动态变化的过程，而非绝对一成不变。

因此，心理健康可以通过主动调整和维护来达成。对于心理疾病，要做到早预防、早发现、早治疗；对于个人性格、能力等方面的不足，我们可以积极提高自我的适应和应变能力，积极改善人际关系，从而帮助实现心理健康。

## 5件小事得健康

每天做5件简单的小事，就能帮助我们拥有一个积极的心态。这5件事分别是：

（1）保持交流。与他人聊天、写信等，可以丰富我们的生活，并带来情感抚慰。

（2）保持活跃。做运动，培养爱好，促进身体的灵活性和身心健康。

（3）保持好奇心。注意观察日常生活的细微和不寻常之处，学会享受时光并思考，这将帮助我们以欣赏的眼光看待这个世界。

（4）学习。学习书法、画画、手工制作等一技之长。挑战和成就感会带来乐趣和自信。

（5）奉献。关注和帮助身边的人，这会让我们拥有自我价值感，并从中受益良多。

**思考题**

1. 结合自身经历，你认为服刑期间哪些生活事件最容易对心灵造成冲击？应对这些冲击的方法有哪些？

2. 良好的人际关系对心灵健康有什么重要作用？如何通过改善人际关系来为心灵"疗伤"？

3. 当狱友出现负面情绪时，请谈谈你会怎么做？

# 三、"心灵不适"种种

心灵太渴望快乐，所以当它得不到的时候就得自己制造。当面对太残酷的现在，它就必须回到过去生活。过去的幸福时光留下些许记忆，它们的光芒在未来的时间里仍将长久的照耀着。

——罗曼·罗兰

## 心理健康的分级

心理健康是一种持续的、积极的心理状态。个体在心理健康的状态下，能够与环境有良好的适应，其生命具有活力，能充分发挥其身心潜能。据此，人的心理健康水平大体可分为三个等级。

一是一般常态心理，表现为心情愉快，适应能力强，善于与别人相处，能较好地完成与同龄人发展水平相适应的活动，具有调节情绪的能力。

二是轻度失调心理，表现为不具有同龄人所应有的愉快，与他人相处略感困难，生活自理能力较差，经主动调节或通过专业人员帮助后可恢复常态。

三是严重病态心理，表现为严重的适应失调，不能维持正常的生活和工作，如不及时治疗可能发展为精神障碍患者。

## 心理行为问题的成因

关于心理行为问题的成因，一个已知的主要风险因素是生活中经历了创伤性事件，但减少这些事件是社会目标，而且通常很难实现。人们更需要了解导致心理疾病的一些可控危险因素。

例如，父母之间的冲突会增加子女心理压力的风险，父母自身的不良教养对儿童抑郁和焦虑有重要影响。

但是，有些疾病或问题可能不是由父母教养等外在因素引起的，如精神分裂症，生活事件可能只是一个促进因素。

正确了解心理知识，会减少人们的诸多认识误区和困扰，也有助于寻找到正确预防和干预的途径。

## 人格障碍[1]

人格障碍开始于童年、青少年或成年早期，并一直持续到成年乃至终身。人格阻碍没有明确的起病时间，不具备疾病发生发展的一般过程，可能存在脑功能损害，但一般没有明显的神经系统形态学病理变化。

人格显著地、持久地偏离了所在社会文化环境应有的范围，从而形成与众不同的行为模式。个性上有情绪不稳、自制力差、与人合作能力和自我超越能力差等特征。

人格障碍主要表现为情感和行为的异常，但其意识状态、智力均无明显缺陷。一般没有幻觉和妄想，可与精神病性障碍相鉴别。

人格障碍者对自身人格缺陷常无自知之明，难以从失败中吸取教训，屡犯同样的错误，因而在人际交往、职业发展和感情生活中常常受挫，以致害人害己。

人格障碍者一般能应付日常工作和生活，能理解自己行为的后果，也能在一定程度上理解社会对其行为的评价，主观上往往感到痛苦。

## 精神分裂

精神分裂症是一组病因未明的常见精神疾病，多起病于青壮年，常有感知、思维、情感、行为等方面的障碍和精神活动的不协调，比较典型的症状还有妄想与幻觉，病程迁延，常可发展为精神活动衰退等特征。本病严重损害患者的身心健康，给患者家庭、社会带来沉重的负担。早期主要表现为性格改变，如不理睬亲人、不讲卫生、行为怪异

---

[1]　程利娜：《父母教养方式和社会支持与服刑人员人格障碍关系》，载《中国公共卫生》2013年第1期。

等。如果病情进一步发展，即表现为思维紊乱，病人的思考过程缺乏逻辑性和连贯性，言语零乱、词不达意。

# 抑　郁

你是否感到悲伤，而且大部分时间都不开心？你是否觉得沮丧，觉得自己一无是处？你是否觉得过去认为很重要的事，现在却一点儿也不在乎？你是否对什么都提不起兴趣，甚至不关心自己所爱的人？你是否只想一个人独处？你是否睡不好，胃口也不如从前？

以上所描述的就是较为典型的抑郁症状。当生活中遇到困境，我们会感受到忧郁，当一些症状持续两周以上，已经给生活带来消极影响的时候，我们可能正遭遇抑郁症的困扰。

很多抑郁症患者没有被诊断和治疗，大多数都默默承受，孤独无助，靠时间挨过痛苦。需要警惕的是，抑郁症患者并不一定表现为情绪低落或思维迟缓，也可能从表面看与他人并无不同，习惯笑对一切，而其自身的负面情绪却隐藏在面具背后、无法排解。抑郁症本身不会致命，但是它却可能导致得病的人选择自我伤害。

# 自我测试和断定方法

抑郁症不是普遍意义上的心情不好，一个人情绪低落，但过两天就好了，这就不是抑郁症。抑郁症有九个主要症状，只要以下这些症状至少存在四项，而且持续了两周还不能缓解，并且影响到了平时的正常生活，就需要考虑是否患上了抑郁症，并及时找专科医生就诊咨询。

主要症状有：

（1）兴趣丧失，没有愉快感；

（2）精力减退，常有无缘无故的疲乏感；

（3）反应变慢，或者情绪容易激动、亢奋，也容易被激怒；

（4）自我评价过低，时常自责或有内疚感，这也是导致患者自杀的主要原因；

（5）联想困难或自觉思考能力下降，对一些日常生活小事也难以决断；

（6）反复出现想死的念头或有自杀、自伤行为；

（7）睡眠障碍，如失眠、早醒或睡眠过多（据研究，80%的抑郁症患者具有睡眠障碍）；

（8）食欲降低或体重明显减轻；

（9）性欲减退。

除上述症状外，抑郁症还有一些"周边症状"。在亚洲特别是中国和日本，大多数抑郁症患者主要不是情绪方面的症状，而是头痛、头晕、腹胀、心悸、身体疼痛等躯体症状。因此一些查不出生理原因的躯体症状也应该考虑是否有抑郁症的可能，以免延误治疗。

除了自我症状监测，还可利用试题进行是否患有抑郁症及严重程度的测试。

## 抑郁情绪测试题

抑郁自评量表（Self-Rating Depression Scale，SDS）是美国杜克大学的 W. K. Zung 于 1965 年编制的，用于衡量抑郁状态的轻重程度及其在治疗中的变化。该量表在我国的心理学基础研究以及实践评估中应用广泛,有研究者曾报告过该量表在中国被试者中有良好的信度和效度。

适用范围:适用于各种职业、文化阶层、年龄段的正常人或各类精神病患者。但不适用于文化程度或智力水平较低者进行自评。

指导语:建议您选择一处安静、不易受打扰的环境,回想近两周的情绪状态,然后对下列每题符合您情绪的项目打分:1分为没有或很少时间;2分为少部分时间;3分为相当多时间;4分为绝大部分或全部时间。

1. 我感到郁闷,情绪低沉。

2*. 我感到早晨心情最好。

3. 我要哭或想哭。

4. 我夜间睡眠不好。

5*. 我吃东西和平时一样多。

6*. 我与异性接触时和以往一样感到愉快。

7. 我感到体重减轻。

8. 我为便秘烦恼。

9. 我的心跳比平时快。

10. 我无故感到疲劳。

11*. 我的头脑像往常一样清楚。

12*. 我做事情像平时一样,不感到困难。

13. 我坐卧不安,难以平静。

14*. 我对未来感到有希望。

15. 我比平时容易激动生气。

16*. 我觉得决定什么事很容易。

17*. 我感到自己是有用的和不可缺少的人。

18*. 我的生活过得很有意思。

19. 我认为我死了别人会过得更好。

20*. 我仍旧喜爱自己平时喜爱的东西。

**注**:标 * 者为反向记分。

结果分析:指标为总分。

将20个项目的各项得分相加,即得粗分。

标准分等于粗分乘以 1.25 后的整数部分。

标准分（中国常模）为：

（1）轻度抑郁：53~62。

（2）中度抑郁：63~72。

（3）重度抑郁：>72。

我国以 SDS 标准分≥50 分为有抑郁症状。

重要说明：测评结果不能作为诊断结果，如怀疑自己有抑郁症，请务必前往精神专科医院，由医生做出诊断。

## 心理保健的小方法

心理保健就是通过各种各样的调节方法祛除一些对心理有害的因素，以提高个体的心理健康水平，预防心理障碍的发生。和预防躯体的疾病一样，个体在心理上也需要不断地"清扫""维修"和"整理"。通常我们说的宣泄、疏导情绪，改变观念，调整心态，改变行为习惯，都属于心理保健的范畴。

以下是一些心理保健的小建议，希望可以帮到你。

（1）劳逸结合。合理地安排工作，提高工作兴趣，注意生活有规律，避免身心出现超负荷状态（心理健康的警戒线）。做到动静、劳逸结合，精神张弛有度，可以有效地缓解或减轻各种心理压力。

（2）保持平常心。宽容大度地看待世态人情，凡事量力而行，不追求完美无缺，只需尽力而为即可。在工作、学习及生活中，尽量求真务实少图虚名，保持一颗平常心。

（3）保持乐观的心态。快乐是健康之本，个体要学会为自己创造轻松愉悦的心境，比如，勤奋工作奉献为乐，扶贫济困助人为乐，广交挚友适度娱乐，家庭和美享天伦之乐。总之，我们要学会多方面挖掘生活中的美，并用积极乐观的态度对待工作与生活。

（4）培养情趣。培养生活兴趣，积极参加社会活动，参与其中并乐在其中，如琴棋书画、音乐歌舞、栽花钓鱼、远足郊游，相信不同年龄和性别的人们，都会找到适合自己参加的活动内容。

（5）强身健体。加强体育锻炼，增强身体素质。身心两方面密不可分，适度参加各种体育锻炼，或许会给我们带来全新的心理感受，强身健体的同时也在悄然调理着我们的身心机能。

（6）适度求助他人。当个体面临重大困难的时候，能不能及时地从亲人、朋友那里获得强有力的支持和帮助，对维系其身心健康至关重要。对付生活境遇中的各种困难是协同作战还是孤军对敌？显然前者的力量强于后者。所以，遇到自己难以解决的困难时，可以适度求助亲朋好友，助力自己摆脱困境。如果个体通过上述途径都无法有效解决心理困扰，建议寻求专业人员的帮助与指导。

## 情绪 ABC 理论〔1〕

ABC 理论（ABC Model）是由美国心理学家阿尔伯特·埃利斯（Albert Ellis）创建的。就是认为激发事件 A（activating event）只是引发情绪和行为后果 C（consequence）的间接原因，而引起 C 的直接原因则是个体对激发事件 A 的认知和评价而产生的信念 B（belief），即人的消极情绪和行为障碍结果（C），不是由于某一激发事件（A）直接引发的，而是由于经受这一事件的个体对它不正确的认知和评价所产生的错误信念（B）所直接引起。错误信念也称为非理性信念。

情绪 ABC 理论的创始者埃利斯认为：正是由于我们常有的一些不合理的信念才使我们产生情绪困扰。如果这些不合理的信念长期存在，将极有可能引起情绪障碍。情绪 ABC 理论中：A 表示诱发性事件，B 表示个体针对此诱发性事件产生的一些信念，即对这件事的一些看法、解释。C 表示个体自己产生的情绪和行为的结果。

通常人们会认为诱发事件 A 直接导致了人的情绪和行为结果 C，发生了什么事就引起了什么情绪体验。然而，同样一件事，对不同的人，会引起不同的情绪体验。比如，同样是报考一项考试，结果两个人都没考过。一个人无所谓，而另一个人却伤心欲绝。

这是因为诱发事件与情绪、行为结果之间，不同的人对诱发事件的看法和解释不同。一个人可能认为：这次考试只是试一试，考不过也没

---

〔1〕 何汝明：《情绪 ABC 理论在德育中的运用》，载《中国德育》2016 年第 20 期。

关系，下次可以再来。另一个人可能想：我精心准备了那么长时间，竟然没过，是不是我太笨了，我还有什么用啊，人家会怎么评价我。于是对诱发事件不同的解释带来的行为结果大相径庭。

## 常见的不合理信念及其特征[1]

自己应比别人强，自我价值过高；人应该得到生活中所有对自己重要的人的喜爱和赞许；有价值的人应在各方面都比别人强；任何事物都应按自己的意愿发展，否则会很糟糕；一个人应该担心随时可能发生灾祸；情绪由外界控制，自己无能为力；已经定下的事是无法改变的；一个人碰到的种种问题，总应该都有一个正确、完满的答案，如果一个人无法找到它，便是不能容忍的事；对不好的人应该给予严厉的惩罚和制裁；逃避挑战与责任可能要比正视它们容易得多……

以上都是生活中常见的不合理信念（上文提到的 B，对诱发事件的解释）。

依据 ABC 理论，分析日常生活中的一些具体情况，我们不难发现人的不合理观念常常具有以下三个特征。

一是绝对化的要求。它是指人们常常以自己的意愿为出发点，认为某事物必定发生或不发生的想法，常常表现为将"希望""想要"等绝对化为"必须""应该"或"一定要"等。例如，"我必须成功""别人必须对我好"等。这种绝对化的要求之所以不合理，是因为客观事物都有其自身的发展规律，不可能以个人的意志为转移。对于某个人来说，他不可能在每一件事上都获得成功，他周围的人或事物的表现及发展也不会以他的意愿来改变。因此，当某些事物的发展与其对事物的绝对化要求相悖时，他就会感到难以接受和适应，从而极易陷入情绪困扰之中。

二是过分概括化。这是一种以偏概全的不合理思维方式的表现，它常常把"有时""某些"过分概括化为"总是""所有"等。用埃利斯的话来说，这就好像"以貌取人"。它具体体现在人们对自己或他人的

---

[1] 钱铭怡等：《对不合理信念的调查》，载《中国临床心理学杂志》1993 年第 2 期。

不合理评价上，典型特征是以某一件或某几件事来评价自身或对他人的整体价值。例如，有些人遭受一些失败后，就会认为自己"一无是处、毫无价值"，这种片面的自我否定往往导致自暴自弃、自罪自责等不良情绪。而这种评价一旦指向他人，就会产生一味地指责别人，产生怨愤、敌意等消极情绪。我们应该认识到，"金无足赤，人无完人"，每个人都有犯错误的可能性。

三是糟糕至极。这种观念认为如果一件不好的事情发生，那将是非常可怕和糟糕。例如，"我没考上大学，一切都完了""我没当上处长，不会有前途了"。这种想法是非理性的，因为对任何一件事情来说，都会有比之更坏的情况发生，所以没有一件事情可被定义为糟糕至极。但如果一个人坚持这种极端贬低非期待结果的观念时，那么他就更容易陷入不良的情绪体验之中，一蹶不振。

因此，在日常生活和工作中，当遭遇各种失败和挫折，要想避免情绪失调，就应多检查一下自己的大脑，看是否存在一些"绝对化要求""过分概括化"和"糟糕至极"等不合理想法，如有，就要有意识地用合理观念取而代之。

## 基于 ABC 理论的合理情绪疗法[1]

合理情绪疗法是 20 世纪 50 年代由埃利斯在美国创立，它是认知疗法的一种，同时采用了行为治疗的一些方法，故又被称为认知行为疗法。合理情绪疗法的基本理论主要是 ABC 理论，这一理论又是建立在埃利斯对人的基本看法之上的。

埃利斯对人的本性的看法可归纳为以下几点：

第一，人既可以是有理性的、合理的，也可以是无理性的、不合理的。当人们按照理性去思维、去行动时，他们就会很愉快、富有竞争精神及行动有成效。

第二，情绪是伴随人们的思维而产生的，情绪上或心理上的困扰是由于不合理的、不合逻辑的思维所造成。

---

〔1〕 钱铭怡、Gerda Methorst：《合理情绪疗法：Ⅰ. 理论与方法》，载《中国心理卫生杂志》1988 年第 3 期。

第三，人具有一种生物学和社会学的倾向性，倾向于存在有理性的合理思维和无理性的不合理思维。即任何人都不可避免地具有或多或少的不合理思维与信念。

第四，人是有语言的动物，思维借助语言而进行，不断地用内化语言重复某种不合理的信念，这将导致无法排解的情绪困扰。

在以上看法的基础上，埃利斯提出了上文中所提及的 ABC 理论。从这一理论中，我们可以看出，人的情绪及行为反应与人们对事物的想法、看法有直接关系。在这些想法和看法背后，有着人们对一类事物的共同看法，这就是信念。这两个人的信念，前者在合理情绪疗法中称为合理的信念，而后者则被称为不合理的信念。合理的信念会引起人们对事物适当、适度的情绪和行为反应；而不合理的信念则相反，往往会导致不适当的情绪和行为反应。当人们坚持某些不合理的信念，长期处于不良的情绪状态之中时，最终将导致情绪障碍的产生。

下面是"合理情绪行为疗法自助表"，根据你的情况填写一下。其中对非理性信念有所补充，可以写在对应空白处。并非所有想法都属于非理性信念，可以先针对一件事引发的一种情绪、想法来进行识别，循序渐进。

**表 1　合理情绪行为疗法自助表**

| |
| --- |
| （A）诱发性事件（使我感到情绪困扰或症状之前发生的事件、思想或感受）： |
| （B）后果或情况（在我身上出现的，也是我想要改变的情绪困扰或症状）： |
| （C）信念（导致我产生情绪困扰或症状的非理性信念和想法）： |
| （D）辩论（与非理性信念辩论）：<br>例如，为什么我必须干得非常棒？哪儿写着我是个笨蛋？何以证明我必须受到他人赞赏，我自己、父母、朋友肯定我是不是也可以？ |
| （E）有效的理性信念（取代非理性信念的理性信念）：<br>例如，我希望干得很棒，但并非一定如此不可。我是个行动有些差劲的人，但我这个人不是笨蛋。尽管我喜欢受到赞赏，但没有理由必须如此。 |

续表

| 非理性信念： | |
|---|---|
| 1. 我必须干得棒或非常棒！ | 10. 当遇到重大的不顺心的事时，那是极其糟糕和可怕的。 |
| 2. 如果我做事蠢笨，我就是个笨蛋或一无是处的人。 | 11. 生活中若遇到确实不公平的事，我不能忍受。 |
| 3. 我必须受到我看重的人的赞赏。 | 12. 我必须得被我看重的人所爱。 |
| 4. 如果我被人拒绝，我一定是个不好的、不可爱的人。 | 13. 我必须总是心想事成，否则就必然要感到痛苦伤心。 |
| 5. 为什么老天总是对我不公平，总是不满足我的要求？ | 补充的非理性信念： |
| 6. 老天一定要惩罚那些无德的人，否则就没有天理。 | 14. |
| | 15. |
| 7. 人绝不能辜负我的期望，否则就太可怕了。 | 16. |
| 8. 我的生活为什么就不能够一帆风顺、没有麻烦呢？ | 17. |
| | 18. |
| 9. 对真正糟糕的事和难以相处的人，我不能忍受。 | 19. |
| | 20. |

(F) 感受和行为（我获得了自己的理性信念之后感受到的情绪和采取的行动）：

备注：我将在大量场合做出很大努力，有力地对自己重复我的有效理性信念，这样我就能使自己在现在减轻情绪困扰，在将来减少自损行为和症状。

不合理的信念和认知会导致情绪上的负面反应，同时引发严重的心理内耗，最终导致生活和工作受到影响。时常以记录、停下来慢慢想的方法来厘清情绪和背后的诱因、看法、事件，会帮助我们调节不合理的信念与认知。

**思考题**

1. 用你自己的话谈谈心理健康是如何分级的，以及对"人格障碍"的理解？

2. 谈谈你掌握了哪些心理保健的小方法？

3. 什么是"情绪 ABC 理论"？"情绪 ABC 理论"对你的服刑改造生活有哪些启发？你会怎么做呢？

4. 填写完成你自己的"合理情绪行为疗法自助表"。

# 四、不可忽视的危机状态

改变是有可能的，即使外在的改变有限，内在的改变还是可能的。

——萨提亚〔1〕

## 识别心理危机

看着眼前的高墙和电网，想着漫长的刑期和亲人绝望的面孔，因犯抢劫罪被判处死刑缓期执行的李军（化名）心灰意冷。

当他把遗书塞进监舍的枕头下面，准备结束自己的生命时，被民警发现。他发疯般地哭喊道："让我去死吧！让我去死吧！"这是二十年前的一幕。

当时，发现李军要自杀的情况，民警马上赶到他身边，询问李军是否有过不去的难关，是否有过不去的坎儿。在民警的关心下，李军吐露出了自己内心的苦楚："一想到在监狱服刑十几年，不知道家里人还认不认我。干脆长痛不如短痛，不如自我了断……"

之后的那段时间，监区不再让李军独处，每天都有人陪伴他。民警每天都会和李军进行一次长聊，民警说话很少，也很少给出劝告或者建议，只是耐心地听李军倾诉，听他讲内心的困境和对寻求帮助的担心，等到李军对他有了信任感后，再鼓励他逐渐相信他的困境是有可能改变的，相信身边的人是可以给予他帮助的。

---

〔1〕维吉尼亚·萨提亚（Virginia Satir, 1916—1988）是美国著名的心理治疗师，也是第一代家庭治疗师。萨提亚创建的家庭治疗是一种心理治疗的新方法，是从家庭、社会等系统方面着手，更全面地处理个人身上所背负的问题。

　　二十年后的今天，已出狱三年的李军，不仅结婚生子，过上了普通人的生活，还成为当地颇有名气的小老板。回想起曾经寻短见的经历，他深深地感谢民警对他的开导和陪伴。李军说，正是挺过了那段日子，我才逐渐感觉到了生活的意义，如果当时我没有被拦住，没有得到那样的看护和照顾，我就不会有机会经历今天这样充实的生活。

　　李军的例子是遇到心理危机的典型案例，民警当时的角色虽然不是心理咨询师，但他所做的处理，快速而准确。生活中，常有问题和压力袭来，让人难以忍受。尤其面对入狱的生活，心理或多或少都会背负一些压力，这时，如果生活中再发生一些创伤性事件，比如亲人死亡、婚姻破裂、人际关系受挫等，用平时的应对方式无法解决这些问题，而感觉到失衡和不知所措时，我们就遇到了心理危机。

　　当一个人处在心理危机的状态，他会有一些语言、情绪、行为等方面的表现：

　　他会表露自己痛苦、抑郁、无望或者没有价值感的感受，觉得人活着没有什么意思，为什么自己那么倒霉，觉得老天对自己不公平。

　　他会情绪不稳定，容易流泪、抑郁，注意力不集中。从人际交往方面可以看出，明显不愿意和别人交往，逃避别人，显得孤僻、孤单，无缘无故地生气、跟人作对，行为古怪。

　　他的睡眠可能会出现问题，早起或者入睡困难，或者虽然睡着了但梦很多，身心并没有得到放松。如果他一个礼拜以上翻来覆去睡不着觉，白天没有精神，就要引起特别注意了。

　　他会吃东西没有胃口，没有吃的欲望或者吃什么东西都味同嚼蜡，体重明显减轻，时常感觉疲劳、疲惫。他还会在日记中或者聊天中透露出一些信息，比如"感觉生活无望，活着太痛苦，不如死了算了""地球没有我照样转""我离开的话可能别人能过得更好"等，甚至做出自伤、自虐行为。

　　当我们看到身边的人有这样的表现，或者自己表现出此类迹象时，我们就要提高警惕：这是陷入心理危机的信号，请立即求救！

# 心理危机的分类〔1〕

发展性危机：指在正常成长和发展过程中，急剧的变化或转变导致的异常反应。例如迁居、升学、孩子出生等，都可能导致发展性危机。

存在性危机：指伴随着重要的人生问题，如关于人生目的、责任、独立性、自由和承诺等出现的内部冲突和焦虑。

境遇性危机：当出现罕见或超常事件，且个人无法预测和控制时出现的危机。例如遇到交通意外、暴力事件、突发疾病和亲近的人死亡都可能导致境遇性危机。

## 危机发生后，当事人会出现哪些反应？

危机发生后，当事人通常会出现应激反应，即个体针对意识到的重大变化或者威胁，产生身心整体性的调适反应。

在面对应激的时候，我们会出现战斗或者逃跑反应。如果我们评估可以战胜这种威胁，就会选择战斗。如果评估打不过，那就赶紧逃跑。这是求生本能下的常用应对策略。

面对危机时可能出现的反应如下：

情绪反应：高度焦虑、紧张、丧失感、空虚感、恐惧、愤怒、罪恶感、烦恼、羞惭等。

认知方面：记忆和知觉改变，难以区分事物的异同，体验到的事物间关系含糊不清，做决定和解决问题的能力受影响，一旦危机解决即可逐渐恢复。

躯体方面：失眠、头痛、头晕、食欲不振、胃肠不适。

---

〔1〕　马建军、宋秋英、何葵：《监狱服刑人员的编码分类制构想》，载《河南司法警官职业学院学报》2020 年第 4 期。

行为改变：不能专心工作和学习，回避他人或以特殊方式使自己不孤单，令人讨厌或黏着他人。

人际关系方面：不愿与人交谈或见面，人际关系恶劣，经常责怪他人或孤立自己，与人沟通时无法集中注意力。

## 危机事件发生后，当事人应如何应对？

危机事件尤其是重大创伤性事件发生后，有两种比较常见的情况：

一是当事人完全无力应对，情绪崩溃。这种情况下应立即寻求身边人的帮助，避免处于无人陪伴的境地；有了可靠的亲友陪伴，当事人可以宣泄情绪并得到物质与精神上的支持。

二是当事人立即启动某种心理防御机制，比如解离、否认、压抑、合理化等，使自己表面上看起来尚无大碍，甚至可以从容应对。以下为具体表现。

（1）解离：将自己的一部分认知或情感剥离出自己的意识范围，比如解离性失忆等。

（2）否认：歪曲颠倒事实，拒绝承认客观上已经发生的事情。比如失去亲人的人，坚称亲人并没有死。

（3）压抑：将负面的情感压抑到无意识中去，比如有些人对自己的爱人孩子有怨恨，但是自己不能接受这种感受，于是将它压抑，最后自己也意识不到了。

（4）合理化：通过理智层面的辩解来支撑自己的言行，比如，吃不到葡萄就说葡萄酸。

（5）闪回：与创伤性事件相关联的一些画面或者体验，在清醒或梦境中反复出现，如车祸受害者，脑海里反复出现车祸现场的可怕画面。

（6）回避：主动回避一些可能引起创伤性回忆的情境或刺激，比如经历丧子之痛的人，会回避看到与自己孩子年龄、外貌相仿的人。

如此一段时间之后，负面情绪可能会铺天盖地而来，闪回、回避症状也陆续出现，此时当事人也应立即告知身边亲友，不要隐瞒自己的情况，并及时寻求专业的心理援助和心理危机干预。

# 怎样帮助当事人脱困?

创伤性事件发生后,亲朋好友是当事人最重要的支持资源,他们提供的现实的和心理学意义上的支持,是帮助当事人渡过困境的重要力量。以下是一些具体的支持方式。

(1)及时提供一切必要的帮助和保护,比如协助处理创伤性事件的后续工作,并提供容身避难的场所、生活必需品、经济上的支援,尽最大可能帮助当事人先渡过眼下的难关。

(2)理解和共情当事人的痛苦,认识到该事件对当事人各个方面的影响,并从认知上给予正面的、积极的引导。

(3)注意观察当事人的身体、心理健康状况,如果发现持续性的情绪低落、言语减少、行动迟缓、思维变慢等现象,要考虑抑郁的可能性;若发现当事人用酗酒、滥用药物等方式缓解痛苦,要及时帮助当事人用更健康的方式替代,必要时寻求专业的心理援助和心理危机干预。

## 心理危机预防[1]

建立健康的生活习惯:保持规律的作息时间,充足的睡眠,均衡的饮食,以及适度的运动,都有助于维持心理健康。

发展积极的应对机制:学会积极应对生活中的压力和挑战,避免过度消极或逃避。

建立良好的人际关系:与家人、朋友和同事保持良好的沟通,分享彼此的感受和困扰,有助于减轻心理压力。

增强自我意识:了解自己的需求和情感,学会自我照顾和自我安慰。

---

[1]　黄蓉生:《以预防为主构建心理危机干预工作新模式》,载《中国高等教育》2005 年第8 期。

# 心理危机的应对

放松和调整心态：尝试通过冥想、深呼吸、瑜伽等方式放松身心，调整心态。

与家人和朋友分享：不要独自承受压力，与家人和朋友分享你的困扰，他们可能会提供支持和帮助。

避免过度压力：如果可以，减少或避免那些可能导致心理危机的压力源。

寻求专业帮助：如果感到无法应对心理危机，应该及时寻求心理咨询或治疗。

心理危机并不可怕，只要我们学会预防和应对，就能守护好我们的心灵绿洲。让我们从现在开始，关注自己的心理健康。

# 蝴蝶拥抱法

蝴蝶拥抱法，又叫蝴蝶拍，是一种寻求和促进心理稳定化的方法，可以降低精神压力，提升复原力，产生积极的自我感觉，帮助我们进入"安全地带"，在临床上也常用于减轻灾难后人们对事件的创伤性回忆。在做这个练习之前，先想象一下过去生活中让你感到愉快、有安全感或是被关爱的景象。同时想象与这个景象相联系的积极词语，让自己慢慢进入安全或平静的状态。

放松，闭眼环抱自己，轻轻拍打肩膀和手臂。

首先双臂在胸前交叉，右手在左侧、左手在右侧，轻抱自己对侧的肩膀。双手轮流轻拍自己的臂膀，左一下、右一下为一轮。速度要慢，轻拍4~6轮为一组。停下来，深吸一口气。

如果好的感受不断增加，可以继续下一组蝴蝶拍。在进行蝴蝶拍的时候速度要慢，就好像孩提时期母亲安慰孩子一样，轻而缓慢。通过这个动作，我们可以安慰自己，使心理和躯体恢复和进入一种"稳定"状态。

然后，双臂在胸前交叉，右手放在左上臂，左手放在右上臂，双手交替在两个上臂轻轻拍打，就像蝴蝶轻轻地扇动翅膀一样。左右各拍一下算一次，慢慢拍打4~6次，同时静静感受放松的感觉。

如果积极的状态不断增加，那么再次闭上眼睛，让自己尽情感受刚才的感觉。随着积极的感受不断上升，请再次交替轻拍两边4~6次。

如果每做一次发现情况都变得更加糟糕，或者有更为消极负面的事情出现，就放弃它，使用其他的调节方法。

# 心理着陆技术

心理着陆技术也是一种简单的冥想练习，可以帮助我们逐步建立身体与心灵的联系，缓解心理危机带来的焦虑、紧张等躯体化反应。

首先，选择一个舒适的姿势坐在椅子上，均匀地进行几个深呼吸，然后尽量保持匀速平稳的呼吸，保持呼吸与呼吸间绵长的连接，可以闭上眼睛。

等呼吸渐渐均匀后轻轻睁眼，不必将视线聚焦，而是大略地环视四周，感受你所处环境的温度、光线。

接着，试着拿起一个小物件。当你举起物品的时候，仔细感受一下它在你手中的感觉，比如它的温度，是冰冷还是温热？它的触感是光滑还是粗糙？它的重量如何呢？是偏重还是轻盈？再用双眼仔细地观察一下，它是什么颜色的、什么形状的呢？有没有一些特别的纹路或标记呢？最后，再将它放到鼻子底下闻一闻，有没有一些特别的气味呢？这个过程可以放慢一些，仔细感受你的每个感觉。

用一个深呼吸来结束这个着陆技术，感受看看自己此刻的情绪和最开始的情绪有什么不同？

注意，在体验着陆技术的过程中要用心体验当下，不要谈论或关注负性情绪，逐渐和负性的感觉分离开，不要和它们有联系。保持中立的态度，避免去判断"好"或"坏"。

**思考题**

1. 心理危机状态对个人生活和社会功能会产生哪些具体的影响？
2. 如何从日常行为表现中识别出心理危机状态的早期信号？
3. 危机事件发生后，当事人应如何应对？
4. 做完"蝴蝶拥抱法"后，你的情绪情感产生了哪些变化？

# 五、请让我来帮助你

> 人们心中最盼望的期待和愿望，在积极心理学中被称为一种美好的心理能力——希望感。很长时间以来，我们只是把希望当作一种心灵鸡汤，励志、鼓励的方式，但大多数人可能不知道，希望感其实是积极心理学一个很重要的核心概念。
>
> ——彭凯平

## 我这种情况需要寻求心理帮助吗?

中央电视台《法治在线》栏目曾播出《一个女囚的新生》专题节目。南京女子监狱心理咨询室中，民警带来一名特殊的求助者，她自诉全身疼痛，不仅不能劳动，连呼吸都很困难，可医院的反复检查证明：她除了闭经、便秘外，找不出任何会引起她身体疼痛的原因。面对咨询师的反复询问，她也只会说一句话："浑身疼，身上像有虫子爬。"

监狱心理健康指导中心主任顾绍华经过对她入狱经历的分析，判断她的症状属于复杂型创伤后应激障碍。

该女犯王某从小在父母打骂中长大，嫁给曾两次服刑的丈夫后，二人制造假币1700多万元。事发后，她亲眼看到丈夫畏罪跳楼自杀，之后又面临家中多人被判刑、父母责怪、孩子无人抚养的困境。她自从看到丈夫死的那一幕后，就突然闭经了，而且便秘也非常严重。入狱后情绪越来越坏，睡眠也越来越差，身体经常感到疼痛，头痛也很厉害。过去的她非常漂亮，但现在身体并不健康。吃饭不比其他犯人多，可就是控制不住地发胖。她觉得自己是生病了，而且病得非常严重，不停地让民警带她到监狱医院检查。

随着症状的日益严重，她的情绪也越来越坏，几乎每天夜里都做噩梦。她还经常看到眼前有黑影不时地闪过，有时还会听到别人在叫自己的名字，可是问其她罪犯时，她们都说没有人叫她。后来，她已经完全不能劳动了。经过民警多次劝说，她才同意来监狱的心理咨询室做心理矫治。

经过了一个半月的心理矫治，王某能够静下心来完成咨询后的作业了。在做咨询大约3个月后，王某对顾绍华说："我已经有一阵子不觉得身上疼了，从什么时候不疼的我也不知道。互监小组的人还说我皮肤变亮了，月经这个月也突然来了，真是神奇！"

又过了一个月，王某的症状有所改善，体重也明显变轻了，脸色越发红润透亮，平静与愉悦的心情越来越多了。她的躯体化症状已经完全消失，体重由原来的79公斤下降到58公斤。她由原本的害怕学习、不愿意唱歌，变得喜欢读书、积极参加监区文艺汇演。

像王某这样的情况，就属于心理障碍。患者不仅有非常严重的情绪困扰，并且出现了明显的躯体症状，再发展下去非常有可能发展为重度精神障碍，甚至有生命危险，必须寻求心理咨询师或心理医生的帮助。而她能恢复到正常状况，就是心理矫治发挥了作用，心理矫治手段启动了她自身疗愈的功能。

让我们再举一些例子来看看，哪些情况需要寻求心理帮助，哪些情况可以自我调适。

张某，因抢劫、盗窃，原判无期，十分抑郁，不爱搭理别人，时常自言自语，心理咨询干警主动找他谈话，他要么半天不说话，要么只是自言自语："困难太大，说了也没用，谁也帮不了。"通过了解，原来张某的爱人在他进监狱后，突然神经错乱，家里给张某发了两封信和一封电报。张某从禁闭室出来才得知这个消息，压力非常大。他以为是监区故意不告诉他这个消息，所以不信任干警，只是沉默，不愿与人进行交流。经过心理测试，张某表现为强刺激的应激反应，已经出现思维混乱、支离破碎、对生活失去兴趣和热情的症状。在打消疑虑后，张某痛哭着说出了他内心的苦楚，在咨询师的引导下树立了生活信心，将踏实改造争取减刑当作陪伴爱人治愈重病的目标。两周后，张某渐渐恢复了生活的勇气和动力。

像张某这样的状况属于一般心理问题，但是已经到了可能发展为心理障碍的程度，有心理咨询的帮助，就可能将恢复周期缩短。

葛某，刚入狱时，总在屋里来回走动，长吁短叹，反复说："这样的生活太空虚了，还有这么长的刑期，日子怎么过呀，不如自我了断。"原来，葛某的刑期较长，因而感到生活空虚乏味，减刑希望渺茫。后来，葛某在民警的建议下进行了心理咨询，在咨询师的引导下逐渐转变了认识，意识到可以将刑期变为学期，这样既可以提高自己的文化素质，又可以打发时间，现在，葛某已经通过狱内高等教育自学考试。

像葛某这样的例子，通过心理咨询师在认知上的稍微引导便可以进行自我调适。投入学习参加高等教育自学考试便是葛某自我调适的方法，让他找到人生的方向和奋斗的目标，焦虑抑郁的情绪便能烟消云散。

## 心理咨询能帮到你

很多人对心理咨询有顾虑，总觉得看心理医生是很丢面子的事，总怕因此而被人说成"有病"或"不正常"。事实上，这种担忧是错误的，就像没有人会一辈子不感冒一样，即便是心理咨询师或精神科医生也会遇到心理上的问题和困扰。而且，出现心理问题常常是一个人面临着成长的转折点，只要有效地处理了问题，心理危机就会成为心理转机。所以，我们不必有顾虑，如果总走不出困惑，就要尽快寻求专业人员的帮助，这样会让我们少走很多弯路。

## 心理咨询能得到哪些帮助？

当你向心理咨询师求助时，你可能会得到以下帮助：

（1）心理咨询：可以帮助你认识当前的心理状况，鉴别是否存在心理疾病，告诉你怎样科学应对。

（2）宣泄治疗：如果你害怕自己会暴力攻击他人，或者想大哭一场，又没有更好的自我调适方法，可以到宣泄室释放你的情绪。

（3）团体训练：参加团体训练活动可以让你体验"大家帮助大家"的感受。

（4）心理评估：和一般标准相比，你当前的心理状况是否失衡，心理评估可以帮助你了解这方面的信息。

（5）心理剧、艺术治疗：可以用戏剧或是艺术创作的方式表达你内心的感受，当你描绘出你的内心，能够直观地看到它时，甚至无须治疗师多说，你的问题便可化解大半。

## 心理咨询前，我想对你说……

在心理咨询中，我们把提供心理专业支持工作的人称为咨询师，把寻求咨询帮助的人称作来访者，很多人会误认为心理咨询就是一对一聊天，心理咨询师通过几次咨询了解来访者的问题和困惑，给出建议和指导。"一对一""面对面"的确是心理咨询常用的方式，但心理咨询不是简单干脆地"提问题—讨论问题—分析建议—解决问题"的过程。而是以来访者为中心，让来访者诉说自己的经历和问题，咨询师倾听、引导来访者说出问题，从而让两者建立安全、信任的关系，在咨询过程中一点点地讨论问题。咨询师通过提问总结和分析把问题更清晰地展现在来访者面前，最后一起找到问题真正的原因、可尝试的解决办法。来访者需要在较长的一段时间里，在现实中尝试，继续在咨询中讨论，在这一过程中成长起来。

心理咨询可以帮你很多，包括帮你渡过心理难关，迅速成长，脱离负面情绪，但是心理咨询不是万能丹药，也有许多事情是心理咨询做不到的。

心理咨询不能改变现实，但能改变你的心态。心理咨询并不是事务调解中心，如果你向咨询师抱怨"爱人为什么跟我离婚？""医生为什么没能治好病？""为什么给我换了劳动岗位？""凭什么给我那么少的拆迁补偿？"心理咨询师并不能解决现实困难，只能帮助你改变看待困难的心境，让你更轻松一些。如果你的心理问题比较严重，心理咨询师得知后，有可能会从各方面与你沟通，缓解你的压力；当然，他并不神通广大，他只能对你的心理健康负责。

事情本身不会引起我们痛苦，是我们看问题的心态和角度引起我们痛苦的感受。咨询师会与你一起分析，你为什么这么在意这件事，是否认罪服法给了你太多挫败的感受，或者被背叛勾起了你曾经痛苦的回忆，是否你放大了困难让回归社会看起来如此可怕，是否可以换个视角，成熟冷静地去面对它们。

有时候，你受到启发，改变了视角，从"我是一个被动的受害人"变成"我把它看做是一个难题，但我实际上可以解决"，从此，很多问题就不再是问题。

## 信任的关系是最治愈的一部分

咨询师和来访者的关系是最支持和治愈来访者的部分。相信刚刚进行咨询的来访者都很疑惑、质疑、不安、好奇、忐忑，不知道咨询如何进行，当然也可能怀疑自己的问题是否能解决。随着咨询的进行，如果咨询师能够敞开、真诚地"拥抱"这个来访者，那么来访者一定会感到这段关系是很给自己力量的。来访者每周都会从咨询中获得这份信任与支持带来的安慰、力量，因为来访者在这段关系中被全方位关注，在这里，来访者完全可以做自己，这种稳定的关系也会给来访者带来稳定的情绪。心理咨询师会与来访者建立一种信任关系，这种关系有助于来访者放松地谈论自己的问题和困惑，从而更好地了解自己的情况。

# 心理咨询是情绪的安全存放之地

谁都会有情绪，但谁又会在忙碌的生活中照顾到自己的情绪呢？大部分人都会觉得不需要、没时间，但如果你一直都情绪不稳定、总感到有很多负面情绪呢？那么，照顾自己的情绪也是有必要的。当然，即使没那么多负面情绪也可以多关注和关怀自己，储蓄力量。

本身，把潜藏在心里的情绪表达出来，从潜意识提到意识层面，展示在你面前，情绪就会得到缓解。心理咨询师会提供情感上的支持，帮助来访者缓解压力、焦虑、抑郁等负面情绪，增强其自我效能感和情感稳定性。

比如，最近，小王总是感到焦虑和担心，甚至会引起头疼和心慌，因为没有在意这份焦虑，焦虑情绪总是不自觉地爆发出来。但在跟咨询师去讨论这个感受具体是怎样的，再剖析可能因为什么引发焦虑的时候，这些焦虑都从小王的感受层面拖拽到意识层面去讨论，小王"看到"它们之后，焦虑无形消失了很多。甚至小王也会意识到，感到焦虑的时候情绪会越放越大，最后引发莫名的焦虑和担心，但小王发现原来是因为担心未来感到焦虑的时候，情绪具体化了，这种突然陷入焦虑紧张的时刻就减轻许多。

## 探索问题的根源

心理咨询帮助来访者看到，也许看到但没发现（想到、意识到）的原因：好的心理咨询师很会提问，他们能够敏感地捕捉到来访者所说的每句话背后可能的意思，然后继续追问你。好的问题问出来，你就会被启发，就会思考到未曾想到的那些地方，不然仅凭借自己的局限性，根本想不到问题的根源在哪里。咨询师会帮助来访者深入探索问题的根源和成因，从而看到深层次的原因，解决深层次的问题。

用一句话来总结这个过程：咨询师的提问本身就是一种测试，来访者的反应和回答就是答案和反馈，问题本身就会带来来访者现有认知以外的刺激和思考。

# 心理咨询中学到的技巧还需应用

在咨询中，你会自我成长、会学会应对突发情绪的技巧、会感悟到一些新的方法等，但最重要的还是要将不同的调节方法回归现实运用，也就是到现实生活中去继续经历那些"问题、痛苦和感受"，获得新的感受和成长，再到咨询中继续反馈、反思和巩固，最后慢慢成长。心理咨询师就像是一个在来访者背后默默陪伴的"心灵导师"，通过咨询过程关注来访者在生活中的奔跑。

尝试心理学的学习和体验心理咨询可以帮助我们活得更幸福。很多人会说，我的出生是不能选择的，我既不能选择自己的家庭，也不能选择生活的时代，因此注定要承受与之相关的苦痛和限制，任何高深的学问都不能改变我的命运。

这种心态是在扮演一个受害者角色。

一个人成为受害者的时候，不会有温暖的表情、开心的笑容；他活在过去的阴影中，将那些本来可能走近的人推到远处。于是，生命就冻结在那里，变得更加孤独和悲惨。

但是，真的没有选择吗？真的没有更多的可能性吗？家庭贫困只能让人叹息？父母离异只能让人怨恨？婚姻破碎只能哀怨流泪？失去工作只能无所事事？面对压力只能咬牙挺着？受到不公平对待只能忍辱负重？通过反思生命历程，或许会有不同的发现。

## "收集生命的亮光"

"收集生命的亮光"团体辅导是一项放松冥想。通过进行心理减压探索，寻找过往应对压力的宝贵经验和智慧，拾起生命中散落的光亮。

引导语：请你选择一个舒服的姿势坐好，让身体处于放松状态，将你的注意力集中在呼吸上，保持自然的呼吸，慢慢地、深深地吸气，慢慢地、缓缓地吐气，你的脑海里慢慢浮现了你生命过往的一些经历，现在请你慢慢回想令你倍感压力的时刻。（稍作停顿）回想一下，当时发生了什么？是一个怎样的困境？你正承受着怎样的压力？当时你的心情和感受是怎样的？面对压力，你是如何走出来的？你做了怎样的尝试和改变、突破与冒险？你是如何摆脱这份压力的？怎样的想法、态度、行动、策略对你应对压力是有帮助的？你的这些应对压力的宝贵经验是可以带到生命当下的，是可以用来有效应对当下压力的。请你深呼吸，将这些宝贵的经验吸进你的身体里、生命里。它属于你，你可以好好善用它。在你的脑海里慢慢浮现出一个画面，它可以帮助和指导你有效应对压力，慢慢地这个画面越来越清晰，最后定格在某个瞬间，定格后请你睁开眼睛，将宝贵的应对压力的经验描画在白纸上。

自由绘画 15 分钟。完成后组内依次分享。

总结：我们每个人的过往都有成功应对压力的方法和策略，找寻自己身上的优势、资源、力量，能够帮助我们更有效地应对当下的压力。

每个人都是解决自身问题的专家，每个人都拿着解决自己问题的金钥匙，我们在过往的生命历程中有自己成功的经验，同时，倾听他人的经验能够丰富自己当下以及未来应对压力的方法和策略。

**思考题**

1. 什么是心理危机？

2. 遇到心理危机，你会怎样求助？

3. 在狱内，你希望心理咨询师怎么帮助你？

4. 你学会了哪些放松心灵的技巧？

5. 你会如何帮助遭遇心理危机的人？

**推荐书目**

1.《蛤蟆先生去看心理医生》，罗伯特·戴博德，天津人民出版社2020年版。

2.《这不是你的错：如何治愈童年创伤》，贝弗莉·恩格尔，人民邮电出版社 2016 年版。

3.《我有一只叫抑郁症的黑狗》，马修·约翰斯通，广西科学技术出版社 2017 年版。

4.《他为什么打我：家庭暴力的识别与自救》，伦迪·班克罗夫特，北京联合出版公司 2021 年版。

**推荐电影**

1.《阿甘正传》（1994 年），罗伯特·泽米吉斯执导。

2.《蓝色吉祥物》（2008 年），斯科特·普瑞德佳斯特执导。

# 第二篇 环境适应

既然不能驾驭外界，我就驾驭自己；如果外界不适应我，那么我就去适应它们。

【阅读提示】

1. 掌握营造稳定内心世界的技巧，构建自我心理支撑体系。

2. 思考服刑期间平衡尽孝养小责任的可行策略与心态调整。

3. 理解重返社会前矛盾焦躁心理产生的原因、探索可能的应对方式。

# 一、没有过不去的坎儿

有些人会竭尽所能地选择记住那些悲伤和不快乐的事件，而忘记或忽略美好的时光。

——罗伯特·戴博德

## 生活没有过不去的坎儿

生命是有限的。如何在有限的生命中拓展人生的宽度和深度，是一辈子的课题。

人这一生，最怕总是计划着某事，却从不付出行动，最后在无限的悔恨中度过自己的一生。

我们习惯对他人的生活指指点点，却忘了一个人最重要的，是叫醒自己。

## 叫醒自己，不念过往

使人疲惫的不是远方的高山，而是鞋子里的一粒沙。限制自己前进脚步的，往往是放不下已经过去的人和事。

叫醒自己，是不念过去，也是不畏将来；是原谅别人，也是与自己和解；是承担和接受，也是重新开始再次起步。

过去的已经过去，不如放下，越懂得放下的人，才能越快乐。

生活就像一杯水，只有倒掉原本的水，才能装进新的水。

每个人的生活中都有许多不如意的事，大到找不到合适的工作、买不到合适的房、找不到合适的人生伴侣；小到因为一个失误被领导批评、马上就要迟到却挤不上地铁。最终击垮你的，也许不是你无法承担坏结果，而是你始终放不下自己的糟糕情绪。生活没有过不去的坎儿，只有叫醒自己，才能不再沉湎于过往。

## 叫醒自己，找准定位

万物都有自己的特点和属性，只有用对地方，才能发挥价值。往错误的方向努力，必然得到错误的结果。人要相信："天生我材必有用。"只有找到自己的最佳位置，才能将优势发挥到最大。很多时候，不是你的本事不够，而是没有找到正确的方法或途径。当发现环境不适合自己时，最好的方法就是及时止损，重新选择，找到最适合自己的位置。不要害怕失败，多尝试，在一次次的经验中找到最适合自己的，才能快速成长。

## 叫醒自己，活得通透

优秀的共产党员、被称为"高山脊梁"的孔繁森同志说过，"老是把自己当作珍珠，就时常有怕被埋没的痛苦。把自己当泥土吧！让众人把你踩成路"。

活得通透的人，总能以清醒的心智和从容的步履轻松地走过岁月。这样的人，无论在哪里都会取得成就。因为他们明白自己的潜力，拥有不被他人态度影响的智慧。积极的人总是用乐观的态度去掌握自己的人生。而消极的人，却总是陷入失败与困惑的阴影里。要知道，人这一生不可能总是一帆风顺，但也不可能都是困难险阻。一个人能走多远，取决于他的心能走多远、他的目光能看多远。世上只有想不通的人，没有走不通的路。天下之事，总是困于想，而破于行。

人最怕自己骗自己，你处于什么状态，只有你自己知道。人生路上，千万不要有"得过且过"的心态，必须要有叫醒自己的决心。回看人生，你会感谢自己，不论最终结果如何，那份曾经努力过的成就感无法替代。就从此刻开始，给自己一个机会，让自己重新开始。

# 如何直面挫折[1]

挫折是人生旅途中难免会遇到的一种现实。它不可避免地会出现在我们的生活中，而如何应对挫折，将决定我们最终如何成长。

挫折并非失败，而是生活给予我们的一次宝贵的教训。当我们面对挫折时，我们往往会感到沮丧、失望甚至绝望。然而，正是在这些困难时刻，我们才能够发现自己内心深处的力量和坚韧。挫折是一种考验，它考验着我们的毅力和决心，也让我们更加坚定地面对生活的挑战。

每一次挫折都是一次成长的机会。它教会我们如何应对失败，如何从失败中学习，如何重新站起来。正是在挫折中，我们才能够发现自己的潜力，找到解决问题的新途径，并不断完善自己。挫折可以激发我们内心的动力，让我们更加努力地追求自己的目标。

同时，挫折也是一次自我反省的机会。在挫折中，我们可以审视自己的行为和决策，找出问题的根源，并做出改变。通过面对挫折，我们可以更清晰地认识自己，更加明确自己的目标，并更加坚定地走向成功的道路。

心灵贴士

如果你不开心，坐直身体，并装成很开心的样子说话和活动。

——心理学家约翰·詹姆士

最重要的是，挫折让我们更加珍惜成功的喜悦。当我们经历了挫折之后，成功的喜悦将会更加深刻、更加珍贵。因为我们知道，成功并非易得，它需要付出努力和坚持，需要经历挫折之后的坚强和勇气。

面对挫折时，可以采取以下方法来处理和克服：

（1）接纳情绪。首先要允许自己感受到由挫折带来的情绪，如失望、沮丧和愤怒。不要压抑这些情绪，而是要接纳它们，因为这是克服挫折的第一步。找一个安全的方式来表达你的情绪，如写日记、绘画，或者与信任的人交谈，等等。情绪的表达有助于释放压力和焦虑。

---

[1] 颜苏勤：《直面挫折　锤炼心理韧性》，载《成才与就业》2017年第6期。

（2）调整态度。尝试以积极的态度来看待挫折。将挫折视为一次学习的机会，而不是失败的标志。相信自己有能力从中学到宝贵的经验，并变得更加坚强。

（3）寻求支持。和朋友、家人或者心理咨询师进行交流，寻求情感上的支持和建议。他们可能会给予你新的视角和鼓励，帮助你渡过难关。

（4）自我反思。审视挫折发生的原因，找出问题的根源。这有助于你更好地理解自己的行为和决策，并为未来做出改变和调整。花时间静下来，倾听自己内心的声音。问问自己，我现在感觉如何？这种自我体察有助于更好地理解自己的情绪状态。

（5）制订新计划。在经历挫折之后，重新审视自己的目标和计划，并制订新的行动方案。这有助于你重新找到前进的方向，并为未来的努力制定新的目标。

（6）培养心理韧性。通过挫折，你可以逐渐培养出更强大的心理韧性。这种韧性会让你更加坚韧，更能够应对未来的挑战。

（7）寻找启发。阅读成功人士的故事，寻找灵感和启发。他们的经历可能激励你坚持下去，并让你相信，挫折只是成功路上的一道坎儿。

面对挫折并不容易，但通过接纳情绪、调整态度、寻求支持、自我反思、制订新计划、培养心理韧性和寻找启发，你可以更加坚定地面对挫折，并从中获得成长的力量。

命运一直藏匿在我们的思想里。许多人走不出人生各个不同阶段或大或小的阴影，并非因为他们天生的个人条件比别人差，而是因为他们没有找到冲出束缚的办法，也没有耐心慢慢地找准一个方向，一步步地向前，直到眼前出现新的天地。

## 化解挫败感活出信心力量练习

### 安顿身心

动作：找一个安静的空间，坐下来，双脚平放于地面，手放在膝盖上。深呼吸几次，让每一次吸气都比上一次更深，每一次呼气都更完全

地释放身体中的气息。

隐喻象征：想象自己坐在一片宁静的湖边，湖面平静如镜。

内在对话：对自己说，"我在这里，我现在是安全的"。

### 连接内在资源

动作：将一只手放在心脏上，另一只手放在腹部。感受手掌下的体温和身体的微妙运动。

隐喻象征：想象心脏和腹部各有一个光球，它随着呼吸在膨胀和收缩，散发出温暖和光亮。

心锚设定：在感觉到内在力量时，轻轻地按压你的心脏区域，将这个感觉设定为一个锚点，未来需要时可以通过按压这个区域来回想这种感觉。

内在对话：对自己说，"我内在的光亮和力量是无限的，我随时可以连接到它们"。

### 转化挫败感

动作：站起来，轻轻地跺脚，就好像在地面上留下你的印记。

隐喻象征：想象你的挫败感是一块重石，现在随着你跺脚，这块重石碎成了尘土，被风吹走。

心锚设定：想象每一次跺脚都释放了一部分挫败感，转化为地面给予你的力量。

内在对话：对自己说，"我有力量转化我的挫败感，每一步都让我更加强大"。

### 种下信心的种子

动作：回到座位上，闭上眼睛，双手合十放在胸前，就像在种植一颗种子。

隐喻象征：想象你在心中种下了一颗光芒四射的种子，这颗种子代表你的信心。

心锚设定：每当你感到需要信心时，只需将双手合十放在胸前，想象那颗种子正在生根发芽，给你力量。

内在对话：对自己说，"我种下了信心的种子，我相信它会成长，带给我力量和光明"。

通过这个练习，你可以学会如何从挫败感中回收能量，将其转化为前进的动力和信心。记住，每一次的挑战都是成长的机会，每一步都是通往山顶的重要一环。持之以恒的练习将帮助你建立更深层次的自我理解和接纳，从而更自信地面对生活的挑战。

## "跳出挫折感"的练习

你如何与痛苦共处，而不被淹没？

心理学家维克多·弗兰克说过："在刺激与反应之间，有一个空间。在那个空间中，我们有力量选择自己的反应。而我们的反应展现了我们的成长和自由。"

如何到达那片心灵自由之地呢？在应用心理学的各种应激反应下安定身心的方法中，正念冥想是非常有效的一种。

**练习一：与山同坐**

你可以选择一个舒适而有尊严的坐姿，安然地坐在椅子上，双脚微微分开，自然地放在地面上。头部端然于双肩之上，双肩全然放松，感受到你的身体被大地支持着。

当你准备好的时候，你可以微微地闭上眼睛，做三个深长的呼吸，只是去感觉气息的吸入和呼出，不用对它进行任何调整，吸气，呼气。

带着尊严坐在这里，让自己在内在的视野中，想象着你所见过的最美的一座大山。这座山的印象在你的脑海中渐渐地简化、清晰，让你自己去体验它。

这座山在山顶的地方，也许有积雪，在山上略低的地方，有森林覆盖，它也许有一个明显的主峰，或者是一座连绵的山脉。无论山的外形怎样，你都可以安坐于此，带着山的印象，呼吸着。

接下来，当你准备好的时候，把你头脑中的这座山带到你当下坐着的身体里，使这座山和你坐着的身体合二为一。

你扎根于你尊严的坐姿中，一点一点变成一座安坐的大山，变成了高高的山峰，双肩和腿都成了自然的山体，你的臀部和腿部成了坚实地扎根于地壳的山体。就这样，一点一点，使自己全然地的进入当下。一点一点，变成一座呼吸着的大山。

与山同坐，和山一起看着太阳划过天际，光影色彩瞬息万变，看斗转星移，看四季更迭，看沧海桑田。大山安然地坐着，无论外界经历了怎样的变化。

春天，山上万物复苏，山花烂漫。夏天，草木葱茏，生机勃勃。秋天，层林尽染，硕果累累。冬天，大山被冰雪覆盖，而来年春归，你和山一起听见，冰雪融化的声音，听见鸟儿在云中婉转地歌唱。

一年四季中，有人赞叹山的壮美，有人抱怨山的陡峭、雾气浓重，而这些，都与山无关。山，是它自己。你，也是你自己。

与山同坐，让我们学习山的品性，学习像大山一般用内在的变化和外在的变化安驻于此。在我们的内心，有着自己的光明和黑暗、璀璨和黯淡。

学习就在这变化中安驻，如大山一般，觉察你此刻身心的状态，在安坐的姿势中与山的能量去调频。体会到内在的安然，带着这份安然，你可以更加清晰地看到内在纠结的面孔或者情绪风暴，而这些和大山所经历的天气很相似，我们如何在风暴中安坐，如山一般。

生命的风暴需要我们面对、接纳和尊重，在与山同坐的冥想练习中，请你一次次地提醒自己，带着深长的呼吸和觉知，就在这一刻，安坐。

此时此刻，在无边的时间长河中安驻在当下，以呼吸为锚，与山同坐。

如果你尝试了这样的冥想，是否能体会一份内在的安稳呢？这份安稳，帮助我们在生活中扎根。许多人在生活中并没有遭受天灾人祸的创伤，但是，生活的压力带来的焦虑、失望、沮丧，对完美的追求和自我否定却如影随形。罗曼·罗兰说："世界上只有一种英雄气概，就是如实地见到这个世界，并且热爱它。"

接下来，让我们在这个难得的相遇中，再一次地进入正念冥想练习；让我们在慈心练习中成为灯塔，温暖自己，照亮别人。

**练习二：灯塔冥想**

你可以选择一个舒适、安然的坐姿，稳稳地坐在椅子上，当你准备好的时候，可以轻轻地闭上眼睛，做三个深长的呼吸，让你的身体全然放松，允许自己的心变得柔软。

在温润、平和的呼吸里，去想象一个巨大平和的笑容，从你的内在升起，从眼角到唇边，再到心口，让这微笑遍布你的全身，延展至天边。

是的，对着世界微笑，去体验这个微笑带来的开阔之感。接下来，我们先把这份慈爱送给自己，让我们可以好好地爱护自己，也可以更好地去爱别人。可以在心里重复这些经典的话语，让它如春雨一般，温润地落在你的心上：

"愿我平安，愿我健康，愿我幸福，愿我自在，愿我为慈心所充满。"

去想象你此刻的模样，让此刻的自己抱持在这爱意的祝福中。有时候，我们还不太适应给自己送上这么美好的祝福，你可以想象自己是个年幼的孩子，有一位无条件爱着你的长辈，对你说这些关爱的话。

接下来，安驻于你的呼吸中，让我们把这份慈心、这份祝福送给他人。在你的脑海中，想象一位你十分感恩的对象，他也许是你的家人、师长，也许是你的好友，他爱护你、激励你，让你深深地感恩。在这一刻，请你从内心，真诚地送出慈心祝愿：

"愿您平安，愿您健康，愿您幸福，愿您自在，愿您为慈心所充满。"

想象这位师长或者好友收到你的祝福时，他的表情，把这形象抱持在这份爱意的祝福中，再一次地体验当下的身心，保持温柔、平和的呼吸。

接下来，我们要拓展这份慈心，把它送给这颗蓝色星球上所有的生命，邀请您向内看，看见自己是一个巨大的灯塔，你的慈心和关爱就是这座灯塔，就是这璀璨的光芒，向着四面发散开去。你的慈心拥抱了这个地球上所有的生命、植物、动物、人类，拥抱了所有生命的悲伤与欢喜，在这之中，也有你自己，愿你的心送出慈心祝福：

"愿所有生命平安，愿所有生命健康，愿所有生命幸福，愿所有生命自在，愿所有生命为慈心所充满。"

继续安驻在这光的海洋中，继续向世界发出你的慈心，并且收到来自自己的慈心，如同灯塔的光在内在点燃，同时你也被身边的灯塔之光照亮。

当我们的心真的向着世界开放的时候，就会看见生活真实的模样——砥砺和绽放共存，危机和新生相依，痛苦与欢乐相伴。

# 打造心理保险箱

请想象在你面前有一个保险箱，或者某个类似的东西。现在请你仔细地看着这个保险箱：

它有多大（多高、多宽、多厚）？

它是用什么材料做的？

是什么颜色的（外面的，里面的）？

内壁有多厚？

这个保险箱里面分了格还是没分格？

仔细观察保险箱：箱门好不好打开？开关箱门的时候有没有声音？

你会怎么关上它的门？钥匙是什么样的？必要时帮助想象：锁是密码数字，是挂锁，转盘式的还是同时有多种锁型。请注意：特别是年轻的或对技术感兴趣的当事人，应该允许他们对新型的锁具（比如遥控式的或通过电脑操纵的锁具）展开想象。

当你看着这个保险箱，并试着关一关，你觉得它是否绝对牢靠？如果不是，请你试着把它改装到你觉得百分之百地可靠。也许你可以再检查一遍，看看你所选的材料是否正确，内壁是否足够结实，锁也足够牢实……

现在请打开你的保险箱，把所有给你带来压力的东西统统装进去……

感觉（比如对死亡的恐惧）以及躯体不适（比如疼痛）：给这种感觉或躯体的不适设定一个外形（比如巨人、章鱼、乌云、火球等）尽量使它变小，然后把它们放进一个小盒子或类似的容器里，再锁进保险箱里。

念头：在想象中，将某种念头写在一张纸条上（比如是用某种看不见的神奇墨水，人们只能以后用某种特殊的东西才能使之显形），将纸条放进一个信封封好。

图片：激发想象，与图片有关，必要时可以将之缩小、去除颜色、使之泛黄，等等，然后装进信封，再放进保险箱。

内在电影：将相关内容设想为一部电影录像带，必要时将之缩小、去除颜色、倒回到开始的地方，再把磁带放进保险箱。

声音：想象把相关的声音录制在磁带上，将音量调低，倒回到开始处，放进保险箱。

气味：比如将气味吸进一个瓶子里，用软木塞塞好，再锁好。

味觉：将不适的味觉翻译为某种颜色或形状，尽可能使之缩小，然后放进一个可以密封的罐子或者一个装酱菜的玻璃瓶。

锁好保险箱的门，想想看，你想把钥匙（根据不同类型的锁；写有密码数字的纸条；遥控器；等等）藏在哪儿。从心理卫生的角度讲，最好不要把钥匙或者其他锁具藏在治疗室，也不要把它扔掉或弄丢了，这样，来访者就没有了寻找创伤性材料的途径。

请把保险箱放在你认为合适的地方，这地方不应该太近，而应该在你力所能及的范围内尽可能地远一些，并且在你想去的时候，比如以后什么时候你想和我一起再来看这些东西的时候，就可以去。

## 构筑心理安全岛

现在，请你在内心世界里找一找，有没有一个安全的地方，在这里，你能够感受到绝对的安全和舒适。它应该在你的想象世界里——也许它就在你的附近，也可能它离你很远，无论它在这个世界或者这个宇宙的什么地方……

这个地方只有你一个人能够造访，你可以随时离开，也可以带上友善的、能为你提供帮助的东西……

你可以给这个地方设置一个你所选择的界限，让你能够单独决定哪些有用的东西允许被带进来，注意，真实的人不能被带到这里来……

别着急，慢慢考虑，找一找这么一个神奇、安全、惬意的地方……

或许你看见某个画面，或许你感觉到了什么，或许你首先只是在想着这么一个地方……

让它出现……

如果在你寻找安全岛的过程中，出现了不舒服的画面或者感受，别太在意这些，而是告诉自己，现在你只是想发现好的、内在的画面——处理不舒服的感受可以等到下次再说。现在，你只是想找一个美好的、使你感到舒服的、有利于你康复的地方……

你可以肯定，肯定有一个这样的地方，你只需要花一点时间、有一点耐心……

有时候，要找一个这样的安全岛还有一些困难，因为还缺少一些有用的东西。但你要知道，为找到和装备你内心的安全岛，你可以动用一切你想得到的器具，比如交通工具、日用工具、各种材料，当然还有魔力、一切有用的东西……

当你来到这个地方，请你环顾四周，看看是否真的感到非常舒服、非常安全，可以让自己完全放松。请你用自己的心智检查一下……有一点很重要，那就是你应该感到完全放松、绝对安全、非常惬意。请把你的安全岛规划成这个样子……

你的眼睛所看见的东西让你感觉舒服吗？如果是，那就这样；如果不是，就变化一下，直到你真的觉得很舒服为止……

你能听见什么，舒服吗？如果是，那就这样；如果不是，就变化一下，直到你真的觉得很舒服为止……

气温是不是很适宜？如果是，那就这样；如果不是，就调整一下气温，直到你真的觉得很舒服为止……

你闻到了什么气味？舒服吗？如果是，就保留原样；如果不是，就变化一下，直到你真的觉得很舒服为止……

如果你在这个属于你的地方还是不能感到非常安全和十分惬意，那这个地方还应该有哪些调整？请仔细观察，在这里还需要些什么，能使你感到更加安全和舒适……

把你的安全岛装备好以后，请你仔细体会，你的身体在这样一个安全的地方，都有哪些感受？

你看见了什么？

你听见了什么？

你闻到了什么？

你的皮肤感觉到了什么？

你的肌肉有什么感觉？

呼吸怎么样？

腹部感觉怎么样？

请你尽量地仔细体会现在的感受，这样你就知道，到这个地方的感受是怎样的。

如果你在你的安全岛上感觉到绝对的安全，就请你用自己的躯体设计一个特殊的姿势或动作，以后，只要你一摆出这个姿势或者一做这个动作，它就能帮你在你的想象中迅速地回到你的安全岛上，并且感觉到舒适。你可以握拳，或者把手摊开。这个动作可以设计成别人一看就明白的样子，也可以设计成只有你自己才明白的样子。

请你带着这个姿势或者动作，全身心地体会一下，在这个安全岛的感受有多好。

**思考题**

1. 挫折是如何影响人们的心理和生活的？

2. 你觉得，人们面对挫折时常陷入哪些认知误区？如何走出这些误区？

3. 你学会了哪些有效的应对挫折的策略和方法？哪一种对你最有启发？为什么？

4. 结合自身经历，谈谈你遇到的最大挫折是什么？你从书中获得了哪些新的应对思路？

5. 挫折对于个人成长有什么积极意义？如何将挫折转化为成长的动力？

6. 进行"跳出挫折感"的练习后你有什么变化？

# 二、到达心灵自由的彼岸

　　一个幸福的人，必须有一个明确的、可以带来快乐和意义的目标，然后努力地去追求。真正快乐的人，会在自己觉得有意义的生活方式里，享受它的点点滴滴。

——泰勒·本-沙哈尔

## 心中有希望，道路不漫长

　　思某是一名被判无期徒刑的罪犯，初入狱时，他对改造生活不抱任何希望，也没有任何的改造方向。民警找他谈话时，他言语间流露出极度悲观的消极情绪，甚至有厌世的想法。意志上的消沉和精神上的低迷，一度让他徘徊在自暴自弃的边缘。他拒绝参加任何活动，甚至老母亲一次次长途跋涉来看他，他都不愿意见面，他情感淡漠的表现，就像失掉了基本的感情。

　　入狱半年后，思某在民警的劝说下第一次走入接见室，看见自己白发苍苍的老母亲隔着玻璃叫他的乳名时，那双似乎永远是满不在乎的眼中，霎时盈满了泪水。他不是因为自私冷漠而不接见母亲，而是他无法面对因入狱产生的对母亲的愧疚。拿起接见室的电话，他一次又一次地对母亲说着："对不起妈妈，又让您失望了，我太不孝了！"

　　改造生活是艰辛的，它的艰辛不仅在于要承受失去自由的痛苦、割裂亲情的伤怀，更在于体会参加劳动的辛劳和思想转变的阵痛。漫漫服刑路，目标在何方？思某在第一次与母亲的见面后，能够投身到日常的改造生活中，并逐渐表现出吃苦耐劳的品质和对自我的约束。可是他对改造的态度依然十分被动，当一天和尚撞一天钟般地麻木重复。面对新的情况，民警引导他利用业余时间提升自身文化素质。

业余生活的充实，知识品位的提升，让思某每天的改造生活变得丰富多彩起来。通过一年的不懈努力，他的通讯报道屡次见诸监狱报刊和北京市级报刊，因改造表现优异，当年被减刑为有期徒刑。手捧刑事裁定书的一刻，他内心激动不已，既有喜悦，也有对往事的痛心疾首。此时此刻，他心潮澎湃，再次想起双鬓斑白、望眼欲穿的老母亲，想起亲友苦苦相劝的面容，想起民警真诚的挽救之情，更想起了母亲的忠告：不能自弃！

## 自信是可以学来的，越自信越快乐

自信是一种内在的力量，它能够激发人的潜能，帮助我们克服困难，实现目标。自信不是与生俱来的，是可以通过学习和实践逐渐培养起来的。以下是一些关于如何培养自信和它如何影响我们是否快乐的思考。

自信的培养始于自我认知。了解自己的优点和不足，认识到自己的价值和能力，是建立自信的基础。通过自我反思和接受自己的不完美，我们可以更加客观地看待自己，从而减少自我怀疑和不安。设定并实现目标是提升自信的有效途径。当我们为自己设定清晰的目标，并付诸行动去实现它们时，每一点进步都会增强我们的自信心。

成功的经历，无论大小，都是自信的基石。积极的自我对话对于培养自信至关重要。我们的内心对话往往决定了我们如何看待自己和世界。通过改变消极的自我对话，用积极、鼓励性的语言替代，我们可以逐渐建立起更加坚定的自我信念。

接受挑战和面对失败也是自信成长的重要部分。在尝试新事物和面对困难时，我们可能会遭遇失败，正是这些经历教会我们如何坚持和适应。从失败中学习，不是逃避，可以显著提高我们的适应能力和自信心。

社交技能的培养同样对自信有着不可忽视的影响。与他人建立良好的关系，能够有效地沟通和表达自己的观点，这些都是自信的体现。通过提高社交技能，我们不仅能够获得他人的支持和认可，也能够更好地理解自己。

保持身体健康和心理平衡对于树立自信心也是必不可少的。健康的生活方式（包括适量的运动、均衡的饮食和充足的休息）能够提升我们的整体幸福感，从而增强自信。

自信与快乐之间存在着密切的联系。自信的人能够积极面对生活中的挑战，享受生活带来的每一份喜悦。他们不会因为恐惧或怀疑而错过机会，而是勇敢地追求自己的梦想和目标。这种积极的生活态度自然会带来更多的快乐和满足感。

自信是一种可以通过不断学习和实践来培养的品质。它不仅能够提升我们的自我价值，还能够让我们更加快乐和满足。通过自我认知、目标设定、积极的自我对话、接受挑战、社交技能的提升，以及保持身心健康，我们可以逐步建立起强大的自信心，享受更加丰富和快乐的生活。[1]

## 信心重建

这是一位历经多年改造的罪犯的内心写实：

蓦然回首，看看自己曾经走过的改造之路，我发现战胜困难与挫折使我在艰难困苦的磨炼中增强了自己的意志，提升了自身的境界，我终于找到了一条充满希望的光明之路，让我对今后的改造道路充满了信心。

我曾身患重病，整日高烧，吃什么吐什么，而且余刑还有十多年。身心的负担一度让自己感到前途渺茫，看不到希望，于是我就自暴自弃，破罐子破摔，放松了对自己的要求，认为自己有病，即使犯错民警也不能把我怎么样，这种错误认知给自己的改造设置了一条不可逾越的障碍，整日浑浑噩噩，不知所终。甚至以过分的要求和手段挑衅监规纪律来发泄我对生活的不满和无奈。

民警为我找来了许多书籍，让我去菜园进行恢复性劳动，教我一些减压方法，让我多放松身体，放松思想，让我尝试通过 DIY 油画宣泄自己的负面情绪。

---

〔1〕　杜学敏、申开文：《大学新生功能失调性态度对积极率的影响机制研究》，载《中国心理学前沿》2024 年第 10 期。

记得在 DIY 油画绘画过程中，由于画面色彩过多，线条过细，自己经常画错，这种时候我会表现得特别急躁，可是越着急越容易出错，我就按照民警教给我的自我暗示法，进行心理暗示，我在心里不断地告诉自己，"我能行，这个是小孩子玩的东西！太容易了，我一定会画得很好"。每当病痛折磨我的时候，我就提笔绘画，把自己想象成画卷中的一部分，将自己的整个身心彻底融入画卷中。

这一系列的心理训练使我深刻地领悟到我们的生活就像绘画一样，需要一笔一笔地画，同时也让我懂得了生活就像画卷一样，是由不同色

彩组成的，有明亮艳丽，也有灰色和黯淡。我要学会以平常心来看待自己，看待生活中的不同色彩；要用勇气面对生活中的坎坷，正确认识生活中的挫折与困难，增强自己的心理承受力；还要学会面对生活中的各种诱惑，做到宠辱不惊，不论受到怎样的诱惑都能心平气和地做自己；而当面对生活的绚丽多彩时，也要学会敞开胸怀去拥抱，享受自己的成长和进步。

如今，我已经迈过了人生的又一道坎儿，今后，我还将在生活中遇到许多困难，我一定会注重培养自己的平和心态，理智直视困难，积极面对逆境，把自己锻炼成生活的强者。生活中没有过不去的坎儿，自己的生活由自己来绘画，将会是另一番风景。

我们每个人的内心都充满恐惧，当我们遇到生活的困境，感到无法预知未来，无力掌控事情时，心中会充满疑惑，伺机逃避。这些恐惧来自哪里？它们是祖先的基因遗传给我们以躲避危险的吗？事实证明，绝非如此。

"家猴"

野生猴子怕蛇，而在实验室里长大的猴子，却对活生生的蛇毫无反应；但那些从不怕蛇的"家猴"很容易

学会"惊吓"——只要让它们看到其他猴子面对蛇的惊恐。所以,恐惧可以通过学习得来。我们像猴子一样,是从父母、兄弟姐妹、朋友身上学会害怕他们所害怕的东西。大家都认为被判刑很糟糕、不能在常规社会中生活很可怕,我们学会了这些概念,在某天我们进入这样的生活后,就会感到像天塌下来一样。

幸运的是,我们也能够学到如何重树信心。总是有那些智慧而坚强的人,在狱中重新找到了自己人生该走的路,重新找到了生命的意义,甚至把狱中的生活当作自己重生的契机,重新给自己定位,探寻和培养自己的追求、志趣,理顺了自己的思路。这些事例会帮助我们拥有从未发现却一直存在的力量,征服对生活的恐惧,让内在的信心在某一时刻如恩赐般回到我们身上。

我们的信心和力量,在某种程度上定义了"我们是谁"。我们从身边的人那里学到它们,然后又将其传递给看着我们学习的人,让他们更好地面对和理解这个世界。即使是曾经失足的群体中的一部分,也贡献着各自的影响力。我们每个人都应该在此创造最少的恐惧、尽可能多的信心,把力量传递给身边的每个人。

生命的希望在于不断寻找生活的意义,如果这段经历能帮助我们明白生活的意义,它就是充满希望的。

**思考题**

1. 结合你的经历,谈谈建立自信的方法,如何帮助人们克服自卑、建立自信?

2. 在生活困境中如何重塑希望?

3. 书中哪些实用方法可以帮助你建立自信,其中哪种对你最具实操性?为什么?

4. 思某的故事带给你哪些启发?

5. 读完本节的"信心重建"罪犯的内心写实,你有什么行动?

# 三、给心灵筑个巢

昔者庄周梦为胡蝶，栩栩然胡蝶也，自喻适志与！不知周也。俄然觉，则蘧蘧然周也。不知周之梦为胡蝶与，胡蝶之梦为周与？周与胡蝶，则必有分矣。此之谓物化。

——《庄子·齐物论》

## 构筑你的"心巢"

志某曾是充满梦想的莘莘学子中的一个，他成绩优秀，还担任班长。就在初三那年，他因为一场车祸影响了中考成绩，进入了一所职高。职高毕业后，他想和同学们一起建立一家小型的设计公司。因为筹资无门，他们通过盗窃积聚资金。他们把本该用在创业上的头脑投入了对盗窃的研究中，可想而知，盗窃"进展顺利"。等到被捕的那一刻，他们已是罪行累累。

服刑生活的起初，志某真是难以承受，严格的军事化管理、集体生活，让他这个曾经只习惯于念书、被爸妈过分保护的"书生"几近窒息。那段时间，他是队里有名的"捣蛋分子"，聪明的他会借各种机会"修理"别人，给人栽赃，对付民警，以此来发泄服刑生活的压抑感，害得别人更惨以得到稍许的心理平衡。当然，他也没少被人揭发举报，也因此吃尽了禁闭的苦头。

随着"延迟的青春期"的结束，伎俩都用过了，他已经不再有阴损别人的幼稚乐趣，此时志某有着强烈的渴望成长的愿望。他不断质问自己，是否能浑浑噩噩地度过余下的时间，答案是否定的。他想到出狱后自己将是过了而立之年的男人，要在社会中立足，他需要思考和阅读，对自己、对生活都进行一番梳理。但是，在人多嘈杂的监舍，过着被安排和监控的生活，他如何能做到这些？

——需要构筑一个不受干扰的"心巢"，这是他思忖很久之后的答案。

起初，他会找空闲来读书，并且在笔记本上记下书摘和笔记。但有好事者会翻出他的笔记本给他撕坏，这种时候，志某就会不做声地继续记笔记，重新找个地方把笔记本放好。有时队长会来检查监舍，审阅他的笔记，他就老实

上交，并不为此沮丧。这些时候，他都会在心里默默地告诉自己：这个笔记本是自己的"心巢"，每一个记下的字都刻在了自己的心里，任何人都取不走它。

他不断地扩充着自己阅读的领域，也在阅读的过程中摸索着自己适合深究的方向。他爱上了心理学和哲学，反思着自己曾经的生活，将这段生活当作真正面对社会前的休养和储备。

还有一年他就要离开这堵高墙，回归社会，在他心中，未来生活的轮廓似乎越来越清晰。他感激书本给予自己的智慧和力量，更感激自己筑起这个看不见的"心巢"，让自己的心灵得以休养生息。

志某的例子虽然只是个例，但是，未必每一个人建的"心巢"都需要和志某的一样。或许对你来讲，拥有几个可以谈心的狱内好友是你的温暖港湾；闲暇时刻写封家书是你的心灵慰藉；研究一项技艺，譬如象棋、书法、园艺，会让你忘记烦恼；锻炼身体会让你内心振奋。总之，我们每个人都可以有至少一个让我们忘记一切烦忧的心灵归属，这就是拥有了自己的"心巢"。

尝试、探索、研习、构筑你的"心巢"，让你的服刑生活不再单调、被动，让这段生活成为你人生的加油站！

## 真正的自由只在于内心

在监狱内，全方位的监控，使大家感到服刑生活中自己成了一个透明的人，没有自我的空间，没有私密。每个人都被剥夺了行动的自由，往往会感到自己失去了所有的自由。实际上，人可以失去许多种自由，

但有一种自由是无法失去的，那就是心灵的自由。

第一句反问：我真的没有私密空间吗？

回答：是的。

第二句反问：能百分之百肯定那是真的吗？真的没有个人的私密空间吗？心里真的无法有张有弛吗？

你有点迟疑：也不一定。

第三句反问：当你觉得自己没有私密空间，无法让自己的心灵得到休息时，你会怎么反应？

你或许会说：我感觉自己是透明的，心里总是紧张，无法松弛，心里总是空虚的。

第四句反问：如果你实际上有私密空间，你的私密空间就是你的心灵，而这个私密空间成为你的心灵归宿，你的心里可以张弛有度吗？

你也许会说：如果是这样，我的心灵是我的私密空间，这倒能让我豁然开朗。因为我的心灵由我自己掌握，我就有了归属感。我可以在这里暂时休息疲惫的心灵，平复心灵的伤痛，让紧张的心理得到一刻宁静与松弛。

你能从中得到启示吗？也许这四句反问可以找到自己的私密空间，有机会建立和维护好自己的私密空间，让紧张的心灵有个放松的机会。

# 痛苦和盐

师傅对于徒弟不停地抱怨感到非常厌烦，于是他派徒弟去取一些盐回来。徒弟很不情愿地把盐取回来后，师傅让徒弟把盐倒进水杯里喝下去，然后问他味道如何。

徒弟吐了出来，说："很苦。"

师傅笑着让徒弟带着一些盐和自己一起去湖边。他们一路上没有说话。来到湖边后，师傅让徒弟把盐撒进湖水里，然后对徒弟说："现在你喝点湖水。"

徒弟喝了口湖水。师傅问："有什么味道？"徒弟回答："很清凉。"师傅问："尝到咸味了吗？"徒弟说："没有。"然后，师傅走到这个总爱怨天尤人的徒弟身边，握着他的手说："人生的苦痛如同这些盐，有一定数量，既不会多也不会少。我们承受痛苦的容积的大小决定痛苦的程度。所以当你感到痛苦的时候，就把你承受的容积放大些，不是一杯水，而是一个湖。"

我们可以更加全面地看待人生中的痛苦，苦难也是一笔人生财富，提高自己的心理弹性，扩大自己"心灵的容纳之窗"。

## 抚慰心灵

长时间的负面情绪积压就会让身体得病，所以情绪的好坏影响了我们的心情、工作、生活，甚至生命。那面对不好的情绪时，我们到底该如何处理呢？

## 没有自信怎么办

首先，停止批评和责难自己。不断苛责自己，说丧气话的人，通常是对自己不够肯定的人。对自己温柔点，是建立自信的第一步。可以列出你不断责骂自己的话语，并且自问看到这些列出来的话语会有什么感觉，这样的责骂是否对自己有好处。一味责骂定然是没有好处的。因此，一定要停止这种责难。如果一时还做不到，不妨先把注意力放在已经做好的部分，告诉自己做得有多好。

其次，学习积极正面地自我对话。每个人的内心都有一部"投影机"，每天读出成千上万的画面与情绪。除了要停止负面的批评，还要积极输入一些正面的鼓励。写一张自己的履历表，把所有的优点都列上去，每周浏览一次，作为自我对话的脚本，在忍不住要责骂自己之前，先想想看自己还有哪些优点，人生没有想象中的那么糟。

再次，每天问自己两个问题："我的人生有什么是好的？""还有什么事可以做？"心理学作品《自尊的六大支柱》的作者布兰登在书中进一步建议，从这两个问题开始，启发自己发现更有创意的对话，找到自己的价值，才能更加肯定自我。

心灵贴士

一个人应养成信赖自己的好习惯，即使再危急，也要相信自己的勇气与毅力。

——拿破仑

最后，停止和别人做比较，珍惜自己所拥有的。别再羡慕别人，或嫉妒别人，许多痛苦和不平就是从"跟别人比较"开始的。写下自己的优点的同时，也列下自己所拥有的一切，学会珍惜。

## 当你伤心难过时，如何为自己打气

快走或跳个有氧舞蹈。科学家早就发现，运动能纾解郁闷，改善心情，因为它能刺激神经传导物质的分泌，如内啡肽、血清素和多巴胺，从而令人愉快。

找朋友聊聊天。孤立的人容易郁闷痛苦，许多专家都建议，发生事情或心情低落时，一定要有朋友在旁边。密歇根大学的研究则进一步指出，寻求朋友的陪伴，不只是找到支持的力量，还要从中获得归属感，要找那种可信任、可依赖的朋友给予我们支持与帮助。

# 容易担心忧虑怎么缓解

保持忙碌。在工作上保持忙碌，休闲时也可以多安排一些活动，特别是爬山、跑步或打球，让身体动一动，也让头脑没有时间去想别的。

用概率来排除心中的忧虑。想想看："这件事发生的概率究竟有多少?"仔细研究你会发现，所担心的事大多没有发生过，很多糟糕的结果是来自自己的想象，而非现实。

接受不可避免的事实。如果真是遇到困境或瓶颈，先问自己："最坏的情况是什么?"分析出最坏情况后，如果不可避免就接受它，会立刻产生不一样的效果。接受不可避免的事实，不为之提心吊胆，可以马上使自己放松，得到心中的平静。

此时，才有余力进一步思考："我能不能在最坏的情况下做些改善?"因为一直忧虑下去，事情也无法解决好。

当你觉得愤怒、生气时先深呼吸。"吸—呼—""吸—呼—"，把气吐出来，也把气缓下来。慢慢从一数到十，看看自己要数几次，才能把气缓下来。

区别轻重缓急。稍微纾缓后，再问自己："我需要生这个气吗?"想想发怒的原因。或是"我有必要这么生气吗?"区别此事对自己的轻重缓急。

培养同理心。再想想："如果我是对方，我会说同样的话、做同样的事吗?"如果会，大可不必这么生气，试着从对方的角度看事情，培养同理心。

善待自己。最后再想想，没有必要拿别人的错误来惩罚自己，损害自己的健康。所以，善待自己才最重要。

> 心灵贴士
>
> 我知道生命中有许多麻烦事，但这些事大多数并没有发生。
>
> ——马克·吐温

# 压力大喘不过气怎么办

暂停一下。压力大得喘不过气时，要善用"策略性暂停"。让自己做几个深呼吸、喝杯水、安静地坐一下，甚至是发会儿呆，让大脑放空。

想想愉快的事。闭上眼睛，回忆过去一次愉快的旅行，如美丽的溪水、宽广的步道；或是回味一下小孩的童言童语；来自家人朋友的爱意与温暖。研究发现，愉快的感觉能重新调整内部的生理时钟，获得短暂但直接的休息。

向他人求助。如果是因为事情常常做不完所带来的压力，那么需要考虑去找人帮忙，要记得，自己不是万能的超人。找出事情的优先级，把事情简化，寻求集体和同伴的帮助也是纾缓压力的好方法。

> 心灵贴士
>
> 停下来，好好享受这个下午，你可没有办法把它打包带走。
>
> ——迪拉德

**思考题**

1. 为自己打造心灵之巢，你首先会做什么？

2. 服刑期间，没有自信怎么办？

3. 当你伤心难过时，如何为自己打气？压力大喘不过气怎么办？

# 四、如何面对尽孝养小的家庭责任

夫孝，天之经也，地之义也，民之行也。

——《孝经·三才》

## 不能尽孝的愧疚

下文是罪犯牛某对父母表达愧疚之情的心声，曾发表在报纸上。

"百善孝为先"，这是中华民族几千年流传下来的美德。古人说：孝有三种，大孝是让父母得到别人的尊重，其次是不辱没父母的名声，最低的是能侍奉父母。而如今的我，不仅辱没了父母的名声，连最基本的侍奉父母也无法做到。入狱以来，很多次反省都像无形的鞭子在抽打着我的灵魂、我的良知，让我从迷茫中惊醒，让我羞愧难当。

与许多父母一样，我的父母也是一直以他们特有的方式爱着我，虽然他们没怎么读过书，但他们经常跟我讲做人的道理与责任，希望我长大以后做个顶天立地、自食其力的人，可我却辜负了他们，我到底都做了些什么？我的犯罪行为像刀子一样捅在了他们的心上，打破了他们对我的美好期望。因为我，他们额上的皱纹一夜间又增加了许多；因为我，他们的脚步更加蹒跚……每每想到这些，我都恨不得扇自己几个大嘴巴，我真是太残忍了，让他们在年迈之时还因为我忧伤、愁苦。

每当我穿着这身刺眼的囚服，面对前来探监的亲人，我的心中都有一种无法克制的自卑。作为儿子，我不仅没有回报曾经给予我生命和关爱的父母，反而带给他们耻辱与痛心，我真的无比悔恨。

父母每来探监一次，我对父母的惭愧便加深一层。我想，对他们最好的补偿，莫过于现在好好接受改造，争取早日出去，在他们身边尽孝！

在文章中，他谈到了父母的慈爱和对他的不放弃，谈到了自己的醒悟和感恩之情、成长之心。做人的基础是孝、悌、忠、信、礼、义、廉、耻，其中孝道为先。如果有一天能从过错中真正懂得感恩父母、渴望尽孝，也便会懂得做人的道理。

过去，或许没有这样深深地懂得为人要修炼内心、平和做人、孝敬父母，担当好自己的角色让父母放心。轻狂嚣张过，自欺欺人过，不计后果过，以自我为中心过，在拥有的时候没有懂得尽孝，但是，在服刑后，大家已然在失去以后知道了要珍惜。对父母的"孝"并不是单纯的照料和物质满足，更重要的是"敬"和"爱"；眼下虽不能侍奉在父母身边，但可以通过自己的改造和成长，以更加懂得为自己的生活负责、为家庭负责的心，让父母得到精神的慰藉和内心的满足。

岁月让父母的容颜老去，偷走了他们健硕的体魄和无忧的心，留下的是他们对你改过自新、越过困境、辛勤努力的期盼。父母的心，你什么时候明白都永远不算晚。固然，父母有时会孤独和想念，你可以和他们打电话、会见、写信；虽然父母也有面对衰老的焦虑，但你可以帮他们调整心态，寻找和培养生活的乐趣，求助其他的亲友帮你"常回家看看"。父母真正在意的其实不是物质上的富裕，不是你能天天守在他们身边，而是你懂得他们爱你，你也深深地爱他们。

多珍惜在狱内剩下的日子，调整好自己的心态，扔掉报复心，丢弃侥幸心，狠批不劳而获的心，温暖冰冷的心。记住，暂时不能尽孝养老并不能说明你没有价值，永远要避免让自己逃到自卑、抑郁的情绪里，要扛起你对家人的责任，因为他们爱你，他们需要你。

## 对孩子真正的教育在于言传身教

"言传身教"是中国几千年传统教育的永恒命题。孔子说："其身正，不令而行；其身不正，虽令而不行。"父母是孩子的第一任老师，父母的价值观、做人的准则会成为孩子做人的楷模。我们每个人都要经历过错和曲折，但只要我们在过错中得到醒悟、得到悔改，我们的孩子

就会为我们诚挚的做人态度所启发，认真、严谨地面对他们自己的生活。俄国教育家乌申斯基有一句名言："只有人格才能影响人格的形成与发展。"孩子将来能否健康地成长为一个积极、阳光、富有责任心的

合格的社会人，根本在于他在父母影响下形成的人格是怎样的。

小颖两岁那年，父亲因盗窃罪被判刑，随后母亲也下岗了。不久，小颖的母亲被确诊为尿毒症。

小颖的父亲入狱后，不断的反思，加之家中变故连连，使他对当年犯下的罪行后悔万分。他在思考怎样才能让孩子不受自己曾经恶劣行径的影响，堂堂正正做人。每次小颖来看他，他都痛彻心扉地向女儿表达自己的愧疚，表达自己对社会各界为妻子热心捐款的感激，鼓励女儿好好照顾妈妈，等自己好好改造、争取减刑早日回家后一家人的团聚；女儿回家后，他还会经常写信和打电话关心母女俩的生活，和她们互相鼓励坚持下去。小颖在父亲诚恳的悔悟和教导下，表现得比同龄孩子更加懂事和坚强：年幼的她担负起照顾妈妈的重任，靠沿街卖气球得来的微薄收入支撑起母女俩的日常开支；上学后虽然因照顾妈妈缺课，但考试成绩依然名列前茅。小颖知道自己卖气球赚的钱与妈妈的医药费相比杯水车薪，但她表示"做总比不做要强"。

或许，你入狱的事实会让孩子在学校感受到压力；或许，你现在在狱中无法抚育、陪伴孩子成长，但是，如果用现实引导孩子，教会孩子面对已经发生的事情，向孩子诉说你的醒悟和悔过，尽可能多地了解孩子在生活中的点滴，以你所能关注孩子的发展、给予他关爱，鼓励他自强不息，共同面对你入狱的现实，这会成为孩子成长中严肃而温暖的重要一课，孩子会学会责任、勇气和爱。

每个孩子都是一粒"好种子"，任何环境都有可能成为一片肥沃的"土壤"。父母无言的"身教"能陪伴他识得人生路上的养料和毒害，即

使你不能陪伴在孩子身边，他也能健康地成长。他一样可以养成优秀的品质，一样可以成为出色的人才，你对自己的善待、对孩子的善待，会教会孩子如何做人。你热爱生活，善待生命与自然，就会教他们成为热爱生命、热爱自然、热爱社会的人。

## 放松宝典：五指呼吸法

1分钟五指呼吸法练习引导如下。

第一步，微微地闭上眼睛，感受下此刻的身体状态是紧绷还是放松？情绪是紧张、担心还是期待？将注意力转移到臀部和椅子接触的部位，感受两者挤压的感觉。

第二步：张开左手的五个手指，将右手的食指放到左手拇指的外侧；吸气的时候，食指从拇指底部逐渐滑动到拇指的顶端；呼气的时候，食指从拇指顶部逐渐滑动到拇指和食指中间连接的部位；再一次吸气，食指从食指底部逐渐滑动到食指的顶端；呼气的时候，食指从食指顶部逐渐滑动到食指和中指中间；接下来，每一次吸气和呼气，食指就

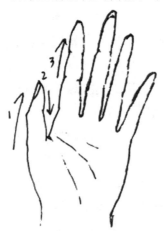

从一个手指上滑过，就如同翻越手指大山一样；持续地呼吸，从拇指到小指，再从小指回到拇指，直到觉得内在平静、稳定。

第三步：慢慢地睁开眼睛，感受光线进入眼睛的这种感觉，带着呼吸的平静，投入接下来的生活之中。

五指呼吸法是很好的冷静办法，当你在做五指呼吸法时，几种感官都联系在了一起。在注意呼吸的同时，还在观察并感受你手指的变换过程。这不仅需要对视觉和触觉进行处理，还需要感知你身体的多个部位，包括你的双手、肺部。

当你顺利完成五指呼吸时，你就可以放松下来，大脑不再一直充斥着你所担心的事，即便你只花了很短的时间来做五指呼吸。因为当你这样做的时候，你的身体状态也会恢复到往常的平静，即便当你做完后又

想起了这些烦恼，它们也不会像之前那样困扰着你。

虽然是面对同样的事，但情绪基调不同了。只要少了情绪的刺激，这件事对你的分量就会减轻，你就可以选择放下担忧或是不去管它。

# 心理稳定化：吹气球技术

具体操作步骤：

回忆一个引起你压力感的场景和事件，注意自己的感受（生气、害怕等）。

现在生动地想象你在吹气球。你手里捧着一个气球，把它吹起来。随着每次呼气，把上述情绪从身体吹到气球里。

当气球渐渐胀大时，你可以想象气球的表面有一幅图像，这幅图像随着气球的胀大而有些变形，但你明白它与你的压力来源有关。

随着每次呼吸，你越来越多地释放出那些负面情绪。同时，气球也变得越来越大，上面的图像变形得越发严重。

继续把身体里的情绪吹出来，直到它们全部进入气球。这时你注意到气球表面的那幅图像已经变得面目全非了。

现在想象自己放开手中的气球，看着它脱手飞射出去，一路翻着筋斗直入云霄，将你的负面情绪带走，然后落在某个遥远的地方。

做一次深呼吸，现在检查你对那件事情的感觉。在大多数情况下，原先的感觉要么烟消云散了，要么淡化了。

## 【拓展阅读】

## 正念呼吸

这个方法称为正念呼吸，是通过对呼吸的关注，减少大脑里的杂念，缓解焦虑，从而使内心清静、放松，当然如果压力过大，也可以用这个方式帮助进入睡眠。作为一种有效的非药物性干预失眠的措施，正念呼吸被全球众多企业、学校采用，正念已经成为心理学、神经科学、健康和教育领域的热门话题，大量研究文献表明，正念冥想有助于身心健康，并且有助于治疗各种身心疾病。

**思考题**

1. 在狱内服刑期间，你会通过什么方式让老人感受到自己的孝心？

2. 如何借助狱内改造机会提升自己，以便出狱后能更好履行尽孝养小责任？

3. 可能错过孩子成长关键期，出狱后怎样重建与孩子的亲密关系？

4. 服刑期间应如何给予家人精神支持？

5. "放松宝典：五指呼吸法"对你有什么帮助？你会如何向他人介绍"心理稳定化"？

# 五、重返社会，我很矛盾、很焦躁

面对恶劣的生存环境和巨大的生存危机时，焦虑是一种让我们面对危险的警醒机制，它提升了我们在进化过程中生存下去的机会，所以焦虑复刻在我们大脑和基因之中，是我们本能的应激反应。

——王天夫[1]

## "我的肩头其实很硬"

高某今年 26 岁，八年前因故意伤害罪被判刑入狱。看上去他是一个孝顺、懂事的年轻人，但是看到他那双迷茫而忧郁的眼睛，就让人不由得为他担心。

在一次访谈中他谈到自己的经历，幼年时妈妈抛下了爸爸和他离家出走，幼年的他曾一次次地跑到亲戚家，在他能找到的各个角落找妈妈，却再也没有见过她。后来后妈来到了这个家，待他很好，但他不知为什么总爱在外面疯跑，总想惹事，经常撕破了衣裳一身血迹地偷偷溜回家，趁后妈和爸爸不注意的时候偷偷换掉。那时候的他还不知道为大人解忧，整天胡闹浑噩度日，终于在 18 岁酿出大祸。

服刑的日子一年年过去，他迈过 20 岁的生日，又奔向了 30 岁。高某越来越感受到曾经的冲动和荒唐影响了自己的整个青春，也辜负了后妈和父亲对自己的爱和期盼。一想到这些，他就会觉得像有千斤的秤砣压在身上，动

---

[1]　王天夫，清华大学社会学系教授。

弹不得。

在一次心理剧团体治疗的暖身阶段，大家畅谈出狱后各自的理想和打算，只有高某表现得沉默而紧张。他说，一想到出狱的日子就紧张得睡不着觉。于是，心理咨询师决定让高某做心理剧的主角，处理他对于出狱的焦虑和恐惧。独白中，高某说自己内心的感受就像蹲着缩在地上，心理咨询师于是就让他用这个姿势表达他的情绪，这个姿势让他感受到了恐惧焦虑情绪的三部分：（1）离开社会太久、对社会不了解带来的恐惧；（2）对别人轻视自己的恐惧；（3）对自己能力不确信的焦虑。心理咨询师于是让他分别扮演这三部分情绪，分别问他以下问题，一一核实这些恐惧和焦虑的内容是否真实存在：

离开社会这些年是否真的对社会形势一无所知？是否真的没有渠道可以了解社会？即使对目前的社会形势不够了解，是否真的对出狱后的生活有严重影响？是否出狱后也很难弥补社会经验的欠缺？

你在乎的人是否会轻视你？你不在乎的人是否真的会花很多心思和时间轻视你？外人的轻视是否会对你的生活构成伤害？你最在意的是谁的轻视？你有没有轻视自己？

自己有没有可以谋生的能力？家庭有没有可以支持自己的资源？社会有没有可以让自己维持生计的机会？有没有谁曾经肯定过自己哪些值得珍视的能力，这些能力是否可以帮自己生存下去？

在核实这些问题的过程中，高某发现其实事情并没有自己想的那么糟糕，其实在狱中通过书籍、报纸、电视、广播、家人接见交谈等很多信息渠道可以让自己了解外面的生活；自己在乎的家人不会轻视自己，而可能轻视自己的人自己其实并不在乎；自己会开车，可以从事运输类工作，在外面也有做正规生意的朋友，一直允诺带着自己学经商。原来，恐惧和焦虑的是很多莫名的情绪，现在把事实一梳理，会发现并没有什么值得过度担忧。

接下来，心理咨询师请一个成员出来做高某的替身，要求高某分别扮演"不了解社会""害怕轻视""对自己不自信"这三个情绪负担，像重担一样背负在替身的背上，让替身从蹲着的姿势站起来，结果替身很容易就站起来了，高某说自己扮演这三个情绪负担的时候身体轻飘飘的，根本使不上劲儿。心理咨询师于是又请三个成员出来扮演这三个情绪负担重重地压在他身上，让高某就演自己，高某使了吃奶的劲涨红了脸把三个情绪负担都摔在地上站了起来。他站起来那一刻，所有成员都激动地为他鼓掌叫好。他的感言是，看起来再沉重的负担，冲破之后回头看看其实并不算什么。

现在，高某已经离开监狱半年，在家人和朋友的支持下已经有了稳定的工作和收入，也变得越来越轻松自信，当问到是什么让他充满活力，他说，自己的肩头其实很硬，扛起生活没有问题，所以他要不停歇地努力。

## 危机能给你带来什么？

出狱前夕带来的危机感会对我们有好处吗？或许即将出狱产生的危机感对我们每一个人而言都是一个挑战，但这份危机感或许是真的有好处。

第一个好处是，对曾经的生活而言，这是一个机会，也是一个重整秩序的时刻，那些曾经浑噩的生活会结束，有秩序的、负责任的内容会成为生活的主旋律，并在之后迎来我们人生最佳的发展机会，我们可以借着这次生活的转变重写我们的命运。

第二个好处是，我们会更懂得生活，更平和、更淡然、更重视家庭。出狱后相信你会花更多的时间陪伴家人。这个好处很多时候会带给我们感动和欣慰。与此相比，几年自由的损失会成为自己反省过去的契机。

第三个好处是，很多人更注意身体健康和心理健康了。当我们不再年轻，当我们经受过挫折，纸醉金迷的生活不再有诱惑力，很多人学会了爱自己。

有过如此经历的前辈说，出狱的危机感一定会给你带来很多好处，问题是你能否换一个角度去拥抱这些好处，以及怎样让这些好处使你的人生开始不同？

有些人，在有过入狱的经历后，将这样的经历作为财富，利用这段时间读书、思考、学习技能、考取学历，在出狱的时刻，他是张开臂膀迎接新生活的。

他们会说，他们也曾有过阴影，他们爬起来的经验是，面对阴影，要学会转身，学会积极思考。

很多时候，我们的人生处境犹如面向光影的一幅人物画像，背光看，是黑暗；迎光看，是光明。光明还是黑暗，这可以是一道选择题。

即使身处黑暗，我们一转身就会发现光明。

很多时候，我们会全然陷入阴影，周围都没有阳光。但即便全然陷入阴影中，也仍有很大的好处。譬如，在黑暗中的视力会得到提升，耐受力会得到锻炼，内心的体验会得到拓展，内心世界因而更为丰富……于是，在有一天回到外面的世界时，会发现世界更加光明灿烂。

任何事情都有好的一面，如果你预感到出狱带来一些危机感，你一样可以问问自己：这种危机感对我有什么好处？

## 极端痛苦是需要蜕变的信号[1]

德国心理治疗大师、家庭治疗大师海灵格提到的一则寓言故事：一头熊，一直被关在一个窄小的笼子里。它只能站着，不能坐下，更不用说躺下，当人攻击它的时候，它最多只能抱成一团来应对。后来，这头熊从这个窄小的笼子里被放了出来，但它仍然一直站着，仿佛不知道自己已获得自由。

我们都生活在这样的无形的笼子中。对于多数人而言，除非遇到一些极端情况，否则会一直执着于原来的那种生活方式。譬如，有人会一直执着于做"好人"，而有人会一直执着于做依赖者。

但是，总做好人的开始有了承受不了的怨气，而依赖者有了乱成一团的人生处境。这些极端情况看起来很不好，但它们也恰恰是迫使我们不得不放弃原有生活方式的动力。

一旦放弃执着，那头熊会发现，它可以坐、躺、跑和还击。"老好

---

〔1〕 武志红：《别忙，我先感觉一下自己》，载 https://mp.weixin.qq.com/s/AWI9k7sPBA6U0VWEI-CJAw，最后访问日期：2024 年 12 月 6 日，文章有所修改。

人"发现，他不必非得做"好人"，他应当先学会尊重自己，依赖者则会发现，他可以做一个独立的人，不必什么事都依赖别人做决定。

总之，如果不再执着于原有的思维方式，我们便会发现，原来世界海阔天空，我们不必非得守在那块可怜的地盘上，我们可以飞翔，可以游泳，可以不必理会别人的流言蜚语，我们只需要尊重自己内在的灵性。

可以说，人生中一旦有了这种短暂开悟的时刻，内心就会发生一次翻天覆地的变化，会变得更和谐、更有力量也更富有弹性。

对此，咨询者 F 有明确的体会，每当有问题出现时，她不会像以前一样，立即陷入问题中，并急于去寻找解决问题的办法，而是先去感受一下自己。用她自己的话说，就是每当遇到问题时，她会立即对自己说："别忙，我先感觉一下我自己。"

# 痛苦是成长的机会

当感受到痛苦，人的第一反应就是想降低痛苦、逃离痛苦。但是，痛苦本身其实只是一个信号，只是告诉我们，问题发生了，我们应该去改变。如果只是一味地努力降低痛苦、逃避痛苦，那就是在逃避问题自身，这并不利于心灵的成长。

这和身体疼痛的道理一样。当我们肚子疼时，医生通常不建议先服用止痛药，因为那会让我们的身体麻木，让医生难以探察到底是哪里发生了病变，从而无法下手治疗。心理痛苦的意义是一样的。

要分清痛苦与问题，可以想办法减轻痛苦，但更重要的是，我们要有勇气去面对问题。

我们必须先改变一些习惯性的错误认知，明白痛苦与问题的关系。以下是一些我们需要避开的"思维陷阱"。

**陷阱一："我是天底下最不幸的人"**

每个人都有不同程度的心理问题，并且每个人的心理问题都有大量的相似之处。但人们总是意识不到这一点，以为自己的痛苦独一无二，总是感叹"为什么不幸的偏偏是我"，将自己的问题无限扩大，并将它当作生命中最重要的事情，用一切资源去纠正它。

之所以如此，是因为有心理问题的人以为自己的问题是洪水猛兽，不敢将它暴露出来，但在封锁自己问题的同时也封闭了自己。久而久之，就觉得自己是天底下最不幸的人了。

没有谁是"天底下最不幸的人"，总有别人和你一样遇到相似的困难和不幸。

### 陷阱二："痛苦都是因为现在"

一个 27 岁的女孩写信说，她只谈过一次恋爱，分手后再也不敢谈恋爱了，她说，"我很怕失去，很怕那种如坐云端却突然坠入谷底的感觉，很害怕"。

无数人在恋爱中分手，但多数人后来又开始了新的恋爱，为什么这个女孩"很害怕"而不敢再谈恋爱呢？

一般来说，这可以追溯到童年。这种不敢再谈恋爱的女孩多在童年遭受过严重的分离焦虑的伤害。譬如，父母在她很小的时候离开她很长时间，甚至父母一方离开后就再也没有回来。这种严重的分离焦虑最后化为一种无意识，深埋在她的心底，分手重新唤起了她的无意识，又一次诱发了她严重的分离焦虑。于是，她不想再有亲密关系。

女孩的逻辑看似是合理的，因为成年的体验重复了童年的创伤。

但是，如果她能好好思考一下，自己的惧怕究竟从何而来，她就会明白，自己的惧怕是建立在个体唯一的人生体验之上的，并不意味着亲密关系必然会导致自己被抛弃、被背叛。

### 陷阱三："用一切办法减少痛苦"

日本心理学家森田正马提出的"顺其自然、为所当为"的森田疗法成为治疗强迫症、社交恐惧症等心理疾病的一种非常流行、有效的疗法，而他自己在读大学时正是一名严重的神经症患者。

国内著名口吃矫正专家平易，他自己以前就有严重的口吃问题。他是在进行自我治疗的时候形成了一套行之有效的治疗方法。

这样的例子数不胜数，美国心理学家派克认为："逃避问题及其内在痛苦情感的倾向是所有心理疾病的主要原因。"

我们想逃避痛苦，但痛苦背后的问题恰恰是我们的一部分，须臾不可分离，根本逃避不了。所谓逃避，只不过是运用种种自欺的方式扭曲了我们对问题的认识，从而减少我们的痛苦。我们以为看不到它们了，但其实它们还是人生甩不掉的尾巴。而那些直面自己的痛苦及痛苦背后的问题的人，每一次痛苦都促进了他们的成长。

**思考题**

1. 结合书中观点，罪犯服刑期间如何调整心态，克服因服刑导致的融入社会的焦躁情绪？

2. 本节中，高某的故事给你什么启发？

3. 有哪些需要避开的"思维陷阱"？

4. 你是怎么认识痛苦的？

5. 在帮助罪犯缓解重返社会的矛盾焦躁心理中，家庭应扮演怎样的角色？

**推荐书目**

1.《遇见未知的自己》，张德芬，华夏出版社 2008 年版。

2.《幸福之路》，罗素，中央编译出版社 2024 年版。

3.《伯恩斯新情绪疗法》，戴维·伯恩斯，科技文献出版社 2014 年版。

4.《精力管理》，吉姆·洛尔、托尼·施瓦茨，中信出版社 2003 年版。

5.《了不起的我》，陈海贤，台海出版社 2019 年版。

6.《吸引力法则》，迈克尔·劳塞尔，东方出版社 2008 年版。

**推荐电影**

1.《送你一朵小红花》（2020 年），韩延执导。

2.《心灵奇旅》（2020 年），彼特·道格特、凯普·鲍尔斯执导。

3.《飞越疯人院》（1975 年），米洛斯·福尔曼执导。

4.《鸟人》（1984 年），艾伦·帕克执导。

5.《初恋 50 次》（2004 年），彼得·西格尔执导。

6.《当幸福来敲门》（2006 年），加布里尔·穆奇诺执导。

第三篇

认知重构

在我们的生活中，我们经常面临各种困难和挑战，有时候我们的思维方式可能会给我们带来负面情绪和压力。但是，通过应用认知重构的技巧，我们可以改变自己的思维方式，重塑我们的生活，并更好地应对日常的压力和挑战。

【阅读提示】

1. 理解通过改变认知来改善服刑改造状态的重要性，探索具体方法。

2. 掌握自主选择积极心情、摆脱消极情绪的思维转变方式。

3. 学会避免陷入思维定式，掌握突破局限看待问题的有效途径。

4. 领会换位思考在人际交往和解决矛盾中的关键作用。

# 一、改变认知重塑生活

*生活就像海洋，只有意志坚强的人，才能到达彼岸。*

——马克思

人这一辈子，就像在大海里航行，帆船走得远了，就需要定时锚定航向。生活就像钟表，走得久了，就需要重新校准时间。

人更是如此，需要定时地清空自己，修正自己，才能看到更大的世界，遇见更好的自己。

杨绛先生曾说过："人虽然渺小，人生虽然短促，但是人能学，人能修身，人能自我完善，人的可贵在人自身。"人生在世，需要及早地学会修身养性，不断地自我完善，最终才能逐步地创造更加美好的未来。

心灵贴士

见贤思齐焉，见不贤而内自省也。

——《论语·里仁》

## 修正自我

不可否认，当认定自己是怎样的人时，我们很难改变自己的想法。当我们习惯于被别人看作懒惰、消极、惹是生非、一无是处的人，尤其是幼年时曾被父母这样看待过，即使我们不喜欢这样的自己，也惧怕改变这样的自我形象。因为我们惧怕所有未知的事情，不知道自己还可以做怎样的自己，不知道万一放弃现在的样子是否还找得到自己。我们对世间万物的态度都源于对自己的态度，而对自己的态度在很大程度上取决于幼年时父母对我们的态度。

26岁的姜某，是一个帅气的小伙子，因故意伤害罪被判刑入狱。

他夏天不愿意穿短袖上衣，经过民警私下了解才知道，原来他的胳膊上有很多伤痕，穿短袖上衣会暴露它们。这些伤痕是他自己用刀割的。特别伤心的时候，特别麻木的时候，甚至特别开心的时候，他都会

有一种强烈的冲动，忍不住想割自己的胳膊。

姜某之所以有自我伤害的心理，是源于他从小的生活经历。姜某的父亲曾因故意伤害罪入狱，母亲充满愤怒，把怨气都撒在他身上，从小就对姜某说："你就像你爸一样是个疯子，到处惹是生非……"其实姜某和父亲在这方面根本不相像。但母亲对他的看法深深地烙在姜某的内心，他几乎认同了自己就是这样发疯的人，常常会有抑制不住的冲动。但是，每次冲动之后，他都会感到痛苦，觉得这根本不是他，每当这时，他就会用刀子在胳膊上割下伤痕，用身体的疼痛掩盖内心的痛苦。

姜某是在用极端的方式否认母亲对自己的判定，但很多时候人们是在延续着父母对自己的判定。人们会把事情搞砸，不断地做出愚蠢的行为，然后内心不断印证"看，我早预料到，我就是这样一无是处，我就是什么都做不成，瞧，事情不都是像我预料的那样吗？"

一个人成熟的标志就是，他开始主动做自己内心的父母，爱自己，教导自己，发现自己人生该有的模样，自己去修正。我们习惯了的自我形象可能充满消极，可能并不是真正的自己，父母可能影响我们形成了这样的自我形象，但是向父母追责并不是我们该做的，因为每个人的生命都承载了太多自己都决定不了的东西。我们可以决定的是，在觉醒的那一天，积极地做一个我们应该成为的人。

修正自我，识别什么是真正的"我"，确认自己想要成为怎样的人，分辨出做某些事情的原因可能是源于家庭影响后，客观地评价自己是否想要成为像父母那样的人。在遇到问题的时候先停顿五秒，迅速想一下自己的父母会做出什么举动，自己希望做出一样的行为吗？或者自己理想中的人格会怎么处理？

## 修正情绪

　　一个人若是无法管理自己的情绪，不能调理好自己心态，就很难创造出更大的人生价值。面对压力，我们需要冷静下来，沉住气，修正好自己的情绪，变得更清醒、更稳重。如此，我们才能通过抽丝剥茧的方式来看待生活，找到人生的出口。不管如何，我们都需要多问问自己这些问题：自己要什么，自己有什么，自己能放弃什么。你要的是一种什么样的生活，自己有什么能力可以实现这样的生活，以及自己可以为了这样的生活付出什么。狄更斯说："情绪心态之健全，比一百种智慧更有力量。"人生总有崎岖，总有荆棘，唯有拿出良好而强大的情绪管理能力，做到及时地修正好情绪，找到力量，才能一步步地取得属于自己的成功。

## 修正心态

　　其实，人最大的修行，就是修心。修心的目的，在于养成一种良好的心态。一个人活着的价值，就在于他到底可以为自己的未来达成一种怎样的期许。毫无疑问，越是希望自己在未来可以有更大的成就，就越需要自己在当下保持修正心态的态度。然后，从容地打造良好的心态，淡定地做好每一件事情，每一天都可以过得充实，过得自在，活得充满希望。如此，我们才能继续保持良好的心态去创造更加美好的未来。一个人只有拥有了一种坦然接受命运不公的心态，才能安然地享受生命所带来的平和与挑战。在自己披荆斩棘的道路上，你会发现，只有修正好自己的心态，自身才能具备足够的心胸、眼界、格局，去撑起属于自己的一片天。

## 修正人格

　　"玻璃大王"曹德旺曾说过一段话："人生的每一天的每一分钟的每一件事，都是你盖历史大厦的每一块砖。某一段砖用坏了，做了坏事，你盖很高的时候，高处不胜寒，压力一大，那个地方经不起推敲，大厦就这样摧毁了。"人生如同一座大厦一般，每一块砖都代表着自身的学识、能力、眼界、智慧、格局、人品。显然，倘若自己的人品不过关，自己的人格不端正，那么其他一切，也都可能因为人品、人格这些缺失而被吹倒。修正自己的品行，打造出强大的人格，我们才能具备更多的可能性，让自己真正成为一个聪明的人、实在的人、靠谱的人。《傅雷家书》中，傅雷这样教育孩子："先做人，后做艺术家，再做音乐家，最后是钢琴家。如果把钢琴家作为第一步，恐怕成不了世界一流钢琴家。"为人处世，最为重要的底气是一个人的品行。就像一座大厦，最为重要的是打造好地基。千做万做，学会做人，千学万学，学会做人。真正懂得如何做人的人，都是人品过关、人格强大的人。

## 人生取决于我们怎样看待自己

态度是一件奇妙的东西，它会产生神奇的力量。据说若干年前，一项实验证实了态度的魔力。

一位博士在大学主持了一项为期六周的"老鼠通过迷阵吃干酪"的实验，对象是三组学生与三组老鼠。

他对第一组学生说："你们太幸运了，因为你们将跟一群天才老鼠在一起。这群聪明的老鼠将迅速通过迷阵抵达终点，然后吃许多干酪，所以你们必须多准备些干酪放在终点。"

他对第二组学生说："你们将跟一群普通的老鼠在一起。这群平庸的老鼠最后会通过迷阵抵达终点，然后吃一些干酪。因为它们智力平平，所以期望不要太高。"

他对第三组学生说："很抱歉，你们将跟一群笨老鼠在一起。这群笨老鼠的表现会很差，不太可能通过迷阵到达终点，因此你们根本不用准备干酪。"

六周之后，实验结果出来了。天才老鼠迅速通过迷阵，很快就抵达终点；普通老鼠也到达终点，不过速度很慢；至于愚笨的老鼠，只有一只通过迷阵抵达终点。

有趣的是，其实根本没有什么天才老鼠与笨老鼠，它们全都是同一窝的普通老鼠。这些老鼠之所以有不同表现，完全是因为实验的学生受了博士的影响，对他们饲养的老鼠态度不同所产生的结果，学生们当然不懂老鼠的语言，然而老鼠却知道学生对它们的态度。

我们每个人心里都有一个"自我意象"，就是你觉得自己本应该成为的样子。当心里觉得自己是个勇士，所有的困苦你都不会觉得是困苦，无论你的天性怎样，都会在执着的自我锤炼中超越平庸和软弱；而当你心里觉得自己是个懦夫，无论你的天资多么聪颖，你都会觉得自己一文不值，所有闪光点都会在自我贬低中成为深陷自我的黑洞。如果我们认为自己会是幸福的，那么就会在遭遇打击和挫折时，努力将事情拉向积极乐观的方向；相反，如果我们认为自己是不幸的，就很可能会在享受阳光和快乐时，有意无意地将事情拉向悲观消极的方向。

所以说，其实人生的结局，在相当程度上取决于我们怎样看待自己。

## 人生的 15 个真相

第一，因为不敢正视现实，人们总是不自觉地回想一些悲惨的旧事。活在当下，不要让回忆、恐惧和忧虑吓到你。

第二，要有愿景。通常我们气愤或放弃，都是因为我们失去了愿景。

第三，生命非常短暂。你可能以为自己还可以活很久，但时间过得比你想象的快。

第四，生存，就是逆流而上的行为。

第五，人生掌握在自己手中。你对自己的人生有怎样的期待呢？是不是从来没有想过，而只是坐在那里，等别人来为你做点什么？世界掌握在主动者手中，等待别人给你答案，不如自己主动出击。

第六，快乐出现在主动迎接变化时。你是不是觉得即使一切都不改变，快乐也会回到你的身边呢？错了，那不可能！

第七，世界上没有什么东西是本来就存在的，一切都是创造出来的。

第八，你可以在那里哀叹："我真的好可怜……"可即使你这么哀叹，事情会变得顺利吗？

第九，父母能对你产生的影响，其实把握在你自己手里。

第十，困难的时候，谁也没有到你身边来，正因为你抱着这种想法生活，才有了这种结果。

第十一，你的人生会跟你设想的一样，"虽然这么说，可总有我办不到的事情啊！"一旦你这么想，事实也就如此了。

第十二，周围的环境是很难改变的，这比改变你自己困难得多。

第十三，无须什么根据，你也可以说："我就是喜欢自己！"

第十四，无论心情舒畅，还是情绪抑郁，都不要沉溺太久。

第十五，一点儿都不晚，现在就是人生的最好时机。

**思考题**

1. 哪些常见的认知偏差影响了人们的生活？试举例说明。

2. 改变认知的具体方法有哪些？这些方法如何在日常生活中运用？

3. 结合你的经历，谈谈认知改变后，在生活态度和行为上会产生哪些显著变化？

4. 如何逐步打破固定认知模式建立新的认知？

5. 从长远来看，改变认知对个人的生活和发展有哪些积极意义？

6. 服刑改造期间，你如何理解"人生取决于我们怎样看待自己"这句话呢？

# 二、原来你可以选择你的心情

> 好心情并不来源于一帆风顺，而是生长于一种从容和坚定的勇气中。
>
> ——毕淑敏

## 两只狼的故事

一位老爷爷告诉他的孙子，在每个人的内心都住着两只狼，一只是恶狼，代表着愤怒、嫉妒、恐惧和贪婪；另一只是善狼，代表着爱、善良、宽容和希望，这两只狼不断地在内心进行着战斗。

孙子问爷爷："哪只狼会赢?"

老爷爷回答："你决定喂养的狼会赢。"

## 被囚禁的章鱼

一只章鱼的体重可以达到几十公斤。但是，如此庞大的家伙，身体却非常柔软，柔软到几乎可以将自己塞进任何想去的地方。

章鱼没有脊椎，这使它可以穿过一个银币大小的洞。它们最喜欢做的事情就是将自己的身体塞进海螺壳或是通过变色躲起来，等到鱼虾走近，就用触手捕猎，然后美餐一顿。对于海洋中的其他生物来说，章鱼可以称得上是最狡猾聪明的动物之一。但是，人类却有办法制服它。渔民掌握了章鱼的天性，

他们将小瓶子用绳子串在一起沉入海底。章鱼一看见小瓶子，都习惯性地往里钻，不论瓶子有多么小、多么窄。

结果，这些章鱼成了瓶子里的囚徒，变成了渔民的猎物，变成人类餐桌上的美食。是什么囚禁了章鱼？是瓶子吗？不，瓶子放在海里，瓶子不会走路，更不会去主动捕捉。囚禁了章鱼的是它们自己。它们向着最狭窄的路越走越远，不管那是一条多么黑暗的路，即使那条路是死胡同。

在工作和生活中，我们经常会遇到许多羁绊和束缚，对于它们，我们毫无办法。殊不知囚禁我们的不是别人，而是自己，是我们不健康的心态和偏激的态度。

## 玻璃杯的故事

有一位心理学教授拿着一只装满水的玻璃杯向学生们展示心态的重要性。

他问学生们："你们觉得这只玻璃杯有多重？"学生们纷纷猜测不同的重量。教授解释说："这只玻璃杯的重量并不重要，而是要考虑你们拿着它走了一段时间后会怎么样。如果只拿一会儿，几乎没有感觉，但是如果拿很久，手臂就会开始酸痛。"

他告诉学生们，负面情绪和焦虑就像手里的玻璃杯一样，如果我们长时间拿着它们，它们将会产生沉重的负担。

## 心情是一种选择

杰里是美国一家餐厅的经理，他总是有好心情。

当别人问他最近过得如何，他总是有好消息可以说。他总是回答说，"我现在很幸运，如果我再过得好一些，我就是最幸运的人了！"

当他换工作的时候，许多服务生都跟着他从这家餐厅换到另一家，为什么呢？因为杰里是个天生的激励者，如果某位员工今天运气不好，杰里总是适时地告诉那位员工往好的方面想。

看到这样的情景，一位记者感到很好奇，有一天，这位记者问杰里："我不懂，没有人能够总是积极乐观，你是怎么办到的？"

杰里回答："每天早上我起来告诉自己，我今天有两个选择，可以选择好心情，或者选择坏心情。我总是选择好心情，即使有不好的事情发生。面对坏事，我可以选择做个受害者，或是选择从中学习。每当有人跑来跟我抱怨，我可以选择接受抱怨或者指出生命的光明面，我总是选择指出生命的光明面。"

"但并不是每件事都那么容易啊！"记者试探着说。

回来，我要活下去

"的确如此。"杰里说，"生命就是一连串的选择，每个状况一个选择，你选择如何响应，你选择人们如何影响你的心情，你选择处于好心情或是坏心情，你选择如何过你的生活。"

一年后，杰里意外遭遇了一件不寻常的事：

有一天他忘记关上餐厅的后门，结果有三名武装歹徒闯入餐厅抢劫，他们要挟杰里打开保险箱。由于过度紧张，杰里弄错了一个号码，造成了劫匪的惊慌，他们开枪射向杰里。幸运的杰里很快就被邻居发现，并被迅速送到了医院抢救。经过18小时的外科手术，杰里终于脱离了生命危险，但还有块弹片留在他身上。

事件发生6个月之后，那位记者遇到了杰里，问他最近怎么样。

杰里回答："如果我再过得好一些，我就比双胞胎还幸运了。要看看我的伤疤吗？"

记者问杰里："劫匪闯入的时候，你是怎样想的？"

杰里答道："我想到的第一件事情就是我应该锁后门的。当他们击中我之后，我躺在地板上，还记得我有两个选择，我可以选择生，也可以选择死。我选择活下去。"

"你不害怕吗？"那位记者问他。

杰里继续说："医护人员真了不起，他们一直告诉我没事。但是在医生和护士将我推入紧急手术室的路上，看到他们脸上忧虑的神情，我真的吓坏了。他们的眼睛里好像写着'他已经是个死人了'，我知道我需要采取行动了。"

"当时你做了什么？"记者问。

杰里说:"当时有个护士用很大的声音问我是否对某些药物过敏。我回答'是'。这时医生和护士都停下来等待我的回答。我深深地吸了一口气,喊道:'子弹。'等他们笑完之后,我告诉他们:'我现在选择活下去,请把我当作一个活生生的人来开刀,而不是一个活死人。'"

## 故事里的智慧

一个人虽然改变不了环境,但可以改变自己;虽然改变不了事实,但可以改变态度;虽然控制不了他人,但可以掌控自己;虽然不能延伸生命的长度,但可以拓宽生命的宽度;虽然不能选择容貌,但可以展现笑容。乐观是一种精神,是处于困境时对未来的希望和信心。摆脱困境,靠的就是乐观的精神,在乐观精神的感召下不断地努力拼搏。有些人被困难击垮,就是由于缺乏乐观精神。你是乐观的人还是悲观的人,也许是天生的,但只要肯努力,每个人都可以成为真正乐观的人。面对未来,理智地分析与评估各种因素,然后采取行动,使一切如你所愿。未来就在你的掌握之中,只要你努力变得乐观。

## 微笑,是一种正能量

微笑,是积极生活的写照。一个微笑点亮一盏心灯,照亮自己的人生,也照亮别人的路。微笑的人,让人愉悦和舒服,给人以鼓励和力量。微笑有很强的感染力和治愈力,常常带给人不可估量的爱和能量。没有谁的人生是一帆风顺的,微笑着面对失败和挫折,说明你的内心拥有强大的自信和勇气。笑对人生,让自己充满力量,也带给他人力量。微笑,代表一个人的真诚、温馨、快乐。虽不发一言,但能打动人心。微笑,如春风,能驱散心头的阴霾和疲惫,洒下阳光和爱。微笑,是一种健康的精神,是一份平宁的心态。以微笑的心态,温和地接纳生活中的苦难和考验,并坚信能看到风雨后的彩虹。世界有很多种语言,微笑是通用语言。一个微笑,能让不同国籍、不同种族的人心灵沟通。对家人微笑,对同事微笑,对朋友微笑。对他们微笑,是对拥有情感的感恩,是对他们最好的珍惜。别把坏情绪,留给最亲的人。对陌生人微笑，则是展现自身的风度和教养。是对别人的尊重，也是对自己的温柔。能够掌控好情绪，时常面带微笑，是一种修养。微笑，是你热爱生活的心，是你生命最美的模样！给生活一个微笑吧，相信你会更幸运、更幸福。生活就像一面镜子，你对它微笑，它也对你微笑。笑口常开，生活也会充满阳光。微笑面对他人是一种心态，从对周围的人投以善意的微笑开始，并以其他善意的方式对待他人，不断地传递正能量，时间久了，别人肯定也能回馈善意。

微笑是我们面对人生的态度，我们只是把微笑像阳光一样传递给他人。善意的心就像太阳一样，自己发光发热，不求任何回报。如果我们微笑地面对一切，就会发现一切都很美好，给他人三分阳光，自己就能得到七分快乐。哪怕与朋友有一些隔阂，只要真诚地微笑面对他，隔阂可能也就荡然无存了。很多时候，隔阂只不过是自己心中有芥蒂罢了，只要我们有勇气把心中的芥蒂拔除，然后微笑地面对他，大多时候都能一笑泯恩仇，正如鲁迅先生所讲："度尽劫波兄弟在，相逢一笑泯恩仇。"

微笑也是对生活的一种态度，和金钱、地位以及处境没有必然的关系。一个富翁可能整天忧心如焚，而一个穷人可能天天怡然自乐；一个残疾人可能乐观豁达，而一个身体健康的人可能悲观消极；一个身处顺境的人可能愁云满面，而一个身处逆境的人可能面带微笑……

生活总有不如意的地方，考验的就是我们的心态，我们要学会用微笑面对一切挑战，用宽容的心接纳不完美，用感恩的心接受不如意。

我们都知道海伦·凯勒的故事，儿时的一场病，让她永远失去了视力。但她身残志坚、

自强不息，依然微笑地面对生活，她努力学会了盲文，用手去感知文字和世界，她阅读了大量的书籍，并且完成了大学学业，也创作出了鼓舞我们人生的佳作——《假如给我三天光明》。

同样的遭遇还有音乐家贝多芬，在他事业春风得意的时候，双耳突

然失聪，这样的遭遇给了他致命的打击。然而他并没有向命运低头，也没有从此悲观厌世，他依然微笑面对生命，他聆听自己内心的声音，思考人生的真谛，从而谱写出了音乐史上不朽的乐曲，也谱写出了他自己生命的乐曲。

让我们微笑地面对一切，哪怕是挫折，只会越挫越勇。我们经历的所有困难和挫折，只是为了遇见更好的自己，微笑面对一切，开启乐观人生。相信一句话：我们如何对待世界，世界也会如何对待我们。

**思考题**

1. 当面临压力时，如何主动选择积极心情，避免陷入焦虑？

2. 用你的话谈谈，影响我们主动选择心情的因素有哪些？怎样克服这些因素？

3. 谈谈在家庭矛盾中，如何通过选择心情来化解冲突？

4. 学完本节，你会如何以微笑面对服刑期间的人和事呢？

# 三、别钻进牛角尖出不来

> 穷则变，变则通，通则久。
> ——《周易·系辞下》

## 为什么会钻牛角尖

钻牛角尖是指一些人对事物的看法固执、盲目坚持而不懂变通与接纳不同意见，易陷入死胡同，不能释怀。

香港大学社会工作及社会行政学系副教授黄蔚澄指出，有 10 种思维习惯会形成钻牛角尖的困局，让人没有考虑过其他解决问题的方法，在情绪中越陷越深。

**灰色眼镜**

把事件的严重性放大。只看事情的坏处，而忽略了美好的一面，便容易感到沮丧。

**非黑即白**

认为凡事只有两种可能性：对或错，好或坏，没有灰色地带。这种思想令人把事情过分简化，并影响对自己、对别人的评价，不断责怪自己或别人。心里想着太多"应该怎样"或"不应该怎样"，任何与这些想法不同的方式和结果，都是错的，于是为人处世欠缺弹性，令他人难以忍受。如此固执的思想，也会倒过来责备当事人自己，使他们痛苦不堪。

**以偏概全**

看到一件事就认为所有事情都会如此，过分肯定局部情况对事情整体的判断。

**小题大做**

无论发生什么事，总向坏处想，并把后果想得"能有多糟就有多糟"，认为最坏的事情必会发生，这只会给自己带来不必要的沉重压力。

### 过分自责

把所有糟糕的事都揽到自己身上，认为都是"我的错"。这种过度敏感自责的态度，让人觉得自己一无是处，产生不必要的痛苦。

### 固执己见

认为自己得到的结论都是正确的。譬如，怀疑别人陷害自己就认为一定如此。然而，感觉不一定正确。

### 阅读别人

还没有充分理解时，就以为能完全掌握别人的想法，只凭直觉妄下结论，结果往往使当事人不再用心倾听别人，造成人际关系疏离，增加情绪困扰。

### 控制欲强

执着于控制的人，总觉得一切要完全在自己的控制之内才安心。但这却使自己身心疲累，神经紧张，容易产生人际冲突。

### 执着公平

总觉得自己处于不公平的处境，只会增加不满和愤恨。

黄蔚澄指出，每个人或多或少有1~2项以上的"钻牛角尖"思想，并不足为怪。但"钻牛角尖"思想越多，只会令自己愈加感到痛苦和困扰，患上抑郁症、焦虑症及人格障碍的概率也越大。

我们不妨检视自己有没有这些"钻牛角尖"思想，有的话，应尝试改变，如不要事事想得"能有多糟就有多糟"，多思考事情的其他角度；或者抛开"应该怎样"或"不应该怎样"的想法，为自己做人处世留些弹性。改变的过程并不容易，因为我们已习惯固有的思维模式，担心改变是否会带来更坏的后果。不过，既然原有的思考方式会带来困扰与不快，何不给自己一个改变的机会呢？

## 打破思维定式走出牛角尖

每个人对事情的看法都受个人经历的影响，从而形成一定的思维模式。如果个人的想法走了极端化，就可能进入钻牛角尖的误区，那么，如何避免呢？

第一招：换个角度看世界。

我们之所以沉浸在某一特殊时刻所发生的事情中，关键在于过多地关注一些与目标利益攸关的事物，而忽略发现和欣赏许多美好的东西。例如，我们会为自己的减刑花最大的努力赶积分，但当一些事情不在自己的掌控之中时，与其为几个积分忧心忡忡，伤心劳神，倒不如把心思倾注于生活的细节之中，也许一阵清脆的鸟鸣能让你心情愉快，对待一切尽力而为即可，切忌刻意追求某个结果。

第二招：寻觅一两个知己。

人在烦恼时，并不需要别人讲太多的大道理，更多的是希望能将心里的烦恼一吐为快，最好的办法就是找朋友倾诉。

第三招：让生活多一些变化。

生活变得丰富多彩一些，就会转移自己的注意力，如培养一些兴趣，尝试着做一些没做过的有趣的事情，邀几个朋友一起下下棋、听听音乐。甚至"胡思乱想"都会有助于消除生活中的紧张和疲劳，想象着自己今后生活的美景，思绪可以四处遨游，只要是快乐的。

## 偏执型人格障碍[1]

人格是构成一个人的思想、情感及行为的特有综合模式，这个独特的模式包含了一个人区别于他人的稳定而统一的心理品质。在成长过程中，有些人受不良的成长处境影响，易导致人格缺陷，他们在性格上表现偏激，容易出现人格障碍甚至形成偏执型人格。

偏执型人格障碍又叫妄想型人格障碍，主要表现为固执、敏感、多疑、好嫉妒、心胸狭隘、过分警觉等，这类患者对自我评价过高，认为自己过分重要，拒绝接受批评，对挫折和失败过分敏感，如受到质疑则出现争论、诡辩甚至冲动攻击行为。

偏执型人格障碍有以下特征。

（1）对挫折与拒绝过分敏感；

（2）容易长久地记仇，即不肯原谅侮辱、伤害或轻视；

---

[1] 赵思嘉：《偏执型人格障碍犯罪防治》，载《法制博览》2016年第6期。

（3）猜疑，以及将体验歪曲的一种普遍倾向，即把他人无意的或友好的行为误解为敌意或轻蔑；

（4）与现实环境不相称的好斗及顽固地维护个人的权利；

（5）极易猜疑，毫无根据地怀疑配偶或伴侣的忠诚；

（6）将自己看得过分重要的倾向，表现为持续的自我援引态度；

（7）将患者直接有关的事件以及世间的形形色色都解释为"阴谋"的无根据的先占观念。

偏执型人格障碍形成的主要原因受个人所处环境因素的影响。如不幸的家庭环境和社会环境的影响，其症状的形成有一个发展的过程。偏执型人格障碍有以下形成原因。

（1）早年缺爱的影响因素。在早期生活中不被信任、常被拒绝、缺乏母爱，经常被指责和否定，长期便形成一种与别人在感情上疏远的不良倾向。

（2）后天受挫的影响因素。成长过程中不断地遭受生活打击，经常遇到挫折和失败。如经常受侮辱或冤屈。

（3）自我苛求的影响因素。自我要求标准极高，并与自身某些缺陷之间构成尖锐的矛盾。但是从不公开承认自身的某些缺陷。如个子不高、长相不出众、才能不突出等，其实，意识深层正为此自卑。

（4）性格自我为中心的影响因素。性格上以自我为中心，为了补偿其虚弱的自卑感，就通过设想自己的优越感，通过妄想而使自卑合理化。

（5）情绪不稳定的影响因素。过度的焦虑和不稳定的情绪，常常把别人看成问题的根源，对别人有一种"敌视"，很容易产生对具体的人和事的怀疑与愤怒。

（6）处境异常的影响因素。某些异常的处境也使人偏执。如没有体面工作的人，厌恶别人谈论工作；经济状况不好的人，回避谈论经济收入问题。

## 偏执型人格障碍的治疗

偏执型人格障碍的治疗主要采用心理治疗法，以克服多疑、敏感、固执、无安全感和自我中心的人格缺陷，主要有以下几种方法。

1. 行为训练法

（1）交友训练，鼓励他们积极主动地融入人际关系中去，在交友中学会信任别人，消除不安感。交友训练的原则和要领是：①真诚相见，以诚交心：用真诚的态度积极地融入人际关系中去。要相信大多数人是友好的和比较容易亲近的。可以尝试信赖，减少偏见和不信任的态度。必须明确，交友的目的在于克服偏执心理，寻求友谊和帮助，交流思想感情，减轻心理障碍。②交往中尽量主动给予朋友帮助。这有助于以心换心，取得对方的信任和巩固友谊。尤其当别人遇到困难时，更应该鼎力相助，患难见真情，这样才能取得信赖和增进友谊。③选择志同道合的朋友去结交。交友训练是让患者积极主动融入人际关系中去，应适当考虑年龄、性格、职业、文化修养、经济水平、社会地位和兴趣爱好等问题，有助于巩固友谊。

（2）敌意纠正训练法，偏执型人格障碍患者易对他人和周围环境充满敌意和不信任感，采取以下训练方法，有助于克服敌对心理。①经常提醒自己不要陷入"敌对心理"的漩涡中。事先自我提醒和警告，处事待人时注意纠正，这样会明显减轻敌意心理和强烈的情绪反应。②要懂得只有尊重别人，才能得到别人尊重。要学会对那些帮助过你的人说感激的话，而不要不疼不痒地只说声"谢谢"，更不能不理不睬。③要学会向你认识的人微笑。可能开始时会很不习惯，做得不自然，但必须这样做，而且努力去做好。④要在生活中学会忍让和耐心。生活在复杂的大千世界中，冲突、纠纷和摩擦是难免的，这时必须忍让和克制，不能让敌对的怒火烧得自己晕头转向，不知所措。

2. 认知疗法

偏执型人格的人喜欢走极端，这与其头脑中的非理性观念相关联。因此，要改变偏执行为，偏执型人格患者首先应分析自己的非理性观念。如：我不能容忍别人一丝一毫的不忠；世上没有好人，我只相信自己；对别人的进攻，我必须立即予以强烈反击，要让他知道我比他更强；我不能表现出温柔，这会给人一种不强健的感觉，等等。找出并进一步明确求助者这些不合理的想法，与不合理信念辩论，从而使来访者认识到自己先前认知中不合理的地方，并有主动改正的意愿，然后结合具体事件做训练。今后再遇到此类事件时，就应该将合理化观念默念，以此来阻止自己的偏激行为。有时候自己不知不觉表现出了偏激行为，事后应重新分析当时的想法，找出当时的非理性观念，然后加以改进，预防下次再犯。偏执型人格障碍一经形成，就具有相当的稳定性，由于固执、敏感、多疑、好嫉妒、过分警觉等特点使他们经常处于戒备和紧张状态之中，对他人的中性或善意的动作歪曲而采取敌意和藐视，对事态的前后关系缺乏正确评价，容易发生病理性嫉妒，总是在寻找怀疑偏见的依据。

## 一百个头脑一百个样儿——不钻牛角尖的练习

之所以会钻入牛角尖，是因为我们总以为自己的观点是唯一正确的，是绝对正确的，但是在很多活动中，我们发现，同样的事物，每个人都有不同的认识和见解，自己的见解既算不上最好的，也未必是绝对错误。下面我们来尝试一个集体绘画的游戏，绘画过程的心理活动和之后的分享可能会非常精彩。

根据人数组成一个4~10人的小组（或分成多个小组，每组4~10人），每人面前放一张纸。

第一步：每个人回忆一个童年最喜爱的玩具，用5分钟把它画在纸的某个角落。

第二步：大家将画纸拼起来，成为一个整体，拼的过程中每个人都可以上前动手调整布局，直到小组每个人都认可为止。

第三步：大家开始动手集体绘画，将拼成的大画纸创作成一张完整和谐的画。注意：每个人开始动手的那部分都不能是自己刚才创作的那张。每过5分钟，就请成员们换一个位置继续作画，直到每个人都画过纸张的各个角落。

第四步：作画完成后，请每个人选一张彩色A4纸，将整个画面编成一个故事写下来，并给故事起一个名字。注意：从作画开始到编写故事结束，成员不可以交谈。

第五步：故事及感受分享。这个阶段最有趣，我们会发现同样的画面编出来的故事却大相径庭，这会让每个人感到意外；作画过程中，每个人都害怕别人把自己的画面破坏，同时却可能在别人作画的部分恣意涂抹，有人会避开原有图案作画。接纳绘画过程中的不同情况，会让成员感受到接纳别人并没有那么可怕，别人的想法并不会威胁自己的想法，而自己的想法被别人接纳的感觉也很好。

**思考题**

1. 典型的"钻牛角尖"的思维和行为表现有哪些？

2. 结合实际，谈谈生活里导致人们"钻牛角尖"的常见原因有哪些？

3. 长期陷在"牛角尖"里，对个人心理和生活有什么负面影响？

4. 有哪些有效的方法，可以帮助人们从"牛角尖"中走出来？

5. 在面临重大决策困境时，如何避免"钻牛角尖"？

6. 谈谈如何在日常小事中培养灵活思维，防止"钻牛角尖"？

# 四、换位思考天地宽

我们过于自恋，太渴求影响别人，于是导致了"他人即地狱"的结果。因为越想爱一个人，就越想影响这个人，结果这种爱意成了强加。

——武志红[1]

## 支配与服从：不合理的游戏

我们都爱自己的家人，并想用好的方式对待他们，但同时也希望他们用"我们认为好的方式"来对待我们。并且，这个人越重要，我们越要求他按照我们的方式来对待自己，不然我们就会觉得"他不爱我""她不在乎我"，甚至生出怨恨对方的念头。

然而，我们这个所谓的"好的方式"可能是有问题的。

因为在我们使用"好的方式"时，隐藏着这样一个逻辑：

"我对你这么好，你应当给予我回报。"

如果我们的爱人或者孩子不仅给了回报，而且恰恰用的是我们渴望的方式，譬如我们的爱人苦苦守候我们，帮助我们赡养老人；我们的孩子完全听从我们的教导，甚至训斥，完全没有自己的想法，我们就觉得，他们真的爱我们。否则，我们就会失望，乃至愤怒，就会觉得他们对我们不够好，甚至有再也不想见到他们的念头。

你渴望控制，对方希望顺从以得到你的认可。当双方的渴望相契合

---

[1] 武志红，心理专家，心理专栏作家，心理咨询师。

时，所谓和谐的关系出现了。然而，此时的和谐，却不是真正的夫妻间的相爱或是父母与子女之间的爱，只是一种控制和服从，我们在意的，只是我们自己的控制成功实现，我们并没有看到对方的真实存在和真正想法。

更多的情况下，完全地契合是不可能的，你的爱人和孩子都是独立的个体，都有自己的想法和意愿，并不一定能完全契合你的期望。即便知道了你的渴望，他们也未必一定愿意以你所渴望的方式回报你。你看似在乎对方，但其实你在乎的是投射到对方身上的你的渴望，你会诱导甚至强迫对方以你所渴望的方式对待你，而对方作为一个独立的人的存在，你会视而不见，既不关心他的想法，也拒绝真正了解他。

和这样的你生活，对方会觉得特别受压制，因为他只有按照你所渴望的方式对你，你才会满足，除此以外的任何方式，你都不会满意。作为家人，他会清晰地感受到这种威胁，他感觉自己没有选择权。

这个游戏中藏着一个"你必须如此，否则……"的威胁性信息，你其实在表达："我以我的方式在乎你，你也必须以一种我希望的特定的方式对我，否则你就是不爱我"，或者"我如此无助，你必须扶助我，否则你就是不爱我"。

一旦对方按照你的游戏做，他作为一个人的独立存在感就不存在了，他就会沦为一个工具，一个满足你梦想的对象。

我们都渴望得到家人无条件地爱，我们骨子里歇斯底里地想控制他们。于是，失望和孤独纠缠着我们。

我们之所以会渴望控制家人的想法，源于我们传统文化中的家庭模式和我们目前的心理状态。

在传统的家庭关系中，父母普遍将听话视为孩子的一大优点，父母大都认为自己对孩子具有掌控权：我对你好，但你必须听我的，否则你就是坏孩子。于是，孩子形成一种依赖他人、没有主见的性格；或是叛逆、反抗的性格，在某一天他做父母后，再去控制自己的孩子。

我们都执着于自己的逻辑。我们会自动认为，越危险的时候，我们就越需要执着在这一套逻辑上，只有这样做才能拯救自己。于是，当我们处境不顺，有心理压力的时候，尤其容易发泄自己的控制欲。

## 站在对方的角度想一想

我们常幻想，爱就该是这样的境界——我不说对方也应该知道我在想什么，并很高兴实现我的想法。我们也常说，我不会为了一个人改变自己，但如果有人爱我，他就得为我改变。如此一来，爱我们的人作为一个人的独立性被抹杀了，而仅仅沦为了"我"实现自己想法的一个工具。

于是，心灵的距离越来越远。我们便会觉得"他人即地狱"。

如实地看到我们所爱的人的真实存在，爱伴侣和孩子本来的样子，而不是自己头脑中建构出来的形象，这是我们活着的每个人应该努力做到的一点。

当我们执着于自己的逻辑时，我们永远看不懂别人，而我们又如此渴望理解与被理解。

其实，达到理解并不太难，只需要你站在对方的角度，认真地尊重对方的逻辑就可以了。

这是一个男子在彻悟后写下的关于他的妻子的文字：

"我努力记住她原来的样子，而不是那个我为了发泄愤怒而被我建构出来的形象。理解她本来的选择，就是我能送给我们彼此的最佳礼物。"

## 换把椅子坐一坐

很多时候，我们很难做到换位思考，但是，有一种心理治疗方式可以帮到我们，这就是心理剧中的"空椅子"技术。做法很简单，自己坐一把椅子，对面放一把椅子，和谁的关系有纠结，就将对面的椅子想成那个人。先在自己的位置上向对方宣泄感受，然后走到对面的椅子上坐下来，奇妙的是，当你坐到这把椅子上想象自己是对方时，对方的心

情一下子就会涌上你的心头，都是你平时可能完全没有想到的情绪；而且，当你坐在对方的椅子上扮演对方的角色，讲出内心的感受时，会有更多的体验让你感到吃惊，原来对方有这么多的感受是你没有意料到的。这时，我们对对方的不解、抱怨、恨意就会烟消云散。

换把椅子坐一坐，我们便能学会换位思考，让自己的心结解开。

**思考题**

1. 在与他人发生意见分歧时，尝试换位思考，会如何改变我们对冲突的看法和处理方式？

2. 换位思考怎样为解决问题带来新的思路和可能性？

3. 什么是心理剧中的"空椅子"技术？"空椅子"技术对帮助你换位思考有什么作用？

4. 换位思考对你的服刑改造生活有什么帮助？

# 五、做"弱者"是大智慧

故坚强者死之徒，柔弱者生之徒。

——老子《道德经》

## 逞强斗勇的高某

高某因犯抢劫罪入狱。入狱后他常常因为琐事跟同犯干起仗来，人际关系存在很大问题。

一次，高某和一个同班组罪犯发生口角，他上前就动手把同班组罪犯打翻在地，受到禁闭处分。禁闭期间，高某为了提前结束禁闭，竟打碎玻璃割伤手腕自残，这样一来，高某非但没有提前结束禁闭，反而得到延长集训的处理。

禁闭解除后，高某出手打伤同班组罪犯的事件却更加频繁。他说，上次打架受到的处分让自己很窝火，必须把这火气发出去。而且这次高某还多了个毛病，每次惩罚他的干警经过时，他都扒着窗子向外谩骂。于是，这次监狱的决定是，再次对他进行隔离审查，并在审查后把他送到评估矫治中心。

通过几次咨询发现，高某是家中最小的孩子，上面的哥哥姐姐都比他大很多，小时候，父母太忙顾不上照顾他，他又没办法通过成绩和表现超过哥哥姐姐，为了得到大家更多的关注，他就开始以一种破坏性的方式赢得大家的目光：打架、逃学，动不动就动手，这样一来大家真的开始关注他，他学到了以逞强动手的方式来获得关注，也将自己的心理年龄停留在了那个时期。通过评估矫治中心和监区干警的沟通配合，监区专门安排了年长的干警作为高某的"人生导师"，和他谈心、总结过往、肯定他取得的成绩，以此来弥补高某幼年时没有得到足够关注的缺失；同时，咨询干警引导他养成读书和思考的习惯，培养自己的生活情趣和爱好，通过运动的方式宣泄自己的不良情绪，每天定时做放松练习。半年后，高某的心情明显轻松多了，情绪化的状态改善了不少，与别人起冲突的情况也减少了好多。

## 警惕冲动型人格障碍[1]

冲动型人格障碍又称爆发型人格障碍，也称攻击性人格障碍，是一种因微小精神刺激而突然爆发非常强烈而又难以控制的愤怒情绪，并伴有冲动行为的人格障碍，主要特征为情绪不稳定及缺乏冲动控制能力，暴力或威胁性行为的突然爆发也很常见。

冲动型人格障碍是以阵发性情绪，如暴怒并可能出现攻击行为为主要特点的一类人格障碍，发病原因主要包括生物学因素和心理社会因素，前者分为遗传因素和病理生理因素，后者可包括童年期精神创伤，主要表现为情绪极不稳定，日常生活中的小事即可诱其发作，发作时难以自我控制，且不计后果。

在生活中，有人常常为了一句话、一件小事而吵得不可开交，我们说这样的人脾气暴躁。但如果情况严重，出现不正常的过激反应，动不动就又打又骂，甚至不顾后果，不受控制，就需要注意。下面的描述如果符合三项以上，就有可能是冲动型人格障碍：

（1）情绪爆发从不考虑后果。

（2）行为爆发不能控制。

（3）行为受阻或受批评时，易与他人发生争吵或冲突。

（4）发怒情绪和暴力行为变化反复无常，不可预测。

（5）生活无目的，做事缺乏坚持性。

（6）强烈而不稳定的人际关系，要么与人关系极好，要么极坏，几乎没有持久的朋友。

（7）有自伤行为。

患有冲动型人格障碍的人往往在童年时就有所表现，因微小的事和精神刺激，就会突然爆发强烈的暴力行为，自己控制不住自己，会破坏和伤害到别人。

如果我们身上有这些影子，我们需要学会丰富自己的生活内容，在

---

〔1〕 肖志芳：《警惕冲动性人格障碍》，载《解放军健康》2010 年第 3 期。

生活中多些尝试，让内在能量寻找一个正常的释放渠道，同时超越自己，提高自己的承受力；积极成长，培养生活的涵养，适度容忍宽以待人；了解自己容易受挫的情结，解开它，而不是一遇到挫折就采取攻击行为；升华感受，即使受挫，也要尽量把攻击的能量转移到学习、工作上来；补偿受挫，用另一种可能成功的目标来补偿受挫，让自己反而因此取得更高的成就。这样，即使有冲动的个性，也不再是生活道路上的阻拦，反而会成为我们人生的财富。

## 如何帮助你身边有人格障碍问题的人

由于某些类型的人格障碍似乎与一些精神疾病的发生有一定联系，而某些精神疾病（如精神分裂症、躁狂抑郁症）的早期表征会有人格方面的改变。

不少人格障碍的人求助和配合心理咨询的欲望不足，可能导致规律咨询在问题还没有得到改善和解决的情况下，难以进行或断裂。他们持续的心理、情绪、行为方面的不稳定倾向，以及人际关系不稳定和不深入问题，让咨询与治疗的开展举步维艰。因此，人格障碍的来访者最好去做精神方面的全面评估和检查，再考虑进行相应的药物、住院治疗。尽可能配合全方位的心理咨询与治疗。

当人格障碍的患者情绪激动，难以自控，表现出自伤或攻击伤人行为时，帮助其平复情绪。避免训斥、厌恶、冷淡、迁就等，因为这些反应会使他们自暴自弃。正确的做法是告诉他们，别人不能接受的是他的行为，不是他这个人。帮助他进行有效的情绪调节，带他参加心理健康方面的讲座，阅读相关书籍等。创设一个温馨、安全、有爱的生活环境，助其平复情绪。

## 控制自己的冲动[1]

所谓冲动情绪，是指行为人情绪表达强烈、不稳定，易产生敌对情

---

[1] 陈和华：《冲动犯罪：偶然性背后的必然性》，载《政法论丛》2014年第2期。

绪和攻击行为的一种心理特征。我们都知道，冲动是魔鬼。爱冲动的人脾气一上来，要么口不择言说一些伤害别人的话，要么做出一些不恰当的行为，让自己事后悔恨。一般来说，多数爱冲动的人也知道这样不好，只是因为自己对情绪的认知不足，因而在控制情绪方面显得心有余而力不足。那么，有没有什么办法可以让自己变得不那么冲动，也变成一个情绪温和的人呢？下面从心理学的角度分享几种方法。

### 放下架子，做个"弱者"

老子在《道德经》中曾讲过："故坚强者死之徒；柔弱者生之徒。"这和社会及家庭对孩子们"要做强者"的现代教育完全相反。

美国心理学家做过这样的调查，一名彪形大汉，在拥堵的马路上横穿而过，愿意给他让路的车辆较少。而一个老弱病残者横穿马路，人们会主动让路，大家还觉得自己做了善事。弱与强，在某种时候，收到的效果截然相反。弱，反而得了强势；强，反而处于弱势。

放下架子，做个"弱者"，也是人生在世心态平和的出发点。如今很多人都爱表现出强者的风范，往往碰得头破血流；而以"弱者"的姿态行事，人自然会谦虚谨慎，别人也愿意接受，反而会使一切顺畅。做人做事，如果能经常以一种"弱者"的姿态出现，以"弱者"的面貌去把握自己，才更能成为长久的赢家。

### 学会沉默

情绪不仅是一种心理状态，也是一种生理上的唤醒，这就是情绪的双因素理论。这种特性决定了，当我们遇到一件事的时候，最先启动的就是我们的情绪，等过了几秒以后我们的理智才开始起作用，心理学家保罗·艾克曼把这个时间差称为理智空白期。在理智空白期，我们整个人会被情绪完全控制，如若不加应对就会变得很冲动，从而做出一些让自己后悔的事。那么，在这种情况下我们该怎么应对呢？最好的策略是沉默以对，并在心里默念几个数。有的人认为理智空白期一般会持续6秒，所以可以从1默数到6。当然，具体念到几可以根据自己的实际情况来定。之所以这样做，就是等自己的理智空白期过去，等自己的理智开始起作用，这个时候我们才有可能客观地看待问题，从而做出一些合适的决定和行为。所以，暂时的沉默并不是为了忍而忍，而是给自己恢复理智的时间，是一种智慧。

### 转移关注点

即使我们恢复了一点理智，在强烈的负面情绪作用下，我们也只会去关注事情当中让自己气愤的一面，而不能全面地看待问题。很多人就是这样，虽然也是在思考，但想的都是消极的、负面的东西，所以越想越生气，反而让自己变得更冲动。这个时候，我们可以给自己一个心理暗示，就是从对方的言行当中找到对自己有利的一个点，也就是说，不管当时你是多么讨厌对面的一个人，也要强迫自己去寻找，在对方的言行当中，有哪一个点确实是对自己有好处的。当我们这样去做的时候，就避免了落入绝对化的思维陷阱中，能用一种更平和的心态来看待眼前的事情：对方虽然让自己很气愤，但也不是完全不可理喻。这样，我们冲动的程度就会降低。此外，还有一种方法是把注意力转移到解决问题冲突的思路上面。比如我们坐飞机的时候，经常会遇到飞机晚点的情况，有时候我们就会觉得事情难以忍受。有的人会找航空公司的人员不断地指责，以发泄心中的不满。但假如我们能够不被情绪控制，而是冷静地去想怎么解决眼前的问题，想一想有没有好的替代方案，比如更换其他航班等，都有可能让问题得到更好的解决。转移注意力之所以重要，是因为一旦我们精力投注的方向对了，事情就会向着好的结果发展；而一旦方向错了，越激动反而越容易造成难以承受的后果。

### "忍一忍"，以缓冲法控制心中怒火

缓冲就是当你心中生起怒火时，首先强忍下来，不做任何反应，等过一段时间后，再回过头来考虑和处理这件事情。这个时候，也许会有不一样的效果，说不定是一场误会，说不定事情并没有当时想的那么糟糕，说不定找到了比较好的解决办法。缓冲是平息冲动的好办法，当你生气时，便在心里从一数到十，才开口说话；如果怒不可遏，再数到一百。在日常生活中，我们也有这样的体验，当你遇到一件不顺心的事时，一冲动就会被情绪左右，做出非理智的行为，

别打！冲动是魔鬼。
一定要冷静

可过了一段时间以后想起来，就会对自己的想法、行为感到好笑甚至后

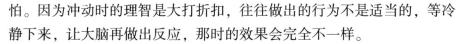

怕。因为冲动时的理智是大打折扣，往往做出的行为不是适当的，等冷静下来，让大脑再做出反应，那时的效果会完全不一样。

**"退一退"，用退让法缓解冲动情绪**

俗话说"退一步海阔天空"，当你感到无法控制自己的情绪时，你可以采取退让的思维方式。矛盾都有两个方面，一个巴掌拍不响，想一想发生这起冲突的客观原因是什么，主观原因是什么；自己在这起冲突中有哪些地方是不对的，应该负什么样的责任，也就是自查自纠。我们也应该学会换位思考，设身处地地站在别人的角度，想想如果我是他，遇到这样的事也许会像他那样激动，做出不当的举止来。经过这种"退让"思维方式，就可以在冲突一时无法解决时，缓解冲动情绪。

**"想一想"，以联想的方法使你的激情降温**

情绪冲动容易使人做出过激行为，往往铸成大错，而当事人事后总要感到后悔，"我当时怎么就不想想后果呢"。正如一个成语概括的"早知今日，何必当初"，这个时候后悔已没有实际意义了。这就是提醒我们，当你情绪冲动，一时又难以克制时，可以发挥自己联想的作用，想一想别人由于一时冲动酿成的恶果，想一想自己如果动手可能会出现的后果，想一想自己的亲人、父母会怎样痛苦，这样，你的过激情绪可能很快降温。

**"聊一聊"，以谈心排除你的冲动情绪**

生活中难免会遇到一些事，使你愤怒、焦虑、痛苦，你可以给远方的亲人写信、电话，也可以找自己的老乡、领导去讲一讲、聊一聊，把心中的所有不快讲出来，这样不仅可以使紧张、不快的情绪得到缓解，还会得到安慰和开导。这样就能有效地消除一些不良情绪，使冲动情绪难以产生。当你受到某种强烈的刺激，情绪激烈冲动，心理严重失衡时，只要自觉地、迅速地、果断地运用各种调节方法，就能够达到保护自己、克制冲动的目的。

**思考题**

1. 强者往往受人瞩目，那做"弱者"的大智慧体现在哪些具体场景中？

2. 如何以做"弱者"的姿态实现个人长远发展，其中蕴含着怎样

的智慧？

3. 历史上有哪些名人以做"弱者"的策略成就大事，他们的事例能给我们带来哪些启示？

4. 在人际交往中，过度彰显强势容易引发矛盾，做"弱者"是怎样展现大智慧以维护良好关系的？

# 六、抛弃自恋，积极融入集体

*人能虚己以游世，其孰能害之！*

*——庄子*

## 不要活在自恋中

每个人的内心都有一个小我，这个小我充满了自恋，它通常爱玩一个游戏，就是将自己的想法投射到别人身上，认为别人的想法肯定是自己想的那样。而实际上，对方的想法可能完全不同。

罪犯 A 通过电视收看比赛时，为选手的表现所激怒，于是对着电视破口大骂："真是猪！还不快踢下去，踢下去啊！"不料，从一旁经过的罪犯 B 觉得罪犯 A 是在骂自己，先是与他发生口角，随即愤愤不平离开，5 分钟后居然冲过来打伤了罪犯 A。这就是小我的自恋幻觉，罪犯 B 的小我以为自己是世界的中心，这世界上一切事物都是围绕着他转的，于是将罪犯 A 的脏话当成是针对自己而说。

## 善待真正爱你的人

大多数陌生人其实并不在意你。真正在意你的人，往往是爱你的人。

因此人们不需要太在意别人的看法，只要在意真正爱你的人的看法就可以了。

事实上，不是真正爱你的人对你说过什么，对方很快就忘记了，而你却常常记着，特别是赞美你和批评你的话。赞美你的话可以带来开心，这种在意倒还有些必要。但在意批评的话，难免会给自己带来糟糕的心情，这就很不值得。

那些在你遭遇悲伤时，能和你一起痛苦、陪在你身边安慰的人，必定是真正在意你的人。

有一名罪犯，是监区里大家公认的"歌星"，无论多么高难度的歌曲，经他一唱，总是变得优美动听。

有一次，监狱举办歌咏大赛，他连预选赛都没有参加，就被直接保送进了决赛现场。但是，由于精神紧张，他在比赛中完全没有发挥出自己应有的水平，得了最后一名。

这件事已经过去了很长时间，他还在因此而郁郁寡欢。他一遍遍地到民警那里去解释："我那天有点感冒了，嗓子哑了，不然我一定能取得名次的。"

民警安慰他："没有关系，我相信你！"后来，他发现除自己外，大家并不在意他的失误，他终于放下心中的包袱，轻松地享受生活。

真正爱你的人，才会把你的一举一动都放在心上，他们会为你的快乐而快乐，为你的悲伤而悲伤。真正爱你的人，肯定不会嘲笑你的丑态，不会看不起你的缺点，他们只会鼓励和支持你，给你勇气一路前行。

## 战胜困难，世界不围绕我转

遇到困难和挫折要战胜它，世界不是围着我转的。人在世上活，不可能不遇到困难和挫折。如何面对困难和挫折，是考验一个人的机会。战胜了，就迈上了一个新台阶。被困难打败，就往下跌了一个台阶。

遇到困难了，不要退缩，而要评估困难的大小，不要被困难吓倒。不要低估自己的能力和勇气，要谨慎观察和评估困难，主动尝试解决。

如果困难实在是太大，远远超过自己的能力，可以寻求别人的帮助。

如果困难是一些脱离现实的目标，那么趁早放弃这个目标，重新设定目标。

总之，要朝着自己人生的目标前进，风浪紧，船行稳，灯塔不能忘。

## 把你的需要说出来

我们每个人都需要别人的关注，需要这个世界的关注，但是当我们得到的关注不够，甚至因此更加没有勇气去获得关注的时候，我们便只剩下"幻想别人关注自己"的份儿了。

下面有一个活动，可以帮你把自己内心需要关注的渴求表达出来，当你有勇气表达出你的渴望，在现实生活中你便会很自然地展现出你的热情和魅力，吸引到足够的人气。

活动方式：这是一项团

体活动，请领导者安排成员两两一组，每人分配两张较大的纸，用双面胶将两张纸粘成一张长幅的纸，将纸铺在地上，每个人躺在纸上摆出自己最渴望的姿势，选一只自己喜欢的颜色的蜡笔，由同组的伙伴用蜡笔将他的身形描下来。每个人起身用蜡笔将自己的头发、鼻子、眼睛、衣服都补充上去，画出心的位置，在旁边写上大大的三个字："我渴望"，然后将所有你能想到的所渴望得到的关注、认同、疼爱、赞赏、鼓励、尊重、崇拜都画出来，譬如，"我渴望妈妈能赞赏我作为一个成熟男人的价值"，可以画一个妈妈的头像，竖起大拇指；"我渴望妻子能将我看作她坚强的依靠"，可以画妻子靠在自己的肩膀上；"我渴望同班组罪犯能给我更多尊重"，可以在周围画上同班组罪犯小小的身影，写上，"我们都觉得你是好样的"。

我们的渴望在现实生活中的实现会遇到很多障碍，让自己以艺术的方式表达出这些渴望会是卸掉这些障碍的神奇方式。试试看，相信你会在活动中得到意想不到的力量。

【拓展阅读】

## 测测你的自恋度[1]

自恋人格量表（Narcissistic Personality Inventory，NPI）是美国加州大学教授拉斯金（Hall Rskin）在 1979 年设计的一套量表，如今仍是使用最为广泛的自恋人格测量工具之一，以其为操作性指标的研究表明，自恋与自尊、攻击性呈正相关，并且在亲密关系中是消极的概念。高自恋者往往自尊心比较强，你是高自恋者吗？来测测看吧。请表明你在多大程度上同意或不同意下面的陈述：

非常不同意＝1 分，很不同意＝2 分，有点不同意＝3 分，有点同意＝4 分，很同意＝5 分，非常同意＝6 分。

1. 我天生就有一种能影响人们的本事。

2. 我不是一个谦虚的人。

3. 我几乎敢挑战任何事情。

4. 我是一个非凡的人。

5. 如果让我来统治世界，这个世界将会更好。

6. 我能靠口才说服他人以避免麻烦。

7. 我喜欢成为注意的中心。

8. 我将会是一个成功的人。

9. 我觉得我是个特别的人。

10. 我认为我是一个好领导。

11. 我是一个坚定自信的人。

12. 我喜欢拥有支配他人的权力。

13. 我发现操纵别人是容易的。

14. 我坚持获得我应得的尊重。

15. 我喜欢展示我的身体。

---

[1]　程浩等：《13 条目自恋人格量表中文版的信度效度研究》，载《中国临床心理学杂志》2020 年第 3 期。

16. 我能看透别人的心思。

17. 我喜欢负责去做决定。

18. 我要成为世人眼里有成就的人。

19. 我喜欢看自己的身体。

20. 当我有机会时，我就乐于表现自己。

21. 我总是知道自己在做什么。

22. 我很少依靠别人来完成事情。

23. 每个人都喜欢听我的故事或轶事。

24. 我对他人的期望很多。

25. 在没有得到我想得到的东西之前，我是永远不会满足的。

26. 我喜欢被人恭维。

27. 我对权力有强烈的欲望。

28. 我喜欢开创时尚。

29. 我喜欢照镜子。

30. 我真的喜欢成为注意的焦点。

31. 我能按照我喜爱的方式生活。

32. 人们似乎总是认可我的权威。

33. 我喜欢当领导。

34. 我将会成为一个伟大的人。

35. 我能让任何人相信我想让他们相信的事。

36. 我是天生的领导者。

37. 我希望将来有一天有人给我写传记。

38. 在公共场所，如果人们不注意我的外表，我会感到不开心。

39. 我比其他人更能干。

40. 我知道自己很好，因为别人一直这么跟我说。

41. 我宁愿靠自己而不靠别人。

42. 我通常依赖自己，而很少依赖他人。

43. 我通常做自己的事。

44. 对我来说，独立于他人的个人独特性是非常重要的。

45. 我的工作做得比别人好是重要的。

46. 胜利就是一切。

47. 竞争是自然的定律。

48. 当另一个人比我做得好时，我感到紧张。

49. 假如有同事得奖，我会感到自豪。

50. 同事的安康对我来说是重要的。

51. 对我来说，快乐是和别人一起消磨时间。

52. 当我和别人合作，我感觉良好。

53. 家长和子女必须尽可能在一起。

54. 即使要牺牲我想要的东西，我也要尽照顾家庭的责任。

55. 无论需要怎样的牺牲，家庭成员都应该互相支持。

56. 尊重团体做出的决定对我来说是重要的。

**得分解释**

[155~240 分] 高自恋者

你非常自信，自我评价很高，凡事总是从积极的方面去归因。你对权力有强烈的欲望，喜欢充当领导者。这是好的一面，能让你远离抑郁、焦虑和悲伤，保持健康的心态。但是你对那些威胁到自尊的事情特别敏感，特别是当你遇到和你期望相悖的事情时，你容易变得愤怒和富于攻击性。你的人际关系或许存在一些问题，比如缺乏深度的交往，人际冲突比较多。在有些人看来你以自我为中心，缺乏同情心和信任感，喜欢竞争多于合作。需要注意的是，如果你以一种利用和控制别人的方式，会给你的人际关系带来很多困难。

[135~154 分] 中度自恋者

你比较自信，自我评价不错。与高自恋者不同，你没有那种要维持积极自我意象的强烈欲望，你的看法多是基于客观事实的，即使一些事情威胁到你的自尊，你也不至于太情绪化。在人际关系方面，你会注意他人的需要和看法，避免产生人际冲突。

[40~134 分] 低自恋者

你没有领导别人的欲望，也不会觉得自己高人一等。在人际关系方面，你不喜欢控制和影响别人，而是采取顺从或者与他人保持距离的方式以避免冲突。你对自己很少有不切实际的幻想，甚至有时倾向于低估自己。事实上，适当的自恋会让你更加自信，远离抑郁、焦虑、悲伤，保持积极健康的心态。

**思考题**

1. 服刑期间如何做到善待家人？

2. 你的自恋程度怎么样？如何进一步改善呢？

3. 个人性格内向，在融入集体时会遇到哪些困难？如何克服？

4. 集体活动中与他人意见不合，该如何平衡个人想法与集体利益，做到积极融入？

5. 新到一个集体，有哪些有效的方法能实现积极融入？

6. 当个人目标与集体目标发生冲突时，如何调整自己的心态和行动，使自己更好地融入集体？

**推荐书目**

1.《身体从未忘记：心理创伤疗愈中的大脑、心智和身体》，巴塞尔·范德考克，机械工业出版社 2016 年版。

2.《学会提问》，尼尔·布朗、斯图尔特·基利，机械工业出版社 2013 年版。

3.《自驱型成长》，威廉·斯蒂克斯鲁德、奈德·约翰逊，机械工业出版社 2020 年版。

4.《批判性思维工具》，理查德·保罗、琳达·埃尔德，机械工业出版社 2013 年版。

**推荐电影**

1.《雨人》（1988 年），巴瑞·莱文森执导。

2.《心灵捕手》（1997 年），格斯·范·桑特执导。

# 第四篇

# 人际交往

我们不能期待别人随时体察我们的情绪，沉默换不来别人的帮助，如果我们需要帮助，就要用语言表达出来。

【阅读提示】

1. 探寻收获好人缘的方法与技巧，提升人际交往能力。

2. 掌握非暴力沟通的原则、能够使用非暴力沟通的方式为人处世，避免人际冲突，收获良好人际关系。

3. 识别并克服人际敏感心理，建立健康人际关系。

4. 服刑改造生活中，打破自我封闭状态，遇事学会求助他人。

# 一、好人缘的秘密

　　理想的人并不是完美的人，通常只是受人喜爱，并且通情达理的人，而我只是努力去接近于此罢了。

——林语堂

## 是什么阻碍了你的人际交往

　　王某自认为被人瞧不起，没脸见人，他感到生活没有意思，对减刑也失去希望。同班组罪犯说，王某刚入监的时候，他们有时候也想跟他打个招呼，但看到王某的眼神总是很快地躲开大家，他们就放弃了。同监舍的罪犯也说，发现王某情绪很沮丧，想跟他聊聊，劝劝他，但王某总是一个人在角落里，让他们都找不到机会和他讲话，也不知道该怎么安慰他。

　　原来，由于父亲有外遇，王某的母亲在他16岁时自杀身亡，父亲在今年元旦也因病去世。王某从小家教严格，性格较为自闭，在父母双亡的打击下，他烦躁不安，却无处诉说。他说，不想和其他犯人交流，认为他们都是非常坏的人，不屑与他们相处；同时又担心自己因强奸入狱，会被他人瞧不起。自己压力很大，想发泄又不知如何处理，已经察觉自己的暴力倾向。

　　王某的人际障碍源于他的自卑心和排他心，他怕大家看不起自己，于是把自己封闭起来，同时宁愿把大家都想成坏人，也不愿意尝试和他人交流。这种排他也是对自卑的一种掩饰。在人际交往中，有很多心理障碍都会影响到人际关系。譬如，怯懦心理，当我们涉世不深，阅历尚浅时，怯懦会阻碍我们勇敢地上前和人接触；猜疑心理，当我们用不信任的眼光去审视别人时，容易捕风捉影地认为别人不喜欢自己，会排斥刁难自己；逆反心理，有些人总爱与别人抬杠，以此表明自己的与众不同，这样很容易让人反感；作戏心理，有的人把交朋友当作逢场作戏，只是在做表面文章，时间长了大家都会发觉；冷漠心理，有些人对与自己无关的人和事一概冷漠对待，其他人都远离这样的人。

人的交往是在将心比心，每个人都希望面对内心温暖、真诚、热情、积极的人，从他们身上获得力量。良好的心态和心理素质，可以让我们受到大家的欢迎和喜爱，走出阴冷、狭隘的心理状态，才会让我们在与人互动的过程中得到更多生活的快乐。

## 影响人际关系的几种心理障碍

影响人际关系的几种心理障碍你知道是什么吗？日常生活中，很多人都存在一些社交困难，这是不可避免且正常的。人们常常因为一些客观因素以及主观认知、情绪、人格等心理因素的偏差而陷入心理误区，以至出现自卑、孤独、报复这些影响人际交往的心理障碍。以下是一些常见的影响人际关系的心理障碍。

羞怯。在公共场合羞怯、不愿表达个人意见或感受是在人际交往过程中常见的一种现象，羞怯放不开的性格容易使人在交际场所或大庭广众下，羞于启齿或害怕见人。长此以往，会不利于同他人正常交往。

自卑。自卑就是自己贬低自己，这类性格的人总是觉得自己不如别人，看别人什么都好，看自己哪里都差，自卑的浅层感受是别人看不起自己，而深层原因是自己看不起自己，严重缺乏自信。

仇视。仇视性格的人，眼睛里全部都是敌人，这是人际关系中非常严重的一种心理障碍，形成仇视性格的人，一般是来自童年时期，可能小时候被虐待、被看不起，长大以后便仇视所有人甚至自己的亲人。

多疑。多疑的性格会使人混淆是非，分不清敌我。多疑的心就好比蝙蝠一样总是晚上飞出去，这种心情容易乱人心智，这些具备多疑性格的人，在人际交往过程中通常喜欢主观上判断你的交往对象对自己不好，并且想方设法为自己的想法去寻找一些并不可靠的证据，这是一种狭隘的、片面的且缺乏根据的盲目想象。

自负，或者说自以为是。自负是人际交往中比较常见的一种现象，自负性格的人通常表现为自以为是，以自我为中心，目空一切。自负的人喜欢对自己的朋友高谈阔论，全然不考虑别人的情绪和态度。

嫉妒心强。嫉妒和自负是完全相反的两种性格，自负是把别人看低夸高自己，嫉妒是自愧不如因而仇视别人。正如黑格尔所说："有忌妒心的人自己不能完成伟大事业，便尽量去低估他人的伟大，贬低他人的伟大性使之与他本人相齐。"

## 良好人际关系的秘密

拥有良好的人际关系，不在于你是不是"叱咤风云"的明星，也不在于你是否懂很多人际交往的技巧，而在于你是否了解人与人的关系，以及能否摆正自己的位置。这其中有三条规则。

第一个规则是"黄金规则"，就是像希望别人对待你那样去对待别人。你希望同班组罪犯和民警怎么对待你，你就用这种方式去对待对方。我们每个人都是一个独立的个体，都渴望得到别人的欣赏、关心、重视和体谅。当你把目光和关心投注到一个人身上的时候，他的欣悦和感激会让他把同样的温暖回报给你，于是你在付出热情的那一刻就已经播撒了收获的种子。

第二个规则是"主动交往""主动找话说"。人际障碍里面最多的就是被动交往，你不招呼我，我也不会招呼你。我们要打破这种局面，就是主动交往。其实点头就有很大威力，有时候对陌生人点一点头，就会让彼此成为朋友。所以大家可以在平时主动点头，互送微笑，一声问候会成为一瞬间打破僵局的钥匙。而且平常聊天不一定要有一个固定的内容，天南地北，要主动交流。

第三个规则就是经常检查在自己的交往中是否是以自我为中心。很多人的表现是，我说了大家都附和我，我就和别人交往；别人批评我，我就再不想理他们了，这里面的问题就是以自我为中心。当好倾听者是人际交往的一个重点。以自我为中心，与别人没有办法进行交流，时间长了可能就不接纳你了。

能做到以上三点，你就会发现获得好的人际关系并不难，因为你已经懂得该怎样和别人相处。

## 倾听——一门容易被忽略的艺术

一只好耳朵胜过十张好嘴巴，人与人的交流中最缺乏的不是演说家，而是好听众。生活中经常听到这样的交流：

老张："唉，我儿子二十多岁的人了，天天在外面胡闹，他爷爷奶奶那么大年纪了还替他操心，真想逮住揍他一顿，可是我现在一年都见不着他一回……"

老王："唉，孩子都是这样啦，昨天报纸上说有个明星醉酒驾车被关进去了，看了没有？"

老马："醉酒驾车活该被关啦！哎，我看这两年物价上涨得这么厉害，等我出去跑运输肯定很赚钱……"

看似三人交流热烈，但老张晚上回到监舍仍然感到空虚无聊。因为老王、老马他们根本没听进他的话，可能最近孩子的事情让老张很忧愁，他不知道该如何改变不能赡养老人又对孩子很无奈的现状，他需要朋友的倾听和理解，需要别人为他出主意化解忧虑。

实际上生活中这样的交流比比皆是，每个人都在交流中力图表达自己。这样的交流怎么可能纾解心理压力呢？

每个人都有调节情绪、自我成长的能力，只要创造一个理解、关注、尊重的环境，人们就可以自己解决自己的心理问题，而这种环境的营造重要的是靠倾听。倾听并不是简单地等别人诉说，然后随便地应付就行了。而是真的在乎说话者的感受，把自己当作对方，听出他的话背后的情感，他的痛苦、焦虑、悲哀、忧愁、欢乐、愉悦，听出他对人生所抱有的希望。比如听到老张那句话："唉，我儿子二十多岁的人了，天天在外面胡闹，他爷爷奶奶那么大年纪了还替他操心，真想逮住揍他一顿，可是我现在一年都见不着他一回……"一个善于倾听的人会说："是啊，你儿子不省心，你又管不了他，肯定着急，你父母替你带孩子，俩老人家也不容易，不过，孩子肯定会慢慢懂事的，老人家也会理解孩子的。"当一个人听到这样善解人意的话时，心里的烦躁也就减轻了。

让自己的心开阔起来，用眼睛去看，用心去倾听；也为自己找一个能够倾听的对象，让心在疲惫的时候可以得到抚慰。

## 怎么做好倾听？[1]

那么，我们如何当一位好的倾听者？有以下几个要点。

（1）克服自我中心：不要总是谈论自己。

（2）克服自以为是：不要总想占主导地位。

（3）尊重对方：不要打断对话，要让对方把话说完。

（4）不要激动：不要急于下结论或评价对方的观点，不要急切地表达建议或因见解不同而与对方产生激烈的争执，更不要把精力放在思考怎样反驳对方所说的某个具体的小的观点上，要仔细地听对方整体上说些什么。

（5）尽量不要抱有预判的心理，以免先入为主。

（6）问自己是不是有偏见或成见，这很容易影响你去听别人的想法。

（7）不要让你的思维跳跃得比说话者还快，不要试图夸大对方还没有说出来的话。

（8）注重细节：保持对说话者的关注，适当有眼神沟通，不要走神，不必介意别人讲话的特点比如方言、口音。

## 这几种性格的人人缘普遍好

一个人的能力、智力固然很重要，但好情商、好人缘也很重要。人缘好的人，朋友多，遇到困难时有人帮；人缘不好的人，四处碰壁，无人相助。以下几种性格的人，人缘普遍很好。

（1）活泼乐观。活泼乐观的人，豁达开朗，和什么人都合得来，

---

〔1〕　刘晓原：《做好心理疏导的第一步——倾听》，载《政工学刊》2021年第4期。

能给别人带来欢乐，别人更愿意和他交往，朋友多。而郁郁寡欢的人，整天"臭着脸"，愁容满面，谁见了都不喜欢，更不愿意和他交朋友。人缘好的人，多半是心态乐观、活泼可爱的人。

（2）豁达大度。豁达大度、不计小节的人，比较憨厚，不计较个人得失，这种人普遍人缘好，大家都愿意和他交往；而那些小肚鸡肠、斤斤计较的人，把利益看得很重，吃不得半点儿亏，谁都怕和他来往，人缘差。

（3）乐于助人。赢得"人心"，最有效、最直接的办法就是"助人"。当别人遇到困难，需要帮助时，你挺身而出，仗义相助，帮助他渡过难关，那你马上给他留下很好的印象，并把你当成他的朋友。人缘好的人，几乎都是热心肠，乐于助人。

（4）随和。随和，能顺着别人的意思而不抬杠的人，人缘都很好，大家都爱和他来往。而那些太有主见、太较真儿的人，人缘差，谁都不愿和他来往。这种人很喜欢说"你说得不对""但是""我不这么认为"，也许你说得是对的，但需要尊重说话人的意见，因为大多数人不喜欢被直接反驳，这会让被反驳的人认为自己没有被尊重。

（5）赞美肯定。世人多半喜欢听赞美的话，谁也不喜欢经常被否定。一个人能经常真心赞美别人、肯定别人，那他的人缘绝对很好。相反，经常批评别人、否定别人的人，人缘肯定不好。

（6）谦和低调。谦和低调的人，对谁都客客气气，礼貌有加，这种人，谁都喜欢和他相处，人缘自然好。相反，爱显摆、说大话，居高临下对待别人，别人自然不愿和他多来往，人缘肯定不好。

## 巩固人际关系

当人们拥有良好的人际关系，比如有朋友、家人、社区、精神健康的支援团体等给予关心和支持，就能应对大多数逆境。他们不一定需要很多社交支持，只需要能够真心帮助他们、回应他们的人。

悲伤的人常常有自我孤立的表现。这是因为很多哀伤中的人认为至亲不在身边，与其他人相处便没有意义，或是他们认为没有人能够明白自己正经历的事。他们可能会思念或不时想起离世的亲人。他们也会出现类似抑郁症的症状，如情绪低落、缺乏能量和对事物失去兴趣。

长期的自我孤立会严重影响情绪健康。通过协助受众巩固人际关系，他们的情绪健康和应对日常生活的能力可以有很大的改善。

巩固人际关系和社会支持对不同的人而言具有不同的意义。这些支持的形式包括：

（1）有一位朋友或家人聆听和理解他的担忧和情绪，而不是轻视或忽视；

（2）与团体/组织联系，为当事人提供所需和合适的资讯和支援；

（3）协助完成一件困难的事情，或提供一个完成任务的方法，例如载他们到某个地方散心，借东西给他们等；

（4）与其他人相聚，但不一定要讨论他们的困扰，例如一起用餐；

（5）帮助他人，但不忘照顾自己。

巩固人际关系和社交支持对不同人可能有不同意思。对大部分人来说，这代表与信任的人分享他们的困难和感受，或是纯粹与朋友或家人相聚而不提及问题。对另一些人来说，这代表向信任的人求取资源，例如工具、知识，以协助完成某些工作。其他人则认为这代表着联系社区组织或机构以获得支援。这些支持能有效减少困扰。你想到任何方法来巩固你的人际关系吗？

很多人谈及自己的问题或寻求协助时都会感到不安。其中一个原因是他们担心自己的问题会给他人带来负担，但事实并非如此。当别人听到自己的朋友提及问题时，人们通常会分享自身的问题，或许更会倒过来寻求帮助。这可能是因为他们也经历着类似问题。只有一方与人倾诉或寻求协助的情况并不常见。而聆听他人遇到的困难可能有助于你在自己的事情上找到新看法。特别是当你认为只有自己经历这个困扰时，更有帮助。

## 好人缘来自好性格

想要有好人缘，就要有好性格。下面的活动可以帮你了解什么性格会被大家喜欢，然后你就可以改善自己，营造你自己的好人缘。

**"叠罗汉"**（暖身，20分钟）

每个人用一句话介绍自己，必须包含姓名和自己与众不同的特点，比如"我是身手矫健的周某"。从第二个人开始，每个人介绍自己时都必须从上一个人开始讲起（如"我是心胸开阔的王某，坐在身手矫健的周某旁边"）。

**"魅力测试站"**（30分钟）

组织者描述情景：你加入了一个团队，在这个团队里你结识了很多性格迥异的人，有真诚的、善解人意的、乐于助人的、体贴的、热情的、善良的、活泼开朗的、风趣幽默的、聪明能干的、自信的、心胸宽阔的、脾气古怪的、不友好的、自私自利的、自负傲慢的、虚伪的、恶毒的、不可信任的、性情暴躁的、孤僻的、冷漠的、固执的、心胸狭隘的等等性格的人。

请每位成员在心底对自己作一个评判，在上面的优点和缺点中各选一个词描述自己（不用说出来）。然后分享，你最不愿意和哪三种人做朋友，最愿意和哪三种人做朋友，简要说明理由。

每个人仔细倾听其他成员的评价，就会了解自己的性格在人际交往中的受欢迎程度。

**思考题**

1. 真诚在构建好人缘中起到怎样的关键作用？哪些行为能体现真诚待人？

2. 善于倾听是好人缘的重要因素，那么倾听时具体要注意哪些细节，才能让对方感受到尊重？

3. 幽默风趣对提升人缘有帮助，如何培养自己的幽默感，又怎样把握幽默的尺度呢？

4. 当与他人发生矛盾时，怎样的处理方式有助于维护好人缘，避免关系恶化？

5. 主动帮助他人是获得好人缘的途径之一，在帮助他人时，如何避免让对方感到有压力？

6. 服刑改造期间，你的非语言沟通，像肢体动作、面部表情等，对好人缘的形成有什么影响？

# 二、明眼看自己

> 只有当人能够察看自己的内心深处时，他的视野才会变得清晰起来。向外看的人是在梦中、向内看的人是清醒的人。
>
> ——荣格[1]

## 一个罪犯的心路历程

这是一名罪犯不断认识和改造自我的心路历程：

我叫单某，现在是一名罪犯，今年35岁，这么多年来我三进三出高墙，这次已是"四进宫"。我的青春就这样浪费在监狱里，也许你们会笑我，可这的确是真的。

其实从一开始犯错到今天，我都有破罐子破摔的心态。我上初中时，既是"三好学生"，又是班干部，风光得不得了。一次班里一个同学不服我管理，我急了就跟他动手，我们就扭打起来，最后我把他头打破进了医院。那次打架后我的班干部和"三好学生"都被免了，学校还在广播里把我当作反面教材批评了一周，我失望、懊丧到极点，我觉得我已经有了恶名，再也无法得到大家的认可，不如破罐子破摔，摔到哪儿算哪儿吧！于是我开始旷课、逃学、玩游戏、打架……一直发展到成了附近几所学校混混团伙的头儿，带着大伙打群架、劫钱。那时候，我经常带着一伙兄弟故意到我们学校门口闹事，报复老师和学校把我逼得那么狠，让我没面子。

第一次入狱是因为帮兄弟，罪名是故意伤害，不过那时我年少轻狂，并没有觉得什么。但入监后我觉得监狱里的规矩太强制，很恼怒不能继续在外面恣意的生活，所以我经常无缘无故发火，看谁也不顺眼，找点借口就和同班组人打一架。

那次出去后我继续着过去的恶习，手下兄弟几百人，有人对我稍有不顺，就拳脚相加。没多久，我又一次入狱。入狱后的我脑中只有仇恨，

---

[1] 卡尔·荣格（1875—1961），瑞士心理学家，分析心理学创始人。

恨那些把我弄进来的人。几年时间一晃而过，我再次回到社会。那时，我手下的一帮兄弟被别人挖去了，我很不甘心，靠自己的力量在短短一个月内再次纠集势力。当时我在这种膨胀的感觉中不能自拔，又一次因故意伤害罪被抓。第三次出去后我总结了前几次失败的原因和经验，在我自以为风光无限，终于出头的时候，第四次因故意伤害罪入狱。

这次进来以后，民警跟我说："你都这岁数了，不能出去以后再当混混了吧，该有个正经饭吃了，学门技术吧。"

说实话，我一直也在想这个问题，这些年我一直在混日子，开始是对老师和学校的仇恨，到后来就是对自己的放纵了。这次出去我不想再混日子了，但我初中都没上完，脑子里没东西，如果能"把刑期变成学期"，在剩下的几年里学门技术，出去的时候我就能堂堂正正谋个出路。

想法有了转变后，我把自己的打算告诉了民警，民警很支持我这样做，我于是参加了职业技能教育，并获得证书。

还有一年时间就要出狱了，我不再觉得自己学历低、没有技术、不能吃苦，不再因为曾经的错误认为自己再无出头之日，不会气不顺就找谁来撒气，也不会觉得谁伤害了我就把失败的责任都推卸给他。过往的经历让我成熟了很多，我已经准备好融入社会了。

# 自卑被忽视的好处

著名的心理学家阿德勒认为，我们每个人都有不同程度的自卑感。自卑并不可怕，关键在于怎样认识自己的自卑，克服困难，超越自我。

自卑，其实并不会成为一个阻碍人成长的因素，而是可以成为人进步的动力。

自卑有 12 个好处：

（1）自卑是发展自己的动力，针对自卑的方向进行提升，更容易选对努力的方向和平台。

（2）自卑让我们的人性自我唤醒，人类正因为有自卑才会和动物有所不同。

（3）自卑会让我们更容易看到生活中的另一面，理解不合理背后的合理性。自卑的人瞧不起拥有相似"缺点"的他人，因为他将他人当作了自己，觉得别人会跟他一样，对有这类"缺点"的人嗤之以鼻。

（4）自卑会促使我们深入思考。

（5）自卑能激发我们学习心理学的兴趣。

（6）自卑会促使我们学习很多的技能（总想证明比他人强）。

（7）自卑会促使我们打开圈子去努力接近比自己厉害的人。

（8）自卑的人共情能力比较强，因为自卑的人大多比较敏感。

（9）自卑会让你更真诚。因为自卑就想要成为更好的人，所以对朋友们都是真心付出。

（10）自卑让你学会了独处。

（11）自卑的人要强，希望主宰自己的命运。

（12）自卑的作用让我们建立了一项补偿机制，完成了自我超越。

自卑来了，我们就要看见它，正视它，接纳它，让自卑成为你成长的伙伴，学会自我突破，永不放弃。

## 每个苹果都是独特的

几个学生问哲学家苏格拉底："人生是什么?"苏格拉底把他们带到一片苹果树林。要求大家从树林的这头走到那头。每人挑选一只自己认为最大最好的苹果。不许走回头路，不许选择两次。在穿过苹果林的过程中学生们认真细致地挑选自己认为最大最好的苹果。

等大家来到苹果林的另一端，苏格拉底已经在那里等候他们了。他问学生："你们挑到了自己最满意的苹果吗?"大家相觑，都没有回答。苏格拉底见状问："怎么了，难道你们对自己的选择都不满意?"

"老师，让我们再选择一次吧，"一个学生请求说，"我刚走进果林时，就发现了一个很大很好的苹果，但我还想找一个更大更好的。当我走到果林尽头时，才发现第一次看到的那个就是最大最好的。"另一个接着说："我和他恰好相反。

我走进果林不久，就摘下一个我认为最大最好的苹果，可是，后来我又发现了更好的。所以，我有点儿后悔。""老师，让我们再选择一次吧！"其他学生也不约而同地请求。

苏格拉底笑了笑，语重心长地说："孩子们，这就是人生——人生就是一次无法重复的选择。"

面对无法回头的人生，我们只能做三件事：郑重地选择，争取不留下遗憾；如果有遗憾了，就理智地面对它，然后争取改变；假若也不能改变，就勇敢地接受，不要后悔，继续朝前走。

于是你会发现，并不存在绝对的"最优选择"，对哪种苹果的喜爱，完全取决于自己的偏好。所以你只能说：每种苹果都有自己的品质、味道、气息和颜色。你钟情于哪种苹果，就会认为哪种味道最好。

人的情况也完全如此：每个人都有自己独特的品质和特点。哪些人使你感到有吸引力，哪些人令你厌倦，这完全取决于你的喜好。

如果别人感到你这个人有吸引力，这也仅仅说明他的喜好。

如果某人拒绝了你，这根本说明不了你的价值如何，仅仅说明你们不是一类人，或者他喜好的不是你所拥有的特质。

## 自画像：你是哪种动物

有的时候我们很难了解自己，但是有很多小办法可以帮助我们。比如，画一只可以代表自己的动物。

终于找到了真正的自己

这个活动最好在团体中完成，成员之间的互动会带给你很多启发。直觉告诉你哪种动物和你有些相似，就用蜡笔或水彩笔把它画在纸上。跟着你的直觉去画：任意地落笔，不管你画得好不好看，我们不是在比赛画画。然后，你就会看到一些你平时没有意识到的自己的个性会随着这只动物跃然纸上。

　　把你的动物自画像和团体成员分享，准备一张彩色便签纸，上面写上："谢谢你对我的画进行评价。"请大家点评你的自画像。相信这会是你收获颇丰的一天，你一定会收到大家很多真诚的点评，当大家看到你画的动物时，也会从中看到很多信息。

**思考题**

　　1. 如何借助他人的反馈客观地认识自己，避免盲目自大或过度自卑？

　　2. 生活中的失败经历对看清自己的能力短板有哪些启示？

　　3. 性格中的哪些特质在人际交往中容易被自己忽视，却影响着他人对自己的看法？

　　4. 兴趣爱好与真实的自我之间存在怎样的关联，能从中发现什么关于自己的隐藏信息？

　　5. 当身处不同环境时，自己的行为表现会发生明显变化，如何通过这种变化更好地了解自己？

　　6. 习惯对认识自我有着怎样的作用，我们该如何通过日常习惯来明眼看自己？

# 三、非暴力沟通

> 非暴力沟通提醒我们专注于彼此的观察、感受、需要和请求。它鼓励倾听，培育尊重与爱，使我们情意相通，乐于互助。
>
> ——马歇尔·卢森堡

## 什么是"非暴力沟通"[1]

在《非暴力沟通》一书中，马歇尔·卢森堡博士发现了一种神奇而平和的沟通方式：寻找真正的需求，而不是发泄情绪，他把这种沟通方式称为"非暴力沟通"。

卢森堡博士指出，在交流过程中，通过专注于自己和他人的感受及需要，可以减少争辩和对抗，培养对彼此的尊重与爱，通过建立双方的感情联系并促进理解，矛盾就可能以"非暴力"的方式解决。"非暴力沟通"包含观察、感受、需要、请求四个要素，总结为一个简单的句式：

**非暴力沟通＝我观察到＋我感觉＋是因为＋我请求**

## 非暴力沟通的好处

非暴力沟通可以疗愈内心深处的伤痛；超越个人心智和情感的局限性；突破那些引发愤怒、沮丧、焦虑等负面情绪的思维方式；用不带伤害的方式化解人际间的冲突；学会建

---

〔1〕 杨娟：《非暴力沟通：良性沟通新途径》，载《中国社会工作》2020年第6期。

立和谐的生命体验。

所谓温柔，是对他人的尊重；所谓坚定，是保护自己不受伤。

愿你知足且上进，温柔而坚定。

造成暴力沟通的因素有以下四种。

（1）道德评判。在沟通中，如果对方的行为不符合我们的价值观，就在心里用道德来评判他的好坏。

（2）进行比较。沟通过程中不断进行比较也是评判的一种形式。

（3）逃避责任。例如有些人经常喜欢说"我不得不"，淡化个人的责任。

（4）强人所难。我们对别人的要求暗藏着威胁，通常是强者惯用的沟通方式，这里的强者可以是领导、父母或者伴侣等。他们把自己的意愿强加给别人。

## 非暴力沟通优雅地表达你的感受

过度自我，很容易让我们在遇到问题、遭遇困境时对别人有愤怒的情绪。这里，我们可以尝试一种非暴力的表达方式，优雅地表达我们的想法，而不是让愤怒脱口而出。

小峰是一名护士，他负责照顾的病人中有一些人曾因患脑溢血而瘫痪。这些病人的心中充满愤怒，情绪非常敏感易怒。其中有位 53 岁的病人，有一次小峰在照顾他输液的时候不小心碰痛了他，于是这位病人大发雷霆。

小峰了解到，他以前情绪不好的时候也有过类似的爆发。小峰按捺住恼怒，平静地说："我知道，患脑溢血瘫痪在床这件事，让你太生气了。刚才你发火，并不是因为我碰疼了你，而是你想发泄，这件事给你带来的压力太大了，是这样吗？"还有什么比自己"被读懂了"这个事实更能让人消气的呢？那位病人一下子安静了下来。

生活中，并不一定随时有人能读懂我们，更多时候需要我们能够读懂自己的情绪。在可能爆发的时候，留意自己的情绪，跟自己的感受合拍，尽快停止愤怒，否则愤怒带来激烈的情绪反应，会让你听不到自己内心真正的声音。

感受内心，闭上嘴，深呼吸从 1 数到 8。8 秒之后，理智可能重归大脑。然后问自己，如果现在发怒，结果会不会更糟？大多数情况下，你会冷静地知道答案。

表达真正的需要，问问自己，在愤怒背后，自己真正想表达的是什么，是委屈、不满、痛苦，还是没有受到尊重。表达自己的合理需要，不要让爆发的怒火掩盖你的真实感受。比如说，"你的话让我很失望""我很希望你能理解我"，而不只是指责、挑错。任何人听到你的表达，都比看到一张愤怒扭曲的脸更懂得该做些什么。

在生活中，我们遭受语言暴力的概率要远大于遭受肉体暴力伤害的概率。言语上的说教、否定、指责、嘲讽以及随意打断、拒不回应等行为给我们带来的情感和精神上的创伤，甚至比肉体的伤害更令人痛苦。这些有意或无意的语言暴力让人与人之间变得冷漠、彼此产生隔阂甚至敌视。[1]

## 四步法掌握非暴力沟通

第一步，观察。不加评论地描述客观事实。将观察和评论混为一谈，别人就会倾向于听到批评，并反驳我们。非暴力沟通是动态的语言，不主张绝对的结论。它提倡在特定的时间和情境中进行观察，并清楚地表达观察结果。因此，我们在描述的时候要不加评论地描述我们所观察到的客观事实。例如，"欧文在过去的 5 场比赛中没有进一个球"，而不是说"欧文是个差劲的前锋"。

第二步，感受。清晰地表达感受。通过建立表达感受的词汇表，我们可以更加清楚地表达感受，从而使沟通更为顺畅。在表达感受时，示弱有利于解决冲突。此外，我们要注意不要把感受表达成观点或想法。例如，"你要离开，我很难过"这是感受，"我觉得你不爱我"这是想法。

第三步，需要。把批评指责改成需要。他人的言行也许和我们的感受有关，但并不是我们感受的起因，感受源于我们自身的需要。听到不中听的话时，我们可以有四种选择：责备自己；责备他人；体会自己的感受和需要；体会他人的感受和需要。对他人的指责、批评、评论以及

---

〔1〕 申开文：《任务中心模式介入暴力高风险青少年罪犯的心理矫治案例》，载《中国监狱学刊》2023 年第 5 期。

分析反映了我们的需要和价值观。如果我们通过批评来提出主张，人们的反应通常是申辩或反击。反之，如果直接说出我们的需要，他人就有可能做出积极的回应。例如，"你这么说，我很紧张。我需要尊重。"在这句话中，发言者清楚地表达了自己的感受并提出了请求。而如果一个人说"你从不理解我"，他只表达了想法而没有说出他实际上渴望得到理解的需要。

第四步，请求。提出合理的具体化的请求。避免使用抽象的语言，而是用具体的描述来提出请求。我们告诉人们，为了改善生活，我们希望他们做什么。在发言时，我们将自己想要的回应讲得越清楚，就越有可能得到理想的回应。由于我们所要表达的意思与别人的理解有可能不一致，有时，我们需要请求他人给予反馈。一旦人们认为不答应我们就会受到责罚，他们就会把我们的请求看作命令。如果我们清楚地表达我们无意强人所难，人们一般会相信我们提出的是请求而非命令。例如，"我希望你更加自信"没有提出明确的请求，如果发言者说"我希望你能参与关于人际交流的培训，我相信这会有助于你增强自信心"则提出了明确的请求。

上述四个步骤看起来不难，但要做到实属不易。生活中的很多事，都会被情绪影响。我们经常难以直接表达客观事实，而是倾向于表达自己的观点和情绪，后者往往会激起对方的防御心理，沟通也达不到效果。能够控制自己情绪和表达方式的人是强大的，温柔而坚定地表达自己，是自控力的体现，也是勇气和自信的体现，祝愿我们都能成为温柔而坚定的自己！

## 非暴力沟通的核心

首先，培养深度倾听的能力，倾听也是门艺术。

其次，要尽可能减少这类情况：道德评判、跟他人做比较、推卸责任、给他人贴标签等。

最后，培养同理心。以尊重的态度来倾听和感受他人的需要，但注意不要为他人的感受承担责任或者自责，这样同理会变得越发困难。同理心让我们能够触碰彼此共通的人性，有着很强的疗愈作用。

此外，与有情绪的人沟通，要全身心地倾听，不要希望对方停下来，不要打断对方。在对方未表达完情绪和想法前，建议、说教、比较、同情、安慰会阻碍倾听。

之后准确说出对方的感受，帮助对方疏理内心，简洁准确地总结也是重要的沟通方式。

## 搭肩游戏

容易过度关注自我的人，往往会感到自己缺乏别人的关注，也很少主动关注别人。现在，我们介绍一种能够让每个成员都被密切地关注，同时也能积极地去关注别人的团体活动。

组织者需要设计问题来请每个成员选择将一只手搭到某个成员的肩上。这样的问题包括："请在团体中找一个你最感兴趣的人，将手搭在他的肩上，并告诉他你对他感兴趣的原因"；"请找一个你觉得和你有相似点的人，将手搭在他的肩上，并告诉他你觉得你们的相似点在哪儿"；"请找一个和你最不相像的人，把手搭在他的肩上"；"请找一个你最不熟悉的人，将手搭在他的肩上，并问他一个问题"，等等。

这些问题既可以让成员主动接触和自己有相同个性的人，又可以创造契机让成员接触可能从来不会主动搭话的人。而被搭肩的成员，会充分感受到自己的重要性，从而得到被关注的满足。尤其是最后一个问题，当大家把手都搭在最不熟悉的人肩上时，团体中最沉默内向的人一定是肩头搭着的手最多的，也是最多被大家问问题的，最需要被得到关注的人此时就会得到最充分的关注，他的内心便会得到极大的滋养。

【拓展阅读】

### 非暴力沟通测评[1]

1. 请问，下列哪个选项的沟通方式是正确的？

A. 我同事太注重细节了，他可能有强迫症。

---

〔1〕 ［美］马歇尔·卢森堡：《非暴力沟通》，阮胤华译，华夏出版社 2018 年版，第 28 页。

B. 老王的老婆都知道下班回家做饭，你怎么就不行？

C. 下次考试，你必须考到班级前 5 名，不然暑假就别想出去玩了！

D. 你没把饭吃完，妈妈感到失望，因为妈妈希望你能健康成长。

【解析】答案为 D。选项 A 用自己对工作的要求来判断别人，同事更认真，就指责同事有强迫症，是不恰当的沟通方式中的"道德评判"。选项 B 将自己的妻子和其他人的妻子作比较，是不恰当的沟通方式中的"进行比较"。选项 C 要求孩子的成绩必须达到一个标准，达不到就要惩罚，是不恰当的沟通方式中的"强人所难"。选项 D 运用了非暴力沟通的技巧，"你没把饭吃完"是观察到的事实，"感到失望"是妈妈的感受，"希望你能健康成长"则是妈妈的需求和期望。所以正确答案为选项 D。

"四种不恰当的沟通方式"分别是：（1）道德评判，指的是用自己的道德标准去评判他人；（2）进行比较，指的是将对方与别人进行比较；（3）强人所难，指的是用批评、指责和命令的方式，将自己的意愿强加给别人；（4）逃避责任，指的是为自己找借口，逃避自己应负的责任。

2. 请问，下列哪个选项正确地区分了观察和评论？

A. 你太大方了。

B. 她无法完成工作。

C. 小王上周买书花了一千元。

D. 如果你饮食不均衡，你的健康就会出问题。

【解析】答案为 C。选项 A 把对他人的看法当作了事实，缺乏依据。区分了观察和评论的表述应该是："当我看到你把吃饭的钱都借给了别人，我认为你太大方了。"选项 B 把对他人思想、情感或愿望的推测当作唯一的可能。区分了观察和评论的表述应该是："我不认为她能完成工作。"或者对方自己说"我无法完成工作。"选项 C 是观察到的事实情况，没有诸如"小王爱读书""小王花钱大手大脚"的评论。选项 D 把预测当作了事实，区分观察和评论的表述应该是："如果你饮食不均衡，我就会担心你的健康出问题。"所以正确答案为选项 C。

3. 以下哪个选项不仅描述了观察结果，还包含了自己的评论？

A. 昨晚女儿在看电视时啃指甲。

B. 开会时，经理没有问我的意见。

C. 小张的工作时间太长了。

D. 朋友告诉我，我穿黄色的衣服不好看。

【解析】答案为 C。注意，本题是要选出除了描述观察结果，还包含自己的评论。选项 A、B、D 都是只描述了事实，也就是观察结果，没有包含评论。而选项 C 中的 "太长了" 则是评论，如果想要不包含任何评论，应该只说出具体的事实依据，比如，"小张这周在公司工作了 70 小时以上"。

4. 以下哪个句子不是表达感受的句子？

A. 我觉得你不爱我。

B. 你要离开，我很难过。

C. 你能来，我很高兴。

D. 你能来帮我，我很受鼓舞。

【解析】答案为 A。选项 A 是对他人状态和感受的判断，而不是表达自己的感受。如果想要表达自己感受，应该这样说："我很伤心。"或者 "我十分痛苦。" 选项 B、C、D 都是表达感受的句子。所以此题选A。

5. 在以下例句中，哪个选项没有说出自己的需求？

A. 你这么说，我很伤心。我需要尊重。

B. 你将公司的机密文件落在了会议室，太令我失望了。

C. 你这周末不能和我一起吃饭，我很难过。本来想和你好好聊一聊的。

D. 你大声说话时，我有些烦。我想要安静地看会儿书。

【解析】答案为 B。选项 A、C、D 都说出了自己的需求。选项 A 中 "你这么说" 是观察到的事，"我很伤心" 是感受，"我需要尊重" 是需求。选项 C 中 "周末不能一起吃饭" 是观察到的事实，"我很难过" 是说话人的感受，"想和你好好聊一聊" 是说话人的需求。选项 D 中 "你大声说话" 是观察到的事实，"我有些烦" 是感受，"我想要安静地看会儿书" 是说话人的需要。而选项 B 中 "将机密文件落在了会议室" 是观察到的事实，"失望" 是感受，却没有说明自己的需要。而运用非暴力沟通的技巧后，这句可以这么表述："你将公司的机密文件落在了会议室，我很失望。因为我希望重要的文件能够被妥善保管。"所以本题选 B。

6. 以下哪些说法是提出了明确的请求?

A. 我希望你尊重我的个人隐私。

B. 请告诉我，我的方案中，你对哪部分不满意?

C. 让我做我自己吧。

D. 我希望你经常做晚饭。

【解析】答案为 B。选项 B 的"方案中""哪部分""不满意"，都表明这个请求非常明确，所以选择 B。选项 A 中"个人隐私"是个宽泛的概念，没有清楚地表达说话人的请求。如果想要提出明确的请求，可以这样表述："在进我的房间之前，请先敲门好吗?"选项 C 中"做自己"的表述有些模糊，应该更具体一些，比如："我希望你能承诺，即使你不喜欢我做的一些事情，你仍然会和我在一起。"选项 D 中"经常"这个词并不明确，更明确、具体的表达应该是："我希望你每周一的晚上都可以做晚饭。"

7. 下面是甲和乙的四组对话，请问，哪一组对话中，乙用心倾听了甲的话，并给予反馈?

A. 甲："我最近紧张地筹备婚礼。可是，我婆婆却总是有意见，唉!"乙："听起来，你有些着急，你希望能得到理解和配合，对吗?"

B. 甲："你从不把我当回事。要不是我帮你，你自己一个人能处理这么多事情吗?"乙："你怎么能这样想! 我一直都很尊重你!"

C. 甲："我受不了我自己了，我现在变得这么胖了!"乙："慢跑也许能减肥。"

D. 甲："如果亲戚不打声招呼就跑到我家，我真的一点儿都不想接待他们。"乙："我知道这是什么感觉! 我也这样!"

【解析】答案为 A。选项 A 中，"你有些着急"表明乙用心观察了甲的感受，"你希望得到理解和配合，对吗?"则是乙给甲的反馈，来确认甲的需求，所以选项 A 正确。选项 B 中，乙是在辩解。如果乙用心倾听并给予反馈，他也许会说："你好像有些失落，你希望得到欣赏和肯定，对吗?"选项 C 中，乙是在提建议。如果乙用心倾听并给予反馈，他可以这样说："你好像对自己有些不耐烦，你很看重健康或者身

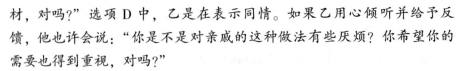

材，对吗？"选项 D 中，乙是在表示同情。如果乙用心倾听并给予反馈，他也许会说："你是不是对亲戚的这种做法有些厌烦？你希望你的需要也得到重视，对吗？"

8. 以下与自我的对话中，哪一句运用了非暴力沟通的原则？

A. "你看你，又把事情搞砸了！"

B. "我不得不戒烟了。"

C. "我选择自己做晚饭，因为我想吃得更健康。"

D. "你怎么这么蠢！居然犯了这么低级的错误?!"

【解析】答案为 C。选项 A 是在责骂自己，运用非暴力沟通的原则，可以这么问自己："我为什么这么气愤？我有什么需求没有得到满足?"选项 B 中的"不得不"有一些强迫和别无选择的意思，运用非暴力沟通的原则，这句话应该这么说："我选择戒烟，因为我想身体健康。"选项 D 和选项 A 一样，都是在责骂自己，运用非暴力沟通的原则，可以这么问自己："我为什么觉得自己很蠢？我有哪些需求没有满足？我对自己有什么要求?"

**思考题**

1. 非暴力沟通强调区分观察和评论，生活中有哪些容易混淆二者的场景？

2. 非暴力沟通四要素是观察、感受、需要和请求，哪个要素在实际运用时最困难，为什么？

3. 当情绪激动时，如何运用非暴力沟通方法，避免陷入暴力沟通？

4. 在服刑改造中，怎样用非暴力沟通清晰表达观点，同时照顾对方的感受？

5. 非暴力沟通的核心是什么？服刑期间，如何运用非暴力沟通的方式与家人沟通呢？

# 四、远离人际交往中敏感的心态

如果一听到一种与你相左的意见就发怒，这表明，你已经下意识地感觉到你那种看法没有充分理由。如果某个人硬要说二加二等于五，你只会感到怜悯而不是愤怒。

——罗素

## 我的人际关系怎么总是搞不好

服刑期间，齐某觉得自己和班里人的人际关系不好，自己也想跟他们搞好关系，可总是做不好，很苦恼。

齐某与人交往总会不知所措。聊天时，眼睛跟人对视几秒，他马上就会避开，想要聊天时找话题对齐某来说是件很困难的事情。除此外，齐某克制不住自己用怀疑的眼光看待周围的人和事，一旦看到别人议论什么，就认为别人在讲自己坏话；别人有意无意地看他一眼，他就觉得别人可能不怀好意，或是在讥讽、鄙视他。齐某还老是怀疑自己长得难看，怕别人瞧不起自己。而且碰到这些事，齐某往往要通过很长时间的分析：到底是不是在说我呢？这样痛苦的分析往往要几小时，甚至更长时间，如果不想清楚就做不了其他事，让他没法正常生活。

服刑生活空间狭小，容易把我们的思维困住，使我们比常人更加敏感。我们之间的关系有别于正常人群，又不得不时刻提醒自己处处留心，时时警惕，不敢有人际交往中的信心与主动性。这时，如果我们性格偏内向，不擅于主动与人

他们在说我吗？

交流，对和谐的人际关系感到失望，或者不知所措，我们就有可能将自己困住，走入过度敏感的人际境地。

# 人际过敏：别被自己伤害[1]

过敏很常见，有的人吃海鲜过敏，有的人对花粉和油漆过敏，轻者恶心、胸闷，重者会休克甚至死亡。但是，你知道吗？对人际关系过敏也会使人精神受损，不堪重负。

日常交往中，尤其是与不熟悉的人相处时，你往往很注重自己的形象、言行举止是否得当，待人接物是否恰当，这本是极正常的事情，但如果过度专注于此，就有可能是人际关系过敏了。

积极要求上进，改造成绩又不错的你，却在一次民主投票中落选，你当然会想这是什么原因，可能是哪次讨论时给谁提意见太多了，或者开始怀疑谁与自己有矛盾。从此再看那几个人，他们好像总在说自己什么。他们笑，你认为是笑自己傻干没有功劳，他们说悄悄话，你也认为一定是在说自己的坏话。甚至对对方的神情也过敏，对方一声咳嗽就觉得是对你的不敬，对方一转身就是对你的鄙视，对方对你点头微笑也别有用意。这种极端敏感让你给自己制造了一个"黑暗的世界"。

人际关系过敏的你会活得很累，你会太在意别人的评价，既要对付那些夸大了的矛盾，又要抚慰自己无中生有的痛苦，身心疲惫，于是退缩到自己的世界里，封闭、很少与人交流谈心，条件反射似的用愤怒和敌意抵抗别人的评价，使自己的人际关系变得更加敏感。

在特定的环境中，我们非常需要良好的人际关系，如果我们天天在家，家庭的和睦对我们的身心健康有至关重要的决定性作用。关系和睦的关键之一是不要把对方塑造成一个坏人。人际交往中我们常常容易被"暗示"，因为每个人都有阳光的一面和阴暗的一面，当你认为对方阴暗的时候，他就会顺着你的想法，变本加厉地阴暗；当你坦坦荡荡地看待对方，放下猜疑和抵触，对方便会呈现出平和的一面。关系和睦的关键之二在于停止对对方的评价和推断。抛弃互相之间的成见，不以自己的想法度量他人，你还有正事要忙，琢磨琢磨怎么规划你的未来、你的生活和家庭，别和几年后可能就再也见不着的人较劲。关系和睦的关键

---

〔1〕 顾建梅：《人际过敏》，载《检察风云》2023年第16期。

之三在于多交流接触，一切要用事实说话，只有接触方能相识，然后才发现对方的优点。人生路上遇到都是缘分，大家都路途艰难，能在坎坷中做个伴是件温暖的事，如果能彼此给点力，鼓把劲，会是特别难得的人生财富。

相信你会是个爱自己的人，放下伤害自己的疑虑，踏踏实实走完这段历程。

## 过度敏感的人是蒙了面纱的天使

许多人过于敏感，他们无法忍受噪音以及现代社会的快节奏。他们通常饱受心理失调和失眠的困扰。其他人认为理所当然的事，比如参加一次联欢会，对他们来说却是一件不折不扣的苦差事。

在孩童时代，他们就经常被误解。由于他们很难坚持自己，又容易胡思乱想，因此校园生活也并不是愉快的。按照社会的标准成为一个成功者，对他们来说颇为困难。他们或多或少都有点游离于社会的边缘，参与主流活动被他们看成费力又伤脑筋的事情。基于以上这些原因，他们的自我形象并不是积极明朗的，局促不安和自惭形秽是他们常常会有的感受。他们的想法总是很消沉，而且这些消极的想法还在不断地自我复制。

现在，让我们来关注一下过度敏感之人身上的一些正面特征：他们爱好和平，性情安静，可以跟同伴长期和睦地生活。他们对美很敏感，尤其是大自然的美；他们非常具有同情心，很有灵性和丰富的想象力；出乎他们意料的是，人们一旦有了麻烦，总是喜欢接近他们，向他们寻求指点。

为什么会这样呢？因为这类人不只是过于敏感的，他们也是高度敏感的。实际上，他们就像是蒙了面纱的天使。最初，他们只是感受力过于精细，但是环境的嘈杂、与周围人的不同反应，让他们以为是自己出了问题，周围人觉得他是个不切实际的人，不想面对生活的现实，于是他们变得很哀伤，从高度敏感变成了过度敏感。

过度敏感的人总是不相信生命可以是美好的、丰盈的、充足的。他们觉得这样也许不妥，好好审视自己，看看是否曾经忽视了别人的好意、拒绝了朋友的帮助、忘记了家人的关爱，现在，要学会对所有的爱怀着开放的态度并大声地说一句"我可以被爱"，告诉自己的心，然后放松、接受生命中的温暖将会变成自然而然的事情。

# 改善人际敏感的练习

如果你在人际关系中特别敏感，别人一句不经意的话，就会让你受到伤害，你可以试试"自问"的办法。

"自问"的办法是这样的：当你在人际关系中出现敏感时，先停下来问问自己："别人的话是针对我的吗？他是自己有什么不开心，还是故意要跟我过不去？"这种方法可以帮我们澄清自己的感受，摆脱猜疑的心态。

"自问"可以帮我们分清现实和自己的心理认识。我们内心对事情都有自己的认识，但我们的认识是自己思维方式的结果，并不一定就是事实，有可能扭曲了事实。自问后，你或许会豁然开朗："原来他是自己的原因，并不是对我有恶意。"

**思考题**

1. 人际交往里，哪些日常小事容易引发敏感心态，这些小事背后反映了怎样的心理诉求？

2. 原生家庭对我们形成敏感心态有着怎样的影响，如何摆脱原生家庭带来的这种束缚？

3. 过度在意他人评价是敏感心态的表现之一，该如何建立内在评价体系，降低对外在评价的依赖？

4. 当因敏感心态在人际交往中产生误会时，怎样以积极有效的方式消除误会、修复关系？

# 五、走出自我封闭迎接暖阳

一切自由都源自我们做出选择并实施。

——维克多·弗兰克尔[1]

## 你可能并不了解的内向

杨某有过一年不怎么讲话的经历。那段时间，为了避免见到太多人，杨某甚至会饿着肚子不去吃饭。和人沟通的能力似乎变差了很多，民警问话，他也会觉得一下子找不到词语应答，和家人打亲情电话也话很少。

在日常人际交往中，杨某无法摆脱"做错了别人会讨厌我"或"别人对我好，客观上等于我利用了别人，那别人被利用了应该会讨厌我"的念头。那段时间，杨某不能用自然的眼神和坦荡的表情面对别人，只要看到别人，他的眼神就显得游离……

没人的时候杨某会突然想哭。

很显然，杨某是个偏内向的人，并且他那段时间有些自闭。可能有人会认为杨某的情况自己也曾经有过，但我不内向啊。事实上，除了那一年，其他时候的杨某也是个看起来比较开朗健谈的人。

著名主持人蔡康永曾说："难道外向的就是好的？内向的都是不好的吗？答案是否定的。一个内向的人更多的是向内关注自己的精神世界。"

所以，即使你是一个内向者，也应该看到丰富多彩的世界。

## 走出自我封闭的心理怪圈

自我反思，花时间思考自我封闭的表现和原因，如是否因犯罪入狱、过去挫折、性格内向或缺乏自信等导致。

学习心理知识，阅读心理学书籍，了解自我封闭的心理机制和危

---

[1] 维克多·弗兰克尔（1905—1997），奥地利心理学家。

害，明白开放心态对个人成长和人生幸福的重要性，增加改变的动力。

主动与人交流，从与熟悉的家人、朋友开始，向他们分享服刑改造生活，获得社会支持。

倾听他人，交流时不急于表达，专注倾听他人观点和感受，表现尊重，丰富视野，更好地融入社会交往。

设定目标与计划，制定打破自我封闭的目标，如每周主动找民警谈心、汇报服刑期间思想动态，发现改造生活中的趣事，尝试新事物，把改造目标细化为可操作的步骤，按计划执行。

投入兴趣爱好，绘画、音乐、书画等爱好可让你结识同好，还能丰富内心世界，如参加监狱组织的绘画兴趣小组，与画友交流分享，打开封闭状态。

积极自我暗示，常对自己说"我可以更开放""我有能力与人交往"等话语，取代"我不行"等消极想法，增强自信，面对社交等场景更从容。

接受不完美，明白自己和他人都有缺点，交往中不因微小的犯错或他人不足而退缩，以宽容心态对待，身处狱内也可以更轻松地与外界互动。

## 引起自我封闭心理的原因[1]

重大生活挫折，如入狱服刑、离婚、失业、失恋等，可能使个体难以承受痛苦，陷入自我怀疑和否定，进而选择自我封闭，以逃避现实的痛苦和压力。

不良家庭氛围，父母关系紧张、经常争吵，或家庭氛围冷漠、缺乏温暖，可能使个体缺乏安全感和归属感，从而选择自我封闭来寻找心理上的安慰。

童年创伤，如被父母忽视、虐待或在学校遭受霸凌等创伤经历，可

---

〔1〕 孙立波等：《自我封闭心理分析及其自我调适》，载《中国护理管理》2004 年第 3 期。

能让个体为了保护自己而选择封闭自己，避免再次受到伤害。

性格内向敏感，内向的人本身就更倾向于躲在内心世界，不善于主动与外界交流。敏感的性格则可能使他们对他人的评价和外界的反应过度在意，害怕被批评或拒绝，从而自我封闭。

自卑，对自己缺乏信心，认为自己不如他人，害怕在社会交往中暴露自己的缺点，因此选择自我封闭，避免与他人比较和接触。

过度保护或控制，父母对孩子过度保护或控制，限制孩子的自由和独立发展，会使孩子缺乏与外界接触的机会和能力，长大后容易形成自我封闭的心理。

社会压力，如人际压力、工作压力、学业压力等，可能使一些人感到无法应对，从而选择逃避社会，自我封闭。

社交恐惧，在社交场合中可能会担心自己表现不好而被他人嘲笑或看不起，产生强烈的焦虑和恐惧，为了避免这种情况，他们会选择避免社交，自我封闭。

片面自我认知，对自己和周围世界的认知存在偏差，如过度夸大自己的缺点和外界的困难，低估自己的能力和他人的善意，从而认为与外界交流没有意义，选择自我封闭。

固定思维模式，有些人可能存在非黑即白、绝对化的思维模式，在面对复杂的人际关系和社会问题时，无法灵活应对，容易陷入自我封闭。

## 走出自我封闭团体心理辅导

在民警的组织下，有序开展"走出自我封闭团体心理辅导"。

优点大接龙，围坐成圈，第一个人说出自己优点，第二个人重复前一人优点并添加自己的，依次类推。这能强化成员自我肯定，增强自信，打开交流开端。

秘密分享会，成员匿名写下内心秘密放入盒子，轮流抽取大声念出，大家共同讨论。促使成员袒露心声，发现自身问题具有普遍性，缓解自我封闭心理。

情景再现，设定如聚会、争吵和解等社交场景，成员分组即兴表演。表演后一起复盘，分析应对方式，提升社交能力，克服对社交的恐惧。

心愿漂流瓶，成员写下近期心愿、烦恼或期待，放入"漂流瓶"（盒子）。每人随机抽取，为瓶中内容提供建议，在交流中拉近彼此距离，走出自我封闭。

## 走出"自我舒适区"的游戏

很多时候人们将自己封闭起来，是因为不敢走出自己的"舒适区"，找不到和人接触的契机，或者不知道该用什么方式和他人交流。下面介绍一个走出"自我舒适区"的系列游戏，让成员从手指的接触开始，到互相接近，在游戏的规则下自然地接近彼此。这些活动需要在民警的组织下方可进行。

## 抓手指

所有成员围成一个圈，每个人打开右手手掌，然后伸出左手食指向左，抵在左边伙伴的手掌心。组织者读一段话，要求大家每当这段话中出现某个字的时候（比如读一个故事，每当出现"时"字的时候，成员需做出反应，也可以用同音的其他字迷惑大家，比如"十""事"），左边的成员用手掌去抓右边成员的食指，同时将自己的左手食指逃掉，两只手同时成功的算赢家。

这个游戏可以让大家打破身体的界限，开启彼此亲近的感觉。

## 大风吹

所有成员围成一圈，当组织者喊"大风吹"的时候，成员回应："吹什么"，组织者即发某个指令，例如："吹双眼皮的成员"，这时所有有此特征的成员顺时针跑动半圈后找一个空位站进去（不可以是原

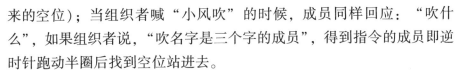

来的空位）；当组织者喊"小风吹"的时候，成员同样回应："吹什么"，如果组织者说，"吹名字是三个字的成员"，得到指令的成员即逆时针跑动半圈后找到空位站进去。

这个游戏创造了一个契机，让成员必须主动选择靠近某位成员，拉近彼此的人际距离。

## 多少钱

成员保持围成一圈，组织者命令全体向右转并齐步走，大家开始绕圈前进。这时组织者指定每个人代表的钱数及需要凑成的钱数，譬如，"每人值五角钱，现在请凑成两块五"，那么每五个人抱团，落单的人需接受惩罚（可以做俯卧撑）；组织者也可以说："名字两个字的人值两元钱，名字三个字的值五元钱，现在请凑十六元。"那么名字是两个字的人在这一局会很受欢迎。

这个游戏的规则让每个成员必须主动和其他人抱成一团才能免受惩罚，客观创造了一个人际联结的机会。组织者可以根据成员的特点在每局中分设两种面值，让每个成员都能在不同的局中很"抢手"，体验被别人主动接近和邀请的感受。

**思考题**

1. 自我封闭的常见表现有哪些，如何判断自己是否陷入了自我封闭状态？

2. 哪些因素可能导致一个人自我封闭，这些因素该如何克服？

3. 走出自我封闭的第一步往往很难迈出，有什么有效的方法能帮助自己勇敢尝试？

4. 自我封闭容易产生社交恐惧，怎样逐步克服这种恐惧来迎接外界交流？

5. 长期自我封闭形成的思维定式，会对接受新事物造成阻碍，如何打破它？

6. 当尝试走出自我封闭时，可能会面临外界的不理解，如何应对这些负面反馈？

**推荐书目**

1. 《社会性动物》，艾略特·阿伦森、乔舒亚·阿伦森，华东师范大学出版社 2020 年版。

2. 《关键冲突》，科里·帕特森等，机械工业出版社 2018 年版。

3. 《非暴力沟通》，马歇尔·卢森堡，华夏出版社 2018 年版。

4. 《心流：最优体验心理学》，米哈里·契克森米哈赖，中信出版社 2017 年版。

5. 《情感勒索》，苏珊·福沃德、唐娜·弗雷泽，四川人民出版社 2018 年版。

6. 《内向高敏者：如何在外向的世界自在生活》，西尔维亚·洛肯，北京日报出版社 2019 年版。

**推荐电影**

1. 《小丑》（2019 年），托德·菲利普斯执导。

2. 《寄生虫》（2019 年），奉俊昊执导。

3. 《被嫌弃的松子的一生》（2006 年），中岛哲也执导。

4. 《暖暖内含光》（2004 年），米歇尔·贡德里执导。

# 第五篇

# 改造项目

改造项目作为较先进的教育改造新型手段，综合了教育学、心理学、社会学等多个学科知识，实现了对传统教育改造手段的升级。本篇介绍了内视观想、经史合参、愤怒控制训练、积极行为养成、正念训练、接纳承诺（ACT）6个典型改造项目，帮助罪犯了解改造项目的积极作用。

## 【阅读提示】

1. 内视观想改造项目可通过内心审视促进自我成长。

2. 经史合参改造项目从经典文化中汲取精神力量。

3. 愤怒控制训练改造项目可有效应对愤怒情绪，避免因情绪失控导致不良后果。

4. 积极行为养成改造项目可以培养规律作息、主动学习等好习惯，建立积极健康的生活方式。

5. 正念训练改造项目以正念冥想提升专注力和觉察力，缓解焦虑情绪，保持内心平静。

6. 接纳承诺改造项目可助力接纳现状，明确个人价值。

# 一、内视观想改造项目

内视观想是身心性命内修功夫的基本方法。

——南怀瑾

## 什么是内视观想

内视观想（以下简称内观）也称"观察自我法"或"洞察自我法"，它源自中国传统文化并在世界范围内得到广泛发展应用。内观即为"了解自己，凝视内心的自我"，在内观的过程中，内观者在内观导引师的指导下，在独立密闭的空间内对自己过往经历进行系统的回忆和反思，在细致回顾人生的过程中获得对自己的心理、性格、人际等多方面的洞察，经由这种深入的自我观察，进而调整心境，唤起"省"与"悟"的念头，最终以自觉的意识来净化内心。

## 内观的目的

内观的目的是消除内观者"自我本位"的思想，从"以自我为中心"转变到学会换位思考，促使内观者以感恩的心面对生活，该方法的基本论点，即让内观者从周围亲友的付出中觉醒，体会"他人之恩"，这一点对在狱内对罪犯进行矫治具有十分现实的意义。

## 内观的方式

每期内观的持续时间为一周，内观期间，内观者完全与外界隔离，不能与内观导引师之外的任何人进行言语、眼神和手势的交流，除洗漱、如厕外，其余时间都要在屏风内静坐回顾，即使吃饭、睡觉也在屏风内进行。内观导引师每隔一段时间会对内观者进行回顾内容的询问并对下一阶段的回顾进行布置。

# 内观的内容

内观一般包括内观开场、经由主要养育者的内观、养育费的计算、经由兄弟姐妹的内观、经由爱人的内观、经由子女的内观、自我审视24条、经由母亲的二次内观、经由周围人的内观、集体内观和集体讨论等环节，每个环节在具体操作步骤和指导语上均有严格的要求和标准的操作步骤。在每一个时间段中，内观者需要对特定的人和内容进行回顾。回顾一般围绕三个问题展开："他/她为我做过什么？""我为他/她做过什么？""我给他/她添了什么麻烦？"根据个人情况的不同，内观者内观的内容也会有所区别。在狱内对罪犯开展内观，需要内观导引师对罪犯的个人信息提前做全面的了解。

# 内观的原理和效果

经过7天的内观，内观者会在内心中对自身的成长过程以及自己与周围人的关系有一个系统梳理，通过从不同的角度重新客观审视、观察自己，继而充分觉察和感受到他人所给予自己的爱与支持，改变对他人的付出熟视无睹、漠不关心、理所应当等偏执观念，从而使内心充满生机、自信和力量。

同时，内观者通过对事实的回顾，也会觉察和发现自己不但为身边重要的他人付出不多，而且造成了很多麻烦，进而会改变之前自以为是的认知，产生反省、反思和愧疚，进一步产生责任感和行动力。

在内观中，内观者所有的改变均由自己思考所得，由此带来的内观者态度转变，不是因为内观导引师说教而形成的，而是内观者在自身已有经验上的再生和反省而领悟产生的自主性心理活动，这些变化促使内观者重新建构自己与外部世界的联结，修正从前错误的情感和认知。此外，内观非常重视对内观者个人历史的进一步挖掘，在监狱中实施内观改造项目，不仅能够对罪犯进行教育感化，同时也能够对罪犯个体进行全面和系统的评估。

## 内观观什么

内观，观的是客观事实而不是主观感受，观的是内观罪犯自身而不是内观这种矫治方法。这一点需要在内观前向内观罪犯反复说明。内观罪犯的内观，重在"观察自己"和体验，即使内观罪犯在内观的一周之中内心产生了很多的疑问，但是内观导引师需要告诉内观罪犯在内观中不要去专门研究内观究竟是什么，可以把这些疑问放在心中而在体验的过程中去寻找答案，如果在内观结束后仍有疑问，可在内观的集体讨论环节提出。

## 内观最重要的因素

内观中最重要的因素是内观罪犯内心的意愿和动机。事实证明，内观罪犯的内观动机越强，内观的效果越好，其思想和行为上的改变也越大。内观对其他方面的要求并不高，只要内观罪犯能够端正态度按照内观导引师的指导去一步步进行，就会有所收获。因此，在内观前需要向内观罪犯说明这一点，如果内观罪犯内心非常抵触内观却被强制而来，一般效果也不会大好。

## 如何进行内观

内观导引师需要告诉内观罪犯，内观就是换一种思维方式去看自己和看世界，因此需要内观罪犯在内观中放弃自己习惯的思维方式，完全按照内观的要求去进行思考和回顾，以发现在平常的生活中自己忽略掉的事实和细节。内观不是用感觉和猜想去看待某件事情，而是放下自己的价值观，通过客观发生的事实去重新审视自己的记忆，以发现之前的偏颇看法和主观偏见。内观罪犯需要紧闭屏风，在完全安静的环境中不被打扰，继而排除外界的干扰形成平静的心境，发现内心的知性。

在内观导引师面接时，内观罪犯需要按照标准的流程回答三个问题，重要的是需记住将要回顾的对象和时间段，每一个回顾时间段的经由对象和时间都是固定的。内观罪犯所回顾的事件并非越多越好，而是越深入、越具体越好。如果内观罪犯在内观导引师来面接之前就想好了三个问题，需要用"重新放电影"的思维方式把这个阶段的所想细节重现一遍。在内观中，除去特殊的环节之外，内观罪犯不能够用笔做记录，以免影响内观罪犯思考的深度。

【拓展阅读】

## 罪犯与内视观想改造项目

内视观想改造项目在帮助罪犯进步方面有着显著的成效。例如，罪犯张某因诈骗、行贿、贪污被判17年，他参加了北京市监狱的内视观想改造项目。在7天的独立密闭空间内，张某在导引师的引导下，系统回忆和反思了自己的人生经历，特别是在回顾与父母的关系时，他深感愧疚和后悔，认为自己给家人带来了伤害。经过这次深刻的内省，张某认识到了自己的罪错，痛彻心扉地道出了后悔感悟"我从来没有这样审视过自己，对家人、对社会、对自己我都亏欠了太多，今后我要好好改造，用行动回馈他们，这七天对我的帮助太大了"。内视观想让张某从"自我本位"转变到学会换位思考，促使他客观认识到自身的不足并激发改变意愿。许多像张某这样的罪犯，通过内视观想改造项目，对自己的过错有了清醒的认识，并积极投入到之后的改造生活中，实现了自我救赎和直面新生的目标。

**思考题**

1. 谈一谈你对内视观想改造项目的理解？
2. 内视观想改造项目回顾一般围绕哪三个问题展开？
3. 结合自己的经历，说一说内视观想改造项目可能在哪些方面帮助你？

# 二、经史合参改造项目

知之愈明，则行之愈笃，行之愈笃，则知之益明。

——朱熹

## 经史合参的含义

经史合参，又称"内视践行学习法"，这一方法将优秀传统文化与学习者的自身过往相结合，通过二者相结合的参悟理解做人做事的道理，进而达到自我检视、知行合一的目的。

经由经史合参的方式，入乎其内、出乎其外地体验经典作品的内义，再对照自己的身心、生活和事业，确定今后应该要走的路线和方向。可以由经典得到人生领悟，启发智慧，也从个人的人生经历中去验证经典中的智慧。

## 经史合参的具体内容

经史合参的具体内容主要有以下十一个方面：

（1）学前问卷。民警将通过问卷调查，引导学员根据问题进行学习前的自我反思，梳理自己的想法。

（2）诵读经典。以《论语·学而》为重点学习内容，首先全文诵读，了解人物关系，并尝试理解。

（3）抄写经典。按照规则对《论语·学而》进行抄写，要求不能写连笔字，要一笔一画地进行书写，不能出格，如有写错字、漏字、多字，包括标点符号写错，都必须另起一行，从第一句第一个字重头写，要求逐字书写，在抄写中磨炼心性，培养耐心。

（4）抄写经典分享。分享抄写经典的心得体会，对包括让自己有感触的内容及其他人分享的心得的分享和讨论。

（5）解读经典。对古文中最有感触的原文进行诵读。然后学员根据自己的理解对此句古文深入了解，并结合目前在服刑生活当中的经验总结出来的白话文进行诵读。诵读过程中有两种方法可供选择：可以选择先读书上的内容，再读别人的原文摘录当参考；也可以先读左侧别人的原文摘录当参考，然后读书，而后再把有感触的内容写在空白处。白话文部分也可以先不写，等对文章，慢慢累积，有更深入的了解后再写也可以。建议使用铅笔进行书写。读经典的过程要尽力做到身心一处，惟精惟一。最后对书中语句的本末、终始进行分析。

以下为一些摘录示例，是由学员从《论语别裁》[1]《孔子和他的弟子们》[2]中摘录的对《论语》的解释和感悟。

**原文**

子曰：巧言令色，鲜矣仁。

**范例**

每个人都喜欢被戴高帽子，人若能真正修养到被戴高帽子感觉不舒服，被别人骂，也和平常一样，这太不容易了。所以知道了自己的缺点和大家的缺点，待人的时候，不一定看到表面化的"巧言令色"。

你说素来不要名、不要钱，只讲学问，就有人来跟你谈学问。要注意，"上有好者，下必甚焉"，他那个学问是拿来做工具的，所以除了要懂"巧言令色，鲜矣仁"这个道理以外，相反地，我们做学问也要踏实，不能"巧言令色"。

仁是性情心性的最高境界，有体有用，必须要笃实履践才能做到。

"仁"之一字，是我们传统文化里一种至高无上的精神，尤其是儒家的学问，以完成一个人达到仁的境界为宗旨。

"巧言"是指巧辩之言，有些人很会说，讲仁讲义比任何人讲得都头头是道，但是却不脚踏实地；"令色"是指阿谀的态度，态度上好像很仁义，但是假的。"鲜矣仁"，很少有人能够真正做到"仁"这个学问的境界，因为那是假的。

仁不在于学理上的巧言思辨和外表的做作，仁是性情心性的最高境界，有体有用，必须要笃实履践才能做到。

---

〔1〕 南怀瑾：《论语别裁》，复旦大学出版社 2003 年版。
〔2〕 南怀瑾：《孔子和他的弟子们》，东方出版社 2016 年版。

我们做学问要踏实，不能"巧言令色"。

（6）读经典的分享。对读经典的过程中自己产生的感悟以及听到其他人分享产生的感悟进行分享和讨论。

（7）整理白话文。根据之前对经典的诵读和理解，整理白话文。

（8）编写剧本。根据整理出的白话文，进行剧本的编写。

以下为剧本开头、背景及人物介绍等部分的编写范例。

**剧本开头旁白**

春秋时期，整个中国的人口只有几百万人，孔子就有三千弟子。今天，众弟子又和往常一样，席地而坐，求学论道。首先孔子就教示了为学的精神与态度。

**背景及人物介绍**

历史背景：春秋战国时期社会动乱。当时，大家都重视权利的斗争，文化衰落。

有子：名有若，孔子的学生，字子有，少孔子四十三岁，孔子死后，学生们怀念孔子，因有子的学问好，曾请他上堂讲课。

曾子：名参，比孔子年轻四十六岁，曾子在当时孔子的学生中比较老实，不太说话，后来嫡传孔门道统。他著有《大学》。

子夏：子夏比孔子年轻四十四岁，他的名字叫卜商，以文字见长，文学非常好，又很虚心自谦，为人低调。孔子死后，在战国开始的初期，他讲学河西，在战国时期一般对时代有影响的大学者，受他的影响很大。

子禽：名亢，又字子元，少孔子四十岁。

子贡：名赐。子贡是孔子弟子中最出色的一个，子贡在孔门弟子中，不但是学问家，也是外交家、政治家，以现代观念来讲，也是工商界的精英。

学员分配角色，完成自己角色的白话文剧本。然后进行排练，每个人都要轮流扮演每个角色的白话文和古文版本，准备表演。重点是让学员通过扮演不同的角色（古文和白话文）来体会不同角色的心理，让大家更深入地体会不同角色的不同性格特点，加深对行文逻辑的理解。

（9）完成白话文剧本后开展分角色排练。确定角色后进行剧本的排练。

（10）进行表演。在反复排练体会后，进行表演。努力在表演中进行体悟。

（11）集体分享。将自己在排练和表演过程中领悟到的内容进行分享，并对他人的分享进行反馈。

【拓展阅读】

## 罪犯与经史合参改造项目

经史合参改造项目在帮助罪犯心灵重建与改正不良行为方面展现出了独特效果。罪犯李某，因抢劫入狱，长期封闭自我，对他人充满敌意。参与经史合参项目后，他深入研读古代经典与历史故事，从中领悟到人生的智慧与道德的重要性。在学习中，通过讨论《论语》中的仁爱思想及历史人物的正反案例，李某逐渐反思自身行为，认识到暴力不是解决问题之道。他的思想开始转变，对他人态度温和，积极参与集体活动。这一转变不仅改善了他的狱中人际关系，也增强了他回归社会后的适应能力。李某的案例表明，经史合参改造项目能有效促进罪犯道德观念的重建，为其重新融入社会奠定基础。

**思考题**

1. 谈一谈你对经史合参改造项目的理解？
2. 对传统文化的学习引发了你怎样的思考？
3. 在未来的生活里，你将如何做到知行合一呢？

# 三、愤怒控制训练改造项目

用愤怒来回应愤怒，得到的只能是愤怒。

——威廉·詹姆斯[1]

## 愤怒控制的含义

愤怒控制训练是指通过思维、言语、行动方面的训练，增强人们对愤怒情绪的控制能力的活动。愤怒控制训练起源于苏联心理学家鲁利亚的实验室研究。鲁利亚发明了研究情绪的新方法——共轭法，即把人内部隐蔽的情绪过程与外部显现的言语和行动过程联结起来。研究表明，内部言语可以调节外显行为。

## 愤怒控制训练基本程序

愤怒控制训练是一种包括激发因素、身体线索、愤怒减弱因素、提醒话语、自我评价等多个步骤的程序。在训练中首先要帮助受训者懂得，在产生愤怒的情绪下，人们是如何错误理解和解释别人的行为的。对受训者进行愤怒控制训练的目的有两个：第一，减少愤怒情绪唤醒的频率；第二，教授控制愤怒情绪的方法，使他们在产生愤怒情绪时能够加以控制，防止愤怒情绪的加剧和恶化。

## 愤怒控制训练基本方法

愤怒控制训练是一个由训练师起主导作用的过程，在这个过程中，要求训练师向受训者示范怎样恰当地使用愤怒减弱技术，这是愤怒控制训练的核心。训练师要指导受训者练习愤怒控制的步骤，也就是指导受

---

[1]　威廉·詹姆斯，美国心理学之父。

训者进行角色扮演活动，要对受训者是否成功地按照训练师的示范进行练习的情况给予反馈。要监督受训者在训练课程之后进行练习和实践，也就是要布置课外作业。根据戈尔茨坦等人的研究，愤怒控制训练的基本方法包括以下四种。

（1）示范。示范是由训练师讲解、演示愤怒控制技术以及使用这些技术的具体情境的活动。如果有两名训练师，那么，两个人都可以参加示范，其中一人主导，演示愤怒控制技术，另外一人担任合作者，充当激怒主导者的角色。如果只有一名训练师，可以在受训者中找一个人担任合作者角色。在这些情况下，进行简单的演示是很重要的，这种演示可以真实地展现在冲突情境中挑衅事件是如何发生的。

（2）角色扮演。角色扮演是指在示范后要求受训者根据示范在特定的情境中练习如何使用愤怒控制技术的活动。角色扮演的情境，可以是受训者犯因性情境，也可以是日常生活中常见的情境。在训练中假设一名受训者正处在某种冲突情境中，由这名受训者担任角色扮演的主要演员，他需要在团体成员中选择一个配角演员（合作者）扮演发生冲突的另一方，两人一起扮演在冲突情境中各自的行为反应。然后，训练师通过询问受训者很多问题，包括冲突发生的具体时间、地点等，确定角色扮演的剧情。主要演员要尽可能准确地应用愤怒控制技术演完剧情。

（3）表现反馈。在愤怒控制训练中，表现反馈是很重要的。在每次角色扮演之后，都应当有一段简短的反馈时间，以便让其他受训者评论主要演员使用愤怒控制技术的情况。这种表现反馈活动也给主要演员提供机会，使他们了解自己使用愤怒控制技术影响配角演员的情况，鼓励他们在训练课程之后尝试使用愤怒控制技术。

（4）课外作业。课外作业是指受训者在训练课程结束之后需要进行的演练工作。愤怒控制技术不仅要在进行训练的课程期间进行演练，也要在训练课程结束之后加以演练。在两次训练课程之间，要求受训者完成一定的课外作业是很重要的。

# 愤怒控制十周训练

第一周：用心相聚。介绍项目的有关情况，明确个体与团体的目标，制定团体规则，签订矫治协议。

第二周：激惹因素。识别生活中常见愤怒激惹因素，完成激惹因素等级表，正确理解内外激惹因素在愤怒中的作用，及时察觉激惹因素的存在。

第三周：愤怒 ABC 模式。理解 ABC 模式的含义，学会觉察愤怒情绪来临时的身体线索，掌握《烦恼日志》的填写方法。

第四周：减弱因素。学会使用深呼吸、倒着数数、愉快想象等愤怒减弱因素，并在生活实践中不断使用。

心灵贴士

仇恨的怒火，将烧伤你自己。
——莎士比亚

第五周：提醒话语。了解自我暗示的基本原理、表现与积极作用。探索并完成符合自己的自我提醒话语，并进行训练。

第六周：自我评价。了解、掌握自我评价的原理、表现及积极作用。通过强化训练，逐步建立自己的愤怒控制自我评价系统。

第七周：事先思考。学习掌握愤怒控制的事先思考法。降低愤怒的唤醒水平，减少攻击行为发生。

第八周：愤怒循环。介绍愤怒循环的知识和意义。改变易引发他人愤怒的言语和行为。

第九周：综合评价。帮助成员对已学的各种愤怒控制方法进行评价，找到适合自己的方法。

第十周：结束训练。使用情景模拟，检验成员的愤怒控制能力及使用非暴力行为解决问题的能力。总结个人的收获与成绩，结束训练。

【拓展阅读】

## 罪犯与愤怒控制改造项目

愤怒控制改造项目在帮助罪犯控制情绪、减少攻击行为方面取得了显著成效。罪犯陈某因情绪失控，被判危害公共安全罪入狱，经常与同班组罪犯发生冲突。参加愤怒控制改造项目后，陈某学会了识别愤怒的先兆，掌握了深呼吸、倒数计数等愤怒控制方法。通过系统训练，陈某逐渐能够冷静应对冲突，与他人的口角明显减少。他认识到愤怒不是解决问题的有效方式，开始积极调整心态，参与教育改造的积极性显著提高，为他日后回归社会、控制情绪奠定了良好基础。这一实例充分展示了愤怒控制改造项目在促进罪犯情绪管理、减少攻击行为方面的积极作用。

**思考题**

1. 谈一谈你对愤怒控制改造项目的理解？
2. 你有控制愤怒情绪的小技巧吗？
3. 服刑生活中怎么控制愤怒情绪？

# 四、积极行为养成改造项目

> 习惯是你每天做出的小决定和采取的行动。你今天的生活
> 本质上就是这些习惯的总和。

——莫里斯·达菲〔1〕

## 积极行为养成的含义

变化的世界，不变的追求！无论世界如何变化，追求幸福始终是每个人一生永恒的主题，即使人生各异，幸福不同。通往幸福人生的路上，总有一些规律可以遵循，总有一些习惯需要培养。人们常说：我们培养习惯，习惯塑造我们。可见，无论什么人，年龄几何，积极习惯的培养都尤为重要。世间积极习惯无穷尽也，岂能学完？但总有些重要的积极习惯，能帮助个人提高独立自主的能力，能引导你在人际交往中互利共赢，能给予你智慧轻松高效地融入社会（家庭、集体、国家等），最终实现自我价值和社会价值。

积极行为养成改造项目正是基于以上思考，以儒家思想"内圣外王""积极入世"的文化精髓为基石，借鉴史蒂芬·柯维博士的经典著作《高效能人士的七个习惯》，参考积极心理学之父马丁·塞利格曼的《真实的幸福》以及泰勒·本-沙哈尔博士的《幸福的方法》等著作，结合中国人的思维逻辑和文化传统，以及课程研发者16年的一线教学实践积累和理论思考，最终整理研发而成。

积极行为养成改造项目架构沿着"人（个人成长）—从（人际交往）—众（融入社会）"三字逻辑主线，以解决人生实际问题为导向，借助"以终为始，自主抉择，行事高效"3个习惯的练习，旨在提高个人独立自主的能力；借助"双赢思维，有效沟通，创造性合作"3个习惯的练习，旨在提升人际交往中达成互利共赢的能力；借助"顺时应

---

〔1〕 莫里斯·达菲（Maurice Duffy），思维教练，英国桑德兰大学创新与创业客座教授。

势，不断更新"2个习惯的练习，旨在利于个人在融入家庭、集体、国家等社会生活中实现个人价值和社会价值，最后积极拥抱变化，不断探索创新，辅以每周"三省吾身"，开启新人生，在螺旋式上升中提升幸福感。通往幸福人生的路上，个人成长是基础，人际交往是途径，融入社会是目标，实现价值是宗旨。

## 积极行为养成六步骤

沿着"觉察—学习—思辨—践行—悟得—固化"的步骤推进，即通过自省觉察活动，找到那些当下正困扰自己的突出问题或困境，以问题为导向，激发改变意愿；然后分别对标8个积极习惯，采取"拿来主义"学习练习方法；之后思考辨别该方法的针对性和适用性；然后亲自去实践应用；及时回顾、总结，悟得一套适合自己的解决问题的方法；最后坚持应用，固化为一种无意识的习惯。

## 个人成长的三个习惯

个人成长过程中，你是否存在如下困惑：对于未来，感觉很迷茫，人活着的价值和意义在哪里，怎样做才能实现真实的价值追求；在具体事件的抉择问题上，患得患失，犹豫不决，即使勉强接受也是意愿不强；行事方面，分不清轻重缓急，抓不住重点，结果荒废时光，碌碌无为。带着这些问题，通过本部分内容的学习，也许能给予你启发和帮助。

习惯一：以终为始。通过"对100元人民币的识别""假如我的生命只剩下30天""结合自己的三个终极价值"等活动，帮助学员理解并能识别什么是工具、工具价值、终极价值。能利用"向死而生"心灵体验的方法，找回内心深处真实的几个终极价值。根据自身真实的终极价值制定阶段性实现目标，并分别赋以时限。最终明确要以幸福为目标，以真实的终极价值为构成要素，阶段性推进，这就是以终为始的真正内涵。

习惯二：自主抉择。所谓自主抉择，就是根据自己的实际情况，主动识别问题（事件）类别，然后做出果断的抉择。课程中能利用"四圈"归类法自主抉择，明晰态度。掌握并能应用"双火车头原理"解决生活中的意愿不强、动力不足问题（事件）。使学员了解既然接受挑战，那就鼓起勇气，对自己说：我想改变！因为前方有美好的愿景在召唤，后方有难以承受之后果在推进。当然，要坦然接受自主抉择后的各种后果。总之，有勇气改变可以改变的事情，有胸怀接受不可改变的事情，有智慧来分辨两者的不同。

习惯三：行事高效。生活琐事千万件，总有些事情自认为重要或不重要，紧急或不紧急，因人而异，标准不一。当我们静下心来回顾反思，可能会发现，时间精力与重要事件配置错位，也许大把时间精力用在了不重要不紧急或者不重要却又紧急的事件上，结果荒废了青春年华。行事高效就是要通过学习能识别事件"重要"或"不重要"，"紧急"或"不紧急"。利用"时间象限"掌握时间管理理论精髓，始终站在有利和提速实现终极价值的高度，统筹推进各项事件，使前进路上每一个阶段都卓有成效。

# 人际交往的三个习惯

人际交往过程中，你是否存在如下困惑：与人交往小心谨慎，担心对方强了自己就弱了，对方赢了自己就输了，内心认可人与人交往是一种零和博弈，结果导致交往很难深入发展；感觉自己总是不被人理解，甚至被误解，与人沟通不畅；与合作对象彼此不信任或信任度差，加之认知、性格等差异，很难形成合力，更别谈创造性合作了。带着这些问题，通过本部分内容的学习，也许能给你提供一些方法，提升人际交往成效。

习惯一：双赢思维。人不可能独立存在，需要与人交往，不仅是物质互补，更是精神需要。无论与人交往，还是与人合作，首先需要积极合理的思维方式，它是人际交往的前提和基础。本着双赢思维、利人利己出发，交往和合作才有基础，并可持续发展。学员将通过本次课程学习了解人际交往中的六种思维方式：（1）利人利己。（2）独善其身。（3）损人利己。（4）舍己为人。（5）两败俱伤。（6）好聚好散。通过本次学习理解双赢思维的内涵。同时掌握达成双赢的四大步骤：
（1）透彻了解对方与自己交往或合作的真实需要和顾虑。（2）厘清自己的真实需要和顾虑。（3）消减顾虑，寻求彼此都能接受的结果。
（4）商讨达成结果的各种可能途径，并能应用到谈判交流中，促成互利共赢。

习惯二：有效沟通。人际交往，即使不能达成双赢，也可以选择好聚好散。当然，要达成互利共赢，仅有共同的意愿还不够，需要卓有成效的沟通，唯有先了解关心别人，才能得到别人的理解。本次课程将通过情景模拟使学员了解人际沟通中容易出现的四大障碍：（1）是非判断。（2）触窥隐私。（3）好为人师。（4）自以为是。在交往中有意识降低或消除其影响。掌握同理心倾听五步法：（1）听清语句。（2）听到内容。（3）听出感受。（4）感同身受。（5）共寻方案。通过这些学习模拟，进而提升沟通成效。

习惯三：创造性合作。人际交往要达成目标，仅有共同的意愿、有效的沟通技能还不够，彼此之间信任度几何，是否尊重相互的差异，往往决定了合作成效的有无、大小。这时创造性合作就尤为重要，其精髓就是基于信任，尊重差异，取长补短，不断融合，使合作效益最大化。本次课程首先引入合作中"信任"这一最重要的概念，将人与人之间的信任程度比喻为"信任账户"，通过模拟存取款过程，帮助学员认清信任的重要性，基于彼此的信任，尊重并利用相互的差异，取长补短，优势互补，抱着融合的心态，最终达成合作效益最大化。

## 融入社会的两个习惯

融入社会过程中，你是否存在如下困惑：回顾过去，后悔当时没识别出或没把握住机会，很多次错失良机；很难融入家庭、集体等群体生活，感觉自己与众不同，曲高和寡；人生前进路上，要么抵挡不住诱惑，要么战胜不了困难，曾经的坚持最终选择了放弃，从此不思进取，得过且过，了却一生。通过本部分内容的学习，相信你能找回那份韧劲和自信。

习惯一：顺时应势。人之于社会，犹如鱼之于水，水为鱼提供了生存的基础，也为鱼提供了愉悦生活的空间。作为社会人，其价值的大小取决于他对家庭、集体、国家等社会的贡献力。贡献力越大，他的价值就越大。通过学习顺时应势五步法：（1）看清形势。（2）识别机会。（3）角色定位。（4）贡献力量。（5）获得所需。最后，了解掌握"和而不同"的内涵及其在生活中的应用，帮助学员懂得唯有把握时机，顺势而为，我们才能较快、卓有成效地融入家庭、集体、国家等社会生活，同时也要做到和而不同，最终实现个人的自我价值和社会价值。

习惯二：不断更新。在变化的世界里，没有一劳永逸、永恒不变的模式，唯有不断更新，才能为幸福人生注入不竭的动力，彰显生命的价值。在本次课程中学员将理解挫折具有两面性，增强化消极为积极、化阻力为动力的意识，在不断战胜挫折的过程中，强化意志。掌握突破思维定式的四种方法：（1）头脑风暴。（2）逆向思维。（3）再次整合。（4）关联迁移。掌握并应用每周"三省吾身"。最终建立实现自我价值和社会价值的信心，突破自我，成为新人，跨入新生。

【拓展阅读】

## 罪犯与积极行为养成改造项目

积极行为养成改造项目成功帮助了众多罪犯实现自我转变。罪犯赵某，曾因盗窃罪入狱，入狱初期表现消极，缺乏改造动力。参加积极行为养成改造项目后，赵某在民警的导引下，运用"自主抉择"的方法，逐步为自己树立"规律作息、积极劳动、主动学习新技能"的改造目标，随着自身的不断进步，他得到了来自民警和其他罪犯的鼓励，正面强化他要通过积极改变可以获得尊重和更好的未来，达到"以终为始"的目标，并根据自身情况，不断调整状态，以求"不断更新"。除此之外赵某还学会了情绪管理和人际沟通技巧，他与其他罪犯的关系得到改善，整体表现显著进步。释放后赵某在社会上找到了新工作，开始了新的人生。这一实例充分展示了积极行为养成改造项目在帮助罪犯重新塑造自我、实现正向转变方面的重要作用。

**思考题**

1. 谈一谈你对积极行为养成改造项目的理解？

2. 积极行为养成改造项目的八个习惯都有哪些？

3. 你觉得要如何把积极行为养成融入自己的改造生活？

# 五、正念训练改造项目

> 正念，是指一种有意识地觉察当下发生的体验，包括身体的感觉、情绪、想法和念头。它是一种将注意力集中在当下，而非过去或未来的状态。

> ——乔·卡巴金

## 正念训练的含义

在当代的心理学研究中，"正念"是指"觉知当下"的意思，意味着以一种特定的方式去留心。"正念"这一术语在一些冥想实践练习中逐渐为人们所熟知。由于正念冥想主要强调对个体自身的身、受、想、识保持时时的觉知和观照，可以将正念看作一种心理过程、一种结果、一种心理调节方法，也可以将正念看成一种倾向性或心理特质或认知能力。正念不是散漫的认知状态或过程，而是全然地注意并接纳当下的目标对象（如呼吸、身体感受、想法）的状态，同时正念是一种随时都清楚生活的真正目的并以此为行动指南的态度，而不仅仅是注意到当下所发生的每件事情，更重要的是能够随时把非评判的觉知带入当下正在发生的每件事情中去。正念到底包含哪些核心要素呢？一般认为正念包含三个核心元素：觉知、体验当下、接纳。

正念作为一种冥想练习的结果或状态，它不是某种神秘莫测的东西，而是一种常见但很重要的能力或心理品质。正念不仅是一个医学与心理学的减压工具与技术，而且为我们在理解身体痛苦与精神痛苦之间建立了联结，为我们现代的卫生保健提供了一种智慧、一种平等的、去自我中心主义的、深度接纳的、平和而向善的人生态度与存在主义哲学，这种意义与宗教本身无关。

生命只在一个又一个的"当下"中展开，如果在这些"当下"中的许多时候没有全身心参与，那么人们就会错失很多生命中宝贵的东西，并且无法领略人生的丰富和深邃。忽视"当下"，深藏于心的恐惧感就会不知不觉地带来很多问题，这些问题往往会逐渐累积，天长日久，我们就会对自己丧失信心，从而无力获得幸福和健康。正念训练提供了一个简单有效的途径，让人们摆脱这种困境、再现智慧、重获生机，人们可以借助它掌控人生方向、把控生命质量，掌控和世界的关系，尤其是与自己的关系。

正念训练不会与任何信仰或传统发生冲突，也不会将任何东西强加于人，更不会兜售新的信仰或意识形态，它只是一种训练方式，通过系统地自我观察和探索使人更全面地把握自己。

正念训练主要通过静心观照、身体扫描、躯体拉伸、正念饮食、正念行走等练习，引导练习者回到"当下"，跟自己身心重新联结，了解造成身心困扰和情绪烦恼的旧有模式，调动自我调整和疗愈的潜在力量，在困境中为自己打开一扇大门。

## 正念训练的基本原则

正念训练远不像看上去、听起来那么容易，它是一个艰难的历程。它需要不断地练习，考验人的意志品质，因为我们要时刻与我们的惯性思维做斗争，这种惯性思维往往是无意识启动的，像自动化的程序般，总是自然而然地开启，像是本能一样。不仅如此，惯性思维还需要初学者克服不适，比如坐姿、环境等问题。所以正念是一个知易行难的过程，必须有坚定的信念，百分之百的努力，才能让正念之光照亮自己的身心。然而，仅凭决心和努力，显然难以对抗人那无法平息的思绪，对于正念练习者来讲，以下的基本准则是必要的。

"当下即是"的原则，"当下即是"就是要帮助人们觉察自己那颗不安的心，呈现出到了哪儿，人就在哪儿的状态，我们便可以舍下过去、未来，在当下的、此时此刻的状态中觉醒。比如，在正念练习中，由于想有作为这种习性的存在，人们常常会问自己，何时能有放松、美好、积极的体验，我该怎样做才能达到那样的状态呢？若是没有得到满意的答案，正念练习就会动摇。这种现象对练习者而言非常普遍，所以一定要把握"当下即是"的原则，全身心投入练习中，与每一时刻建立紧密的联系，不问结果，享受当下即可。

"念出入息"的原则，正念指引我们将注意力关注在当下，然而很快你就会发现头脑中有无数个念头出现，根本无法集中注意力，所以，要让你的注意力有个聚焦的目标，当心念跑开时，可以带回来，念出入息就是最好的焦点，当我们感知自己的一呼一息时，就已经全然置身于此时此刻了，这种对呼吸的感知，并不是要你控制呼吸本来的节奏，只是单纯地呼吸，与日常生活别无二致。不需要试图获得什么感觉，没有对错，没有技法。

"耐心"的原则，如果把正念比作种子，那么耐心就是能滋养种子的土壤。显然，越耐心，土壤就越肥沃，个体就会收获更多正念。培养耐心的同时，几乎无法不培养正念，若此时此刻你并不试图要去哪里了，自然就会有耐心了。耐心并不是说你只能以稳定的脚步慢慢走，相反，耐心的同时，你同样可以加快脚步，甚至跑起来，只不过即便是跑起来，仍是带着正念在跑，不去预想结果的跑，这样不但能提高做事的效率，反而变得更有耐心。无论是坐、卧或是跑，只是全然的觉察当下的每一时刻，这便是培育耐心，滋养正念。日积月累后，这种耐心与正念，会对生活的方方面面产生积极影响。在练习正念中，我们的意志力会不断受到挑战，经常会感到耐心用尽了，压抑不住愤怒，不妨深呼一口气，而后静静地觉察自己的情绪，慢慢会感受到平静、耐心给了我们很大力量。

"放下"的原则，放下是个体下意识的决定，意味着对当下的所有体验完全接纳。不再因为喜欢或是厌恶，而强求或是放弃什么。通常我们会被渴求外界事物的欲望缠住，手紧抓着欲望不放，心也紧抓不放，拼命抓着狭窄的观点来困住自己。当深陷泥潭之际，仍旧在衡量某些事件的好与坏，一直纠缠于此，非常痛苦。如果在正念练习中，能秉持放下的原则，平静地觉察自己的喜欢或厌恶，好似旁观者一般，这种远离我执的状态，便会滋养出更多的正念。

"不批判"的原则，在正念练习过程中，我们会发现我们总是与评价有着割舍不断的联系，因为我们总是会忍不住问：这样做对吗？好吗？老师说的体验跟我的一样吗？我距离老师说的那种体验还有多远？种种类似的问题，无不反映出我们的评价与练习过程如影随形。这种评价态度追根究底是由于我们想要有作为。如果对事情评价为有利，那么内心就喜悦，接下来就会谋划怎样让这件好的事情长久地围绕自己。如果对事情的评价为不利，自然就会产生厌恶的情绪，而后想办法压抑或逃避这件坏事情。如果这件事情对自己来讲既不好也不坏，那么就会很快消失在你的意识中。倘若能以一颗不加评判的心去看待一切，以事情本来的面目看待它、体验它，该是何等地自在。当然，批判深存于我们的天性，不可避免，但我们仅仅注视身心出现的状况，去认识它，不回避，也不追求。

"信任"的原则，当我们不了解将来会发生什么时，如果你相信自己，那么你将不会体验到焦虑、害怕等负面情绪，相反，你会在信任这块沃土上滋养出安全感、开放性。修习正念时，信任感非常重要，只有相信自己有能力与自己建立联结，有能力时刻与真实自我同在，有能力保持稳定的觉察，我们才会体验到正念的状态。否则，只能是望梅止渴。然而，信任感又可以通过正念练习来培育。首先从可以信任自己的地方入手，如果没有，则继续单纯地觉察自己就好。

**正念吃葡萄干**

带着好奇、开放的态度，通过调动人体各个感官来品尝一颗葡萄干，感觉这颗葡萄干的褶皱、口感、色泽、味道。从而练习直接体验到，我们在日常大多数时候，都是不知不觉地行事。如果我们对于当下有更多的觉察，将自己的注意投入当下，如实地感受，我们可以发现很多未曾发现的细节。

**身体扫描**

躯体扫描的练习是练习以好奇和开放的态度，依照一定顺序移动注意力并观察自己身体每个部位的感受，保持对身体感受客观的觉察。

**正念观呼吸**

正念观呼吸即把自己的自然呼吸作为观察对象，观察呼吸的过程、变化的一种训练方式。

**正念瑜伽**

正念瑜伽是指在进行身体拉伸运动的过程中，有意识地引导自己的注意力，觉察自己的身体姿势，感受可能出现的任何情绪和想法。以下是正念瑜伽的基本动作，可以根据图示自行练习。

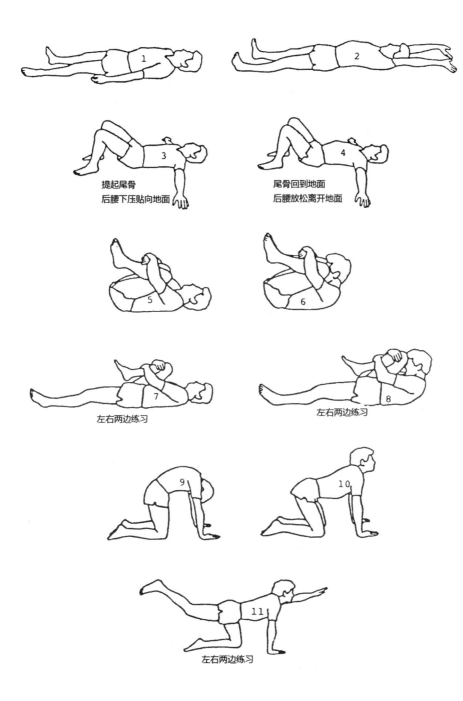

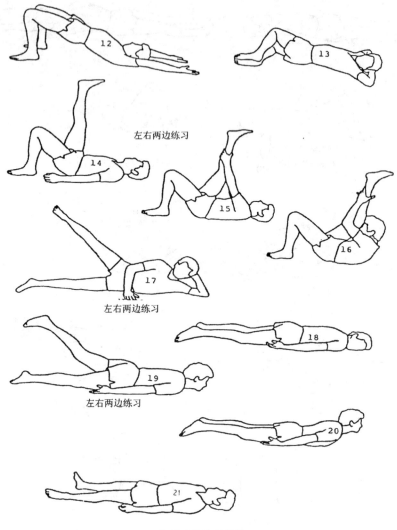

△ 正念瑜伽示意图

**正念行走**

正念行走是将行走过程作为观察对象的训练方式，既可进行正式行走，又适用于日常散步。正念行走作为一种练习，有助于自己更好地觉察到身体的感受，回归当下。

**正念听声音**

正念听声音是将声音作为觉察对象的练习。我们每天都置身于环境之中，每天都能听到这些声音，正念听声音练习能够提供一种方法，让

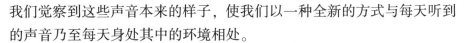

我们觉察到这些声音本来的样子，使我们以一种全新的方式与每天听到的声音乃至每天身处其中的环境相处。

**正念觉察**

正念觉察即把自己的想法作为观察对象，觉察想法的形成、发展和消失的一种训练方式。

**日常生活的正念**

正念可以同日常生活很好地融入在一起，让生活受益。生活中的正念可以从每天醒来的时候开始。睁开眼睛，可以先花点时间感受一下自己的呼吸，观察体会自己躺在床上时身体的感受、房间的布置、空气的温度、周围的声音。准备好了之后，可以有意识地起身、穿衣。一切都可以像平生第一次做一样。

**【拓展阅读】**

## 罪犯与正念训练改造项目

罪犯是一个失去自由、远离社会、接受刑罚和改造的特定群体，也是一个心理问题高发的群体。正念训练是一种心理调节的有效方式，它强调借助自我疗愈的力量，通过自我观察、自我接纳和自我管理，实现由内而外的改变，这种特点更适合狱内罪犯来调节内心平衡。

越来越多的国内外研究聚焦于正念训练对罪犯所进行的干预，这些研究中，有的关注罪犯的心理健康，有的关注罪犯的人格转变，有的关注再犯罪率的降低，多数研究都表明正念训练具有积极作用。在技术层面，正念训练对罪犯的影响主要表现为可以改善他们的情绪管理和自我管理效能，提升了罪犯的自尊感和处理应激的能力，并且不同程度地降低了罪犯的敌意和攻击性。

在国内的监狱系统中，正念训练的应用已呈现出一定规模。研究表明，正念训练能够提高罪犯的整体心理健康水平，并且能有效降低男性罪犯的攻击性并有效改善其睡眠质量。

## 来自罪犯的声音

正念训练鼓励参与者写出个人练习感悟,下面列出了部分有代表性的罪犯练习感悟报告。(为了还原个人报告的真实性,此处对原始语言进行保留,部分用词或语法可能存在错误。)

"这种感受是美妙一刻,静下心来,按要求去做每一个动作。它不仅给你带来一种舒心感觉和享受,同时也教会了你怎样去面对今后的人生路,怎样面对坎坷和一些处理各种事物的方式、方法。人的一生不是平静的,有许多喜怒哀愁,只有静下心来去面对,去耐心处理,一切问题都能化解。"

"自从参加正念训练,这三周内,我感悟很深。天天能够按照训练课程去复习,感觉很好。睡觉和心情都比原来好了很多。"

"在正念减压课程练习中,我深深体会到了课程的真正作用。在入睡前,练习最起码将我的睡眠改善了,可以安然入睡了,而且半夜也不总起夜了。第二点就是,我以前脾气很暴躁,自从上了正念课程以后,脾气变得温和许多,也能控制好自己的脾气了,自己的身心健康得到了改善。"

"使自己放松了身心,感到这一周心情特别愉快,心里时时刻刻都很痛快。"

"对我本人的身体、身心、心态、动作、行为、言谈,都具有修饰作用,改变心态,对一种事物首先接纳它,不要定性事物本质,接纳使身心留有余地,身心转变,减少态度火暴、浮躁的情绪。"

"通过三周正念训练,我受益匪浅,清醒地觉知到我们活在此时此刻,珍惜现在所拥有的一切,也充分说明了监狱对我们这些罪犯的关注,通过此课程来缓解压力,放松心情,虽然我现在身处逆境,但我相信努力改造,积极配合教育,一切都会过去的,有时间我一定练习,谢谢监狱给我们这个机会。"

"学习正念,让我感到对身心都有好处,让我怎样能静下心来,从心里感觉身体每个部位的状态,比如痛麻、出汗,这样的练习对心理帮助很大。让自己静下心来,学到一个正确的心态。"

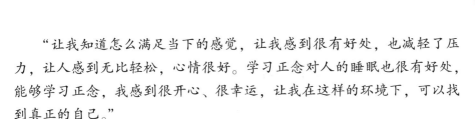

"让我知道怎么满足当下的感觉，让我感到很有好处，也减轻了压力，让人感到无比轻松，心情很好。学习正念对人的睡眠也很有好处，能够学习正念，我感到很开心、很幸运，让我在这样的环境下，可以找到真正的自己。"

"我学习这个真的很好，对我们身心健康很有益。我以前总是睡不着，学了这个之后，睡得也香了，一觉到天亮。以前晚上，总要去放茅，现在都不用去了。学习正念让我清醒地觉知到生活每时每刻都充满着诗情画意，让我们更好地活在当下。"

"我觉得这个正念课程还可以，开始我是抱着随意的心态，从学习到现在这段时间，我发现我有点喜欢这个课程了，自从学习正念训练，我觉得睡觉好多了，一觉醒来到天亮。"

"我清醒地认识到正念的含义，当我每时每刻在正念我的每一个动作和每一个举动时，我才感受到心旷神怡、豁然开朗、神清气爽，活在当下，我们每个人都应该从新开始。"

**思考题**

1. 谈一谈你对积极行为养成改造项目的理解？

2. 你觉得什么是正念改造？

3. 你会每天坚持进行正念练习吗？

# 六、接纳承诺（ACT）改造项目

当我们接受并理解我们的经历、痛苦以及所有感受时，我们会收获到一种新的智慧。

——《自在的心》

## 接纳承诺（ACT）的含义

接纳承诺（Acceptance and Commitment Therapy，ACT），是新一代认知行为疗法中最具代表性的经验性行为治疗方法，通过正念、接纳、认知解离、以自我为背景、明确价值和承诺行动等过程以及灵活多样的治疗技术，帮助大家增强心理灵活性，投入有价值、有意义的生活。

接纳承诺疗法是由美国著名的心理学家斯蒂文·海斯（Steven C. Hayes）教授及其同事于20世纪90年代基于行为疗法创立的新的心理治疗方法，是继认知行为疗法后的又一重大心理治疗理论。它的核心是关于采取行动的行为疗法。首先，它是以价值为导向的行为。其次，这是有关"正念"的行动：全然地觉察，有意识地采取行动，以开放姿态接纳所有经验，全身心地投入到你正在做的每一件事情当中。

## 接纳承诺与生活的关系

接纳承诺已经被科学证实在很多情况下都是有效的，包括焦虑、抑郁、强迫症、社交恐惧症、广泛性焦虑障碍、精神分裂症、边缘性人格障碍、慢性疼痛、吸毒、癌症的心理疗法、体重控制和糖尿病的自我管理等。这个疗法更能为不可避免的生命痛苦创造空间，更能够从无益的想法、信念和记忆中解离出来，并且无论他们正感受着什么，都更能够感恩他们生命的每一刻时光。活在当下，与价值相连，给生命中不可避免的痛苦留出空间，能够更多地与毫无帮助的想法、信念和记忆解离；能够采取更多的有效行动去面对情绪上的不舒服；能够更多地投入到他们现在正在做的事情中；无论是什么样的感受，都能享受生命中的每个时刻。谁不会从以上的这些事情中获益呢？心理灵活性带来了这些益处，并且将会带来更多益处。因此，接纳承诺似乎关系到我们每个人，具有普适性。

## 接纳承诺的基本原理

当你容易产生服刑压力、焦虑抑郁等不良情绪，同时还可能伴有抗拒心理，不愿融入当前的改造生活，接纳承诺（ACT）改造项目针对以上问题有着非常显著的作用和意义。

一是接纳承诺从六个维度出发，促使罪犯身心体验和觉察，通过丰富有趣的团体心理活动，帮助他们走出心灵的监狱，接纳犯罪事实，接纳焦虑、后悔、愤怒等情绪反应，不跟这些事实、情绪、想法对抗，不挣扎，接纳自己的情绪反应，把时间和精力用在如何过好自己在监狱里的生活上，把这段人生低谷的经历转化为走向新生的动力，摆正三观，得到身心的提升。

二是接纳承诺会进行认知解离，把人与想法分开。帮助罪犯意识到这只是一个想法，只是头脑里的一个念头，不是真理，也不是事实。进过监狱不可怕，从哪儿跌倒再从哪儿爬起来。出现想法时告诉自己那只是一个想法而已，智慧地把自己和想法分开，而不是让想法支配行为。

三是接纳承诺教给人接触当下的能力。即活在此时此地，对我们体验的全然意识，而不迷失在我们的想法中。在服刑改造生活中，很多罪犯缺乏自我觉察能力，与他们当下的体验脱离，对现实生活不满，接纳承诺可以帮助罪犯提升对当下的有意识觉察，使他们能够准确地把握此刻正在发生着什么，收集重要的信息来决定是改变还是坚持行为，增加效能感和满足感。

四是接纳承诺帮助自己理解"以己为景"的概念，是以观察想法和情绪的"视角"，是一个想法和感受可以在其中移动的"空间"，也是使罪犯客观看待自己的角度。使他们理解"物理的自我""思考的自我"及"观察性自我"的概念，看着曾经的自己和现在服刑改造的自己是同一个自我，没必要被任何角色、概念束缚。

　　五是整个接纳承诺依赖于有效性概念。在项目过程中，使用有效性激励罪犯，不强制、劝说或说服他们改变。而是直接让他们看到行动的结果，允许他们选择自己的方向。这样的安全、宽容、轻松的方法和氛围，让罪犯更容易接受，能够更客观地评估他们的行动，从而让服刑生活变得有意义、充实或有活力。

　　六是构建和谐人际关系，进而增强班组凝聚力。通过参加接纳承诺改造项目，罪犯可以很好地掌握促进心理灵活性技巧，能够着眼于当下服刑改造，正确面对改造生活中出现的各种矛盾，从而构建和谐班组，达到改造项目与班组建设有机结合的目的。

## 接纳承诺改造项目的核心内涵

　　接纳承诺疗法每期共8次活动，每次活动约2小时。活动的核心是行为疗法，它是关于采取行动的。首先，它是以价值为导向的行为。其次，这是有关"正念"的行动：全然地觉察，有意识地采取行动，以开放姿态接纳所有经验，全身心地投入到你正在做的每一件事情当中。最后，本项目的重点是通过训练，尝试去接纳那些你无法控制的，然后承诺采取那些能丰富自己生活的行动。建立起生活的核心目标，帮助我们开创丰富、充实且有意义的生活，同时接纳生活中那些不可避免的痛苦。

## 接纳承诺核心过程

　　活在当下：有意识地与此刻发生的一切建立联结并投入其中。

　　认知解离：与自己的各种念头、想象和记忆保持距离。

　　接受现实：意味着以开放的态度为各种痛苦情感、感受、冲动和情绪腾出空间。我们不去与它们斗争，给它们喘息的空间，接纳它们的本来面目。

　　以己为景：即观察性自我。当你走过人生的不同阶段，你的身体可以改变，你的想法可以改变，你的感受可以改变，你的角色也会发生变化，但是你能够注意和观察这变化的一切，你在这一点上始终没有改变。

明确价值，即知道什么是重要的。在你的内心深处，你想要的生活是什么样的？在更为广阔的背景下，什么对你真正重要？价值具有渴望持续行动的特点。换句话说，价值勾勒出人们在多大程度上本着持续的态度想要去行动。明确价值对创造有意义的生活至关重要。我们通常把价值比喻为指南针，因为它们为我们指明了方向，指引我们不断前行。

承诺行动，即"为所当为"。意味着在价值的引导下采取有效的行动。能明确我们的价值就已经相当不错了，但我们只有通过采取与价值相一致的持续行动，生活才会变得丰富、充实、有意义。承诺行动意味着"为所当为"，即按照我们的价值去生活，即便这样会给我们带来痛苦和不适。

△ 接纳承诺（ACT）的心理治疗过程

## 【拓展阅读】

# 罪犯与接纳承诺（ACT）改造项目

以女子监狱罪犯张某为例，她曾因诈骗罪入狱，情绪焦虑且对未来充满迷茫。参与接纳承诺（ACT）改造项目后，她学习了接纳现实、明确了个人价值，并承诺采取积极行动。通过认知解离技术，她逐渐解开了内心的纠结，开始正视自己的罪行，并积极参与改造活动。项目中的团体活动让她学会了情绪管理，改善了人际关系。她逐渐变得开朗自信，不再逃避现实，而是积极规划未来。最终，她的改造表现得到认可，提前获得了减刑的机会。这一实例充分展示了接纳承诺（ACT）改造项目在帮助罪犯增强心理灵活性、实现自我转变方面的重要作用。

**思考题**

1. 你将如何与过去的自己和解并着眼于未来付出行动？

2. 通过对 ACT 六边形治疗过程的学习，哪一部分对你触动最大，引发了你的思考，你需要加强体会？

3. 通过这一篇的学习，请说一说你对改造项目的理解？

4. 结合自己的犯因，你对本篇介绍的哪个改造项目最感兴趣，你想加入改造项目学习小组吗？

**推荐书目**

1.《沟通的艺术》，罗纳德·B. 阿德勒、拉塞尔·F. 普罗科特，世界图书出版公司 2015 年版。

2.《你要如何衡量你的人生》，克莱顿·克里斯坦森等，吉林出版集团有限责任公司 2013 年版。

3.《原生家庭生存指南》，奥利弗·詹姆斯，江西人民出版社 2019 年版。

4.《爱的五种语言》，盖瑞·查普曼，江西人民出版社 2018 年版。

**推荐电影**

1.《82 年生的金智英》（2019 年），金度英执导。

2.《小妇人》（2019 年），格蕾塔·葛韦格执导。

3.《婚姻故事》（2019 年），诺亚·鲍姆巴赫执导。

4.《寻梦环游记》（2017 年），李·昂克里奇、阿德里安·莫利纳执导。

5.《血战钢锯岭》（2016 年），梅尔·吉布森执导。

第六篇

自我调适

　　有道是"求人不如求己"，你可知道：心理咨询师的任务也只是要"助人自助"，让你自己发掘和运用自身的资源去解决问题。烦恼、忧愁、情绪起伏，每个人都经历过，"心病还需心药医"，只要学会一些常用技巧，人人都可以当自己的心理医生。

【阅读提示】

　　1. 鼓起面对挫折的勇气，学会以平和心态面对逆境。

　　2. 掌握有效应对和排解不良情绪的实用方法。

　　3. 学习构建内心和谐的技巧，运用放松方法缓解心理压力。

　　4. 认识自我调适对服刑生活及个人成长的重要性，主动调整状态。

　　5. 培养积极心态，发现生活中的美好与希望

# 一、人生不如意十之八九

*患难困苦，是磨炼人格之最高学校。*

*——梁启超*

## 人生不如意十之八九

这是一位罪犯在遇到生病转监隔离、配偶提出离婚时的心路抉择。

2022年年底，我因犯罪进了看守所，当时我的心里一团糟，感觉人生非常灰暗。律师见我时，母亲让律师问我对婚姻的态度，我说来去自由，选择幸福是每个人的权利，她应该有追求幸福的权利，她怎样选择都可以。我入监后她和母亲来看我，她说会等我，我说非常感谢你，好好帮我照顾父母。后来她也来看过我几次，只是不常来，但我还是对未来充满希望，憧憬着未来的生活。

2023年5月母亲来看我时说她变了，经常夜不归宿，而且跟我父母也没什么话，我一听心里非常痛，不敢相信自己听到的是真的。此后，我心里很矛盾，是选择离还是不离？出事时也想着这件事。后来她来看我，我问她什么态度，她说还会等我。事后我想，她是想脚踩两只船，而我还是很矛盾，没想好该怎么办。

2024年2月底，我患上了肺结核，被转监隔离，恐惧、陌生、烦躁、孤独困扰着我，病情也经常反复。接见时，母亲来看我，她说不能因为得病让自己压抑，有心理负担。看开它、面对它，接纳、处理、放下它，情况就会大不相同。既然生病转监，就要放下心来，既来之则安之，积极地面对，创造新的生活。

听完母亲的话我心情好了很多，我想，对于婚姻同样看开一些吧，于是告诉了母亲我的选择。7月接见时母亲告诉我，她同意离婚了，那时我的心里反而觉得轻松，也为她祝福。

这些年入监后遇到了太多的事，每次沮丧时，我都告诉自己，人生不如意十之八九，要学会积极面对，这样才能安心改造，争取早日重返社会。

## 苦难是一笔财富

梁启超说过：患难困苦是磨炼人格之最高学校。苦难便是种能让人成长的财富。苦难可以改变许多事情，假若一个人从未经受过苦难磨炼，一直丰衣足食，一直被贴心照料，从未见过风浪，遇过雨雪，那他必无法得到磨炼，从而成长。

苦难可以使人长大。《孤独之旅》中的杜小康因家庭变故，辍学去放鸭，他由一开始害怕、迷茫、苦恼着想回家，到后来经过那场大暴雨，他彻底地改变了，变得坚强，变得成熟了。这便是种由苦难促成的成长，促就的财富。

苦难可以使人坚强。未经苦难的人从来不知道如何面对困难。奥斯特洛夫斯基，他的青春消逝在战雨中，16岁时受重伤，右眼失明，到了20岁，又因关节硬化而卧床不起。面对如此残酷的命运，他深切地认识到："在生活中没有比掉队更可怕的事情了。"他于是开始与命运抗争，读了大量书籍，坚持写作，在遭受退稿后仍不放弃，历经艰辛，最后写成了《钢铁是怎样炼成的》这部名作。他健康时在战场上战斗，卧床不起后仍用笔在努力斗争。他一生都在战斗，而他从中所获得的，便是苦难给予他的财富。

苦难也带给人自信。唐代诗人李白，宦途失意，常受排挤，郁郁不得志。面对这种苦难，他不卑不亢，"仰天大笑出门去，我辈岂是蓬蒿人"，他把酒临风，长仰啸天，一代诗仙横空出世，其名永存，万人景仰。他因挫折而活出了另一种风采。对于李白而言，苦难是一笔财富。

"通过苦难，走向欢乐。"愿每一个人都能珍视苦难这一笔财富。

## 如何从痛苦中炼出黄金

下文是一位心理咨询师（文中的"我"）对一位有过服刑经历的人（文中的"德宁"）的采访。采访内容是关于他的生活经历，人生态度，汲取人生力量的办法，对那些仍在服刑生活中的人的建议。

春天的午后，我和德宁（化名）坐在绿树环绕的花园里，品着茶，春风吹拂，太阳透过树梢晒在人身上，暖洋洋的。德宁的小狗正和德宁的小女儿玩得高兴，逗得小姑娘咯咯直笑。

当德宁听说我要采访他时，他说："我们出去吧，现在是春天，一年里最好的时光，我们不应该闷在屋子里。"他把我带到了他家后院的花园里。

德宁曾是一位罪犯，十三年前曾因故意伤害入过监狱。十年前，他从监狱出来，开始重新创业，现在，他拥有自己的事业、家庭和洋房。现在，认识德宁的人都说他是个乐观、自信的人。

两个问题一直徘徊在我的脑海中：德宁是个什么样的人？在他的生命中有哪些事情让曾经容易冲动的他变得如此乐观、自信？

我："很多人都说你很乐观、自信。"

德宁："是这样的，我喜欢和大家待在一起。"

我："十五年前的你就是这个样子吗？"

德宁："哦，不，十五年前的我要比现在浮躁得多，容易冲动，很多事情都看不顺眼。"

我："发生了什么事情，让你有了如此平和、乐观的性格？"

德宁："这就说来话长了。我小的时候，父母都很忙，哥哥在外地上学，没人管我，我很调皮，应该说那时候我就是一个过于热情、活泼的家伙。那时候家人虽然不常聚在一起，但爸爸妈妈很疼爱我们，我和哥哥的感情也很好，他是我人生的榜样。后来，我想自己创业做服装生意，那时的我太浮躁，一心想做大做强，一遇到对手就想击败对方，明的不行就来暗的，最后就出了事。"

我："那是你人生的一个转折点。"

德宁："是啊，从前的我太顺了，从来没有什么事情难倒过我，所以我一开始特别想不通，我就觉得凭什么让我出事，是老天故意刁难我。刚进监狱那段时间，我无法接受现实，牢骚满腹，脾气火爆，新婚的媳妇看我这样不争气，跟我提出离婚，我更是怒火中烧，从那以后，我干脆谁都不见。那段时间，哥哥一直在给我写信，和我谈他这些年在外求学的坎坷，谈他当兵吃的苦，他想告诉我，人生的苦难像岩石一样坚硬，但是把苦难砸开就会炼出黄金，这些都是他从来没有跟我说过的。但是，那时的我心浮气躁，竟然一眼都没看哥哥的信。直到有一天，队长让我接一个电话，电话那头告诉我，哥哥在事故中牺牲了，我忽然觉得天塌了，打开哥哥的信，泪如雨下。半年后，父亲因为哥哥的事受的打击太大，也离开了人世。我忽然发现从前疼爱我的亲人一下子少了两个，从前被当作孩子的我再也没有人庇护，反而只剩下一个孤单的老母亲是需要我照顾的，我一夜之间长大。我常常翻开哥哥的信，一字一句地读。哥哥谈到经书里的一句话，"烦恼即菩提"，我于是回想这些年遇到的困扰，让我懂得世事，开始明理，我确实经历了不少苦难，但也得到了很多的爱……"

我："你是从那时开始对苦难有了不同的态度吗？"

德宁："是的，对苦难我开始有了不同的处理方式。我开始努力升华自己，把无法回报给父亲和兄长的爱撒播到那些需要帮助和指导的孩子身上，包括需要资助的孩子，以及那些不懂事失足的孩子。我开始创业后，资助了八个贫困的孩子，还常去工读学校、少管所这样的地方做义工、捐助、做讲座。在工读学校和少管所，我了解了这些孩子，也了解了曾经的年少轻狂给自己带来的影响。"

我："你怎么看现在的生活？"

德宁："生活中最重要的是爱。如果你不去爱，你就没有生活。你可以爱人，也可以爱事业，爱一道风景，这种爱的感觉是渗透在你的心灵之中的。当生活中避免不了有痛苦的时候，就会了解苦痛也是磨炼我们的机会，也是一种财富。我常对自己说：记住哥哥的话，要从痛苦的岩石中炼出黄金！"

## 【拓展阅读】

【原文】不迁怒，不贰过。——《论语·雍也》

【诠释】既不会把愤怒发泄到别人身上，也不会犯同样的错误。

【出处】"不迁怒，不贰过"这句话出自《论语·雍也》篇，是孔子对颜回的高度评价。

【赏析】"不迁怒，不贰过"是孔夫子认为常人难以做到的，孔子认为一个人如果三个月内能做到"不迁怒，不贰过"，便可称为是"仁"，便由此成为君子的道德标准之一。"不迁怒，不贰过"，可以说是一个人难以企及的修养。不迁怒，就是自己有什么不顺心的事，不让火气继续冒上去。不贰过，就是知错就改，不犯两次同样的错误，这更是难上加难。人们总说吃一堑长一智，可是被同一块石头绊倒两次的人大有人在，看似简单很容易做到的一句话，可是仔细想一想，真的不是人人都能做到的。

【启示】"不迁怒"是指不会将心中的愤怒发泄到无关的人身上。当遇到挫折或者不满时，很多人会将自己的情绪发泄到无辜的人身上，这种行为不仅会伤害他人，也会让自己感到更加沮丧和无助。因此，一个真正好学的人应该学会控制自己的情绪，不将自己的负面情绪转嫁给他人。

"不贰过"是指不会犯同样的过错。人无完人，每个人都会犯错误，但是一个真正好学的人会从错误中吸取教训，及时改正错误，避免再次犯错。这种品质体现了对自我的认知和反思能力，也是一个人不断成长和进步的关键。

在日常生活中，我们也可以从"不迁怒，不贰过"中得到启示。当遇到挫折或者困难时，我们应该学会冷静分析问题，寻找解决问题的方法，而不是将自己的情绪发泄到无关的人身上。同时，我们也应该学会从错误中吸取教训，及时改正错误，避免再次犯错。只有这样，我们才能不断成长和进步，成为一个更好的人。

总之，"不迁怒，不贰过"是一种非常宝贵的品质，它不仅体现了对自我的认知和反思能力，也体现了对他人的尊重和理解。我们应该在日常生活中不断修炼自己，学会控制情绪，从错误中吸取教训，及时改正错误。只有这样，我们才能成为一个更好的人，为自己的人生赢得更多的机会和成就。

【结语】怒是日常生活中最激烈、最复杂的情绪现象与活动之一，对之加以省察克治与道德修养密切相关。孔子关于"不迁怒"的论说奠定了儒家理解与涵育怒之情绪的基调，朱熹则在融通前人观点的基础上阐释了"不迁怒"的伦理意蕴。第一，通过区分心性论层面的"圣人有怒"与境界论层面的"圣人无怒"，朱熹不仅肯定了怒之存在是自然的、普遍的，还说明了怒之活动应该循理而发、依理而止。明确了

"当怒"是恰当对待怒之活动的一般原则，凸显了怒之活动的应然性与当下性。第二，在严格辨析怒之主体、对象、原因与"迁怒"的原因的基础上，朱熹认为"迁怒"的含义是怒之主体在怒之活动的进展过程中将怒之对象由甲迁移到乙，"迁怒"的根本原因是"私意"这一不合理的心理状态作祟。就情绪哲学而言，朱熹强调怒之主体应该恰当地、稳定地关联到怒之对象上。第三，基于"工夫"与"效验"的差异，朱熹认为"克己复礼"是矫治"迁怒"的根本工夫；"见得道理"是"克己复礼"的必要前提，"见得道理透"则是矫治"迁怒"的充分条件。"见得道理透"才能够辨识行动的对象、认可行动的根据、坚定行动的意志，给"克去私意"的行动提供充沛的动力。从道德心理学来看，朱熹聚焦于道德规则之于心理状态的规范性，特别是道德认知在激发道德行动上的动机效力。

## 绘制你的生命线

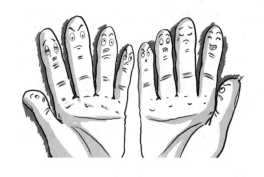

人生有很多不如意，若只挂记着你失去的，便会忘记你所拥有的。人生给了我们每个人很多财富，让我们感受成功的喜悦、亲情的温暖、友谊的包容、醒悟后的感慨……

画出你的生命线，可以帮你回顾生命的起伏与收获，设计你未来的生活。

在白纸上画一个坐标系，横轴代表你的年龄，纵轴代表你生命的高潮与低谷，以你出生的那天为起点，末端为你认为生命可以走到的时段。写出每个高峰你经历的事件和收获，以及每次低谷你的教训和感悟，从曾经的经历中汲取经验和力量，带着美好的憧憬奔向明天。

活动步骤：

1. 生命纵横

（1）现在请每人准备白纸一张和一支笔。

（2）将纸横放，在纸的最上方，中央写下：×××的生命线。

（3）在纸的中央，从左向右画一条直线，最左侧标记为零，代表出生，最右侧标记为自己预估的人生寿命。

（4）在上面标注你现在所处的位置。

（5）分享：你画的生命线有多长，你为自己的寿命做了怎样的预期，为什么？

2. 回首往昔

（1）在过去这段生命线上，标出你认为至关重要的至少三件事情，至少的意思就是你可以写更多的事情。

（2）箭头向上表示，从现在看来，它对你产生着积极的影响，让你感觉很美好，给你留下了美好的回忆。

（3）箭头向下表示，从现在看来，它对你产生着消极的影响，让你感到难过，不好受。

（4）箭头的长度表示事件对你影响力的大小。

（5）分享：回首往昔，你认为重要的事件有哪些，你标在了上方还是下方，为什么？

3. 面向未来

（1）在未来的生命线上，标记出可能会出现哪些重大事件，升学、就业、结婚、生育、亲人离开，等等。

（2）分享：面对未来所要发生的一系列重大事件，我们的感受有正向的，也有负向的，在这些事情发生之前，我们需要做哪些准备？

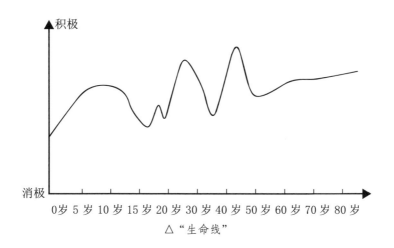

△ "生命线"

**思考题**

1. 面对频繁出现的不如意，如何调整心态让自己不被负面情绪淹没？

2. 不如意的经历能为个人成长带来哪些意想不到的机遇？我们该如何从中发现价值？

3. 在众多不如意中，怎样区分哪些是可改变的，哪些是需要坦然接受的？

4. 在服刑改造期间，情感关系里出现不如意时，应如何与对方沟通，避免矛盾升级？

5. "人生不如意十之八九"这句话蕴含着怎样的人生智慧？

# 二、向内寻求力量，解决不良情绪

没有任何一种觉醒是不带着痛苦的。
——荣格

费某因经济诈骗入狱，今年已经 52 岁了。他说："很多人遇到困难都会来找我，要我跟他聊聊，在别人眼里，我是一个开朗、坚强又阳光的人。其实他们不知道我内心的痛苦。"

费某陈述："有时候，一个人待在那儿觉得很迷茫，不知道为什么而活，不知道要干什么。有的时候没人来打扰，一个人会发呆两三个小时。然后老想问别人：'你知道什么叫痛苦吗？'"

"有一段时间，出工很打不起精神，一天干不了什么活儿，一段时间下来，计分公示名单上我几乎是零分。那天我就像掉进了悬崖，心想如果这样下去，我减刑肯定没有希望了，哪怕有一天出去也是个废人。绝望至极，我晚上睡觉的时候偷偷地吞针，想结束自己的生命。第二天同监发现我吞针，汇报给了队长，我被送到医院紧急抢救了过来。现在想来有点后怕。"

随后，费某做了一个涂鸦练习。他闭上眼睛，感受内心的情绪，然后拿起笔，画得很用力。他画出的曲线很乱，缠绕不清，而且要把每个角都涂黑，让人能感受到他内心的情绪像一个很深的黑洞。他说："如果我再画下去，我会把这支笔弄折。"

接着，他又做了一个情绪影响量表，看是哪些因素影响了自己的情绪，给每项打分，4 分、5 分是高分，1 分、2 分是低分。他给职业打了2 分，给情感危机打了 4 分，给性格倾向打了 3 分，给挫折事件打了 1分，给朋友交往打了 5 分，给兴趣爱好打了 1 分，给自我评价打了 4分。可以看出打分最高的是朋友交往，其次是情感危机和自我评价。于是，费某被邀请谈谈在这些方面出了什么问题。

费某说他和那位朋友有近三十年的交情，他是唯一能够了解自己内心的人。只有在那位朋友面前，他才敢把自己真实的一面表现出来。在其他人眼里，费某是一个非常热心和乐观的人。只有那位朋友才知道费某内心有多么压抑和凄苦。但朋友却突然离世了，这件事带给他很沉重的打击，让他从一个积极生活的人变得消沉，甚至开始质疑生活的意义。费某刚出生不久，父母就因为感情不和离婚了。后来母亲改嫁，父亲也成了家。他是和姥姥一起长大的，直到 20 岁，他才第一次见到父亲，也是父子俩唯一的一次见面，而父亲竟然没有认他。

费某说，因为从小失去父母的爱，他非常渴望拥有一个属于自己的、充满爱的家。25 岁的时候他结婚了，一年后儿子出生。但是就在儿子出生后的第五个月，妻子被确诊为红斑狼疮。这让费某的生活一下子陷入了无边的压抑和痛苦之中。费某希望孩子健康成长，不愿意把心里的压力讲给孩子听，爱人得病后精神上受了一些刺激，费某也不愿意让她过多分担家庭的事。于是，在费某的生活当中，没有一个亲人可以倾听他的痛苦和烦恼。那位朋友一直是他的一个精神支柱，现在朋友不在了，费某感到孤独、寂寞，对生活也失去了兴趣。

但是对于费某来说，他的资源比问题要多。他具有相当的商业经验和素养，出去以后还可以继续发展事业。他的性格不坏，虽然不是那么快乐，但至少不那么压抑，而且他有很多兴趣和爱好。在情绪影响量表中凡是小于和等于 3 分的影响因素，都可以视为资源。

费某说，其实他的爱好很多。他小时候很喜欢游泳，后来又很喜欢旅游，只因为生活走不开才没去。其实一个爱好就像一个朋友，而且这个朋友是终身陪伴你的。从前喜欢的东西再把它拉拢过来，仍然可以重建这种快乐。

费某还需要学会示弱，因为他太要强了，总是把微笑给周围的人，他没法表达内心的抑郁，只好通过压抑来处理负面情绪。费某跟第一个朋友，正因为敢流露出脆弱的一面，关系才慢慢变得亲密。这样的关系消失后，还需要继续找到一两个这样的朋友，在扛不住的时候去找他们倾诉，而且平时也需要放下自己硬撑着的劲儿，学会告诉身边的人自己的苦恼。

费某是有力量的人，他从小是靠自己艰苦奋斗长大的。尽管短时间内会陷入迷茫，但他性格中的坚韧、顽强的精神很快就会慢慢觉醒。每个人解决困境的钥匙就在自己内心，要去内心世界寻找！

## 学会缓解你的冲动

冲动情绪，是指行为人情绪表达强烈、不稳定，易产生敌对情绪和攻击行为的一种心理特征。一般来说，多数爱冲动的人也知道这样不好，只是因为对情绪的认知不足，因而在控制情绪方面显得心有余而力不足。那么，有没有什么办法可以让自己变得不那么冲动，成为一个情绪温和的人呢？从心理学的角度和大家分享稳定情绪的内心花园技术。

### 稳定情绪的内心花园技术

请你完全按照你的意愿去想象一个花园。

想象有一片土地，人类从没有涉足过，有着新鲜的土壤，充满了能量。

或许一小块地对你来说就足够了，或是一块像阳台那么大的地方就可以了，或许你喜欢一个大的地方，把它变成花园式的风景。给你一些时间让你确认地的大小，然后需要你给花园设定一个边界，用栅栏、树篱或是墙都可以，只要你喜欢。

你也可以把你的花园建设成开放性的，不设任何边界。

现在开始种植你的土地。你可以在你的花园里种植你喜欢的东西。

如果你想现在或是稍后改变或重新建构你的花园，就在你花园的一个角落里建造一个肥料堆。你可以把你不想在花园里种植的任何东西都放在这个肥料堆里，这个肥料堆将会变成肥沃的土壤。

如果你喜欢，你可以进一步建构你的花园：或许你想制造一片湖、一个池塘或是一条小河。

如果你喜欢，你可以造一个坐的地方。

或许你想要你的花园里有些动物，如果是这样，你喜欢什么样的动物呢？

任何时候你都可以改变你的花园。

一旦你按照自己的意愿建构好了自己的花园，你可以在一个美丽的地方坐下来，享受你的花园。

看看你的周围，你看到了什么颜色和形状？你听到了什么？你闻到了什么？在这个地方你的身体感觉如何？

你可以考虑邀请你喜欢的人到你的花园来。但是要确保这个人欣赏你的花园和你为之付出的努力。

你可以在任何时候回到这个花园，也可以对它做一些改变，只要你想。

现在请你带着完全清醒的状态按照自己的节奏回到这个房间。

## 情绪稳定，是一个人给自己最好的养分

一个心胸开阔、有大器量的人，他的内心就像一个大湖，你丢进去一根火把，它很快就会熄灭；你丢进去一包盐，它很快就会被稀释。

你有什么样的情绪，就会过怎样的人生。

稳定的情绪，是一个人给自己最好的养分。

## 所有坏情绪，都由自己埋单

情绪是一把枪，当我们扣动情绪的扳机，枪口其实是对准了自己。

负面情绪若不加以控制，任其肆意发展，便会成为洪水猛兽，吞噬所有美好与幸福。

生活的 10% 是由发生在你身上的事情组成的，而另外的 90% 是由你对所发生的事情如何反应所决定的。

人生路上最大的敌人，其实是自己的负面情绪。

凡事太在意，带着负能量和怒气生活，只会让自己心累。

要知道，所有的负面情绪所导致的后果，最后为之埋单的都是自己。

## 控制情绪，方能掌控人生

不会被愤怒情绪冲昏头脑的人，很难被激怒，也很难被他人左右；不会被悲伤影响思绪的人，看似冷酷无情，实则坚韧，他们的内心强大到不可撼摇；不将好恶显于色的人，是真正的聪明人，他们活得都很克制和理性，少了无数是非纠葛。

一个人不应该做自己情绪的奴隶，而应当反过来控制情绪，不管情况多么糟糕，都应该努力去支配你的情绪，把自己从心境的黑暗中拯救出来。对自己平和地说："深呼吸，我在意我自己。"用关爱自我的语气给激动的心情降温。

做个温柔而有力量的人，你就会发现，控制好自己的情绪，你才能掌握自己人生的主动权。

那些曾让你崩溃的、痛苦的、恐惧的事情，在你忙碌、充实又鲜活的日子里，是不值一提的。

# 保持情绪稳定的四个习惯

## 放慢节奏

当需要述说一些急事的时候，要放缓自己的语气，给足自己组织语言的时间，把事情表达清楚，不要把自己的情绪带给别人，也不要因为着急而乱了方寸。

请记住，不要在生气的时候去理论，待自己冷静下来，再去平静地沟通、解决问题。

## 培养钝感力

很多事情没必要纠结，生活是自己的，与他人无关。

过于在意别人看法，就会将注意力转移到别人的眼光中，而忽略了自己。

学会拒绝，不要为了迎合他人而勉强自己。

远离消耗你的人和事，将时间和精力放在取悦自己身上，整个人的状态都会得到提升。

## 停止内耗

无意义的胡思乱想和不必要的人与事纠缠，任由坏情绪泛滥，都是在消耗自己。不仅浪费时间和精力，还会让自己疲惫不堪。

停止一切内耗，才能把时间和精力放在重要的事上。

## 降低期待

不要把希望寄托在别人身上，要把希望放在自己身上，给自己稳定的可掌控的情绪。

降低对一切人和事的期待，期待太高，就会让自己痛苦，降低期待，反而会有意外的惊喜。

没有过不去的事情，只有过不去的心情。

岁月漫长，愿你我都能在好情绪中遇见更好的自己。

## 思考题

1. 不良情绪来临时，怎样快速察觉并判断它是否需要干预？

2. 向他人倾诉能有效处理不良情绪，怎样找到合适的倾诉对象？

3. 写日记也是解决不良情绪的办法，如何通过写日记深入剖析情绪产生根源？

4. 从心理学角度看，转移注意力为何能解决不良情绪？

# 三、心魔还需心方治

嫉妒本质上就是愚蠢和蛮不讲理的。
——巴尔扎克

## 放下怀疑，活出自己

年轻时对妻子敬重和信任，并与她和睦生活二十年的张某，去年刚入监时本来和妻子保持着很好的感情。但是最近他每次打电话和接见时都要详细询问妻子最近做了什么，反复揣摩妻子的言行和举动，只要是听说妻子和别的男人在一起，哪怕是和同事工作，他也会觉得心里酸溜溜的，有时甚至会醋意大发，妻子十分尴尬，夫妻关系也因此而紧张起来。像张某这样，有过服刑经历的人，这种情况尤其容易发生。

怀疑爱人会让我们深感痛苦，伴侣最简单平淡的话语和举动，似乎都充满了潜台词：伴侣是不是想将我扫地出门？伴侣去"见一个朋友"是什么意思？想象中的"不忠"，让人很难按正常情况来看事情。即使伴侣并无不忠，我们也会有不安全感：自己是否还优秀？伴侣会不会去找更好的人？究竟是什么原因让我们充满嫉妒？

当我们经历压力和挫折的时候，体内激素水平的改变会引起大脑皮层功能失调，体验到焦虑情绪，甚至出现猜疑与被害感。而这种猜疑与被害感，最容易在婚姻生活中表现出来。我们怕失去往日幸福的家庭，怕失去伴侣的爱，于是整天疑神疑鬼地"监视"和"控制"伴侣。这种在情感上的强烈不安全感，将导致一个结果——拼命夺回安全感，从而产生控制对方的想法和行为。这也是嫉妒的成

因。嫉妒会让人上瘾，只会让人感到越来越不安全。

不过，只要懂得嫉妒背后的心理动力，便能釜底抽薪。有时，嫉妒是一个借口，目的是控制爱人，以防自己被抛弃；或者是为了转嫁自己的自卑感："不是我不好，让你不喜欢，而是另一个人让你不喜欢我。"

## 四个消除嫉妒的建议

### 讲出自己的感受

和爱人谈话的时候多用以"我"为主语的陈述句，比如，不说"你老去找他帮忙是什么意思"，而是说"我对你总找他帮忙感到不舒服"。与其生气地指责，担着把爱人推到别人怀抱的危险，不如坦诚地告诉对方自己的感受。

### 明确底线

如果你老问爱人和谁在一起，你们的关系就已亮起红灯。为了你们两个人的心理安全，你需要克制自己的猜疑，以免让爱人不堪承受，真的离你而去；同时你也要尊重自己的承受力，如果你惶惶不可终日，对方无论说什么都不能让你安心，这意味着或许终止你们的关系对两个人都比较好。

### 调整压力

嫉妒是一种应激反应，你在焦虑时嫉妒就会更强烈，调整睡眠、适当运动、释放压力、均衡饮食、寻求社会支持都会帮你调整好情绪。

### 获得自信

如果你足够爱自己，懂得自己对爱人有多重要，并且能够让自己不断成长，更加温暖、坚强地被爱人在心理和情感上依靠，你就不会害怕爱人离开你。爱人们之所以在一起并不只是为了相依偎，更是彼此需要一个心灵上的伴侣和呵护者。所以，你即使不在他（她）身边并不妨碍你呵护他（她），也会不妨碍他（她）依恋你。[1]

〔1〕　申开文，杜学敏：《成人依恋对大学生抑郁的影响：生命意义感的中介与焦点解决思维的调节作用》，载《健康研究》2024 年第 6 期。

# 常见精神妄想之嫉妒妄想 [1]

小明和小红结婚多年，感情一直很好。然而，小明因为一些事，开始怀疑小红对他不忠。每当小红出门见朋友或同事，小明就会开始猜测她是不是在外面和其他男人有不正当的关系。即使小红回家后，对他非常亲切和关心，小明也会觉得她是在掩饰自己的行为。他会对小红的手机、社交媒体账号进行监视，试图找到证据证明自己的怀疑。即使小红给出了合理的解释或是尝试与小明沟通，小明也不相信她，认为这都是小红在撒谎。这种情况让两人都产生了极大的焦虑和不安，也严重影响了他们之间的婚姻关系，导致了频繁的争吵和冷战。尽管事实上小红一直是忠诚的，小明却无法正常地理解和对待这段关系。

其实，小明患有嫉妒妄想。嫉妒妄想是一种心理疾病，患者常常坚信伴侣不忠或欺骗自己，但没有实际证据支持这种看法。即使配偶的行为完全正常，患者也会对配偶的言行进行过度解读，常常将普通行为解释为不忠、背叛、外遇或欺骗的迹象。

同时，这种症状伴随着强烈的焦虑和紧张情绪，患者可能试图过度控制伴侣的行为、回避社交场合，来缓解焦虑和紧张的情绪，这也影响了日常生活和人际关系。

嫉妒妄想多见于更年期精神障碍、酒精中毒性精神障碍、精神分裂症等。而治疗嫉妒妄想主要依靠心理治疗和药物治疗的结合，同时也需要自身加强学习、夫妻或家庭的帮助等。由心理健康专业人士指导，持续监测和支持，积极参与治疗，可逐步改善症状，以达到治愈的目的。

嫉妒妄想的症状通常包括以下六种特征：

（1）坚信伴侣不忠或欺骗：患者坚信自己的配偶或伴侣对自己有不忠或欺骗行为，即使没有实际证据支持这种看法。

（2）过度怀疑和猜忌：患者对伴侣的行为产生过度怀疑和猜忌，经常将普通行为解释为不忠或欺骗。

（3）焦虑和紧张：嫉妒妄想常常伴随着强烈的焦虑和紧张情绪，

---

〔1〕 李俊主：《嫉妒妄想的危害性》，载《家庭中医药》2012年第2期。

患者可能因为担心伴侣的行为而感到不安。

（4）控制欲增强：患者可能试图过度控制伴侣的行为和活动，以确保他们没有不忠或欺骗的行为。

（5）社交退缩：由于嫉妒妄想的影响，患者可能会避开社交场合，感到孤独和隔离。

（6）影响日常功能：嫉妒妄想可能影响患者的日常生活，包括工作、社交和家庭生活。

## 嫉妒妄想的治疗方法

治疗嫉妒妄想主要依靠心理治疗和药物治疗相结合的方式，同时也需要一个支持性的社会环境作为辅助。具体治疗方法包括：

（1）认知行为疗法（Cognitive Behavior Therapy，CBT），是治疗嫉妒妄想的主要心理治疗形式之一。它通过帮助患者识别和挑战不合理的信念和思维模式，以改变这些思维并减轻症状。治疗中，患者将学习如何区分现实与妄想，以及如何管理不安全感和嫉妒情绪。

（2）药物治疗：在某些情况下，药物治疗可用于减轻嫉妒妄想的相关症状，如焦虑、抑郁或其他情绪问题。

常用的药物包括抗抑郁药、抗精神病药等。

具体的药物选择和剂量应由专业医生根据患者的具体情况决定。

（3）夫妻或家庭治疗：当嫉妒妄想影响伴侣或家庭关系时，夫妻或家庭治疗可能有所帮助。这种治疗形式可以帮助患者提高沟通技巧，解决冲突，并增强关系的安全感和信任。

（4）支持性治疗：支持性治疗旨在提供一个安全、接纳的环境，让患者可以表达感受，学习应对技巧，并提高自我效能感。

（5）教育和心理健康意识：增强患者及其家庭成员对嫉妒妄想及其影响的认知也是治疗过程中的一个重要方面。

通过接受相关教育，患者和家庭可以更好地理解疾病，减少误解和偏见，以及提高治疗的接受度和合作性。当然，最终的治疗计划应该是个性化的，结合患者的具体需求和状况，需要由经验丰富的心理健康专业人士指导。重要的是，患者应该获得持续的监测和支持，以确保治疗效果并及时调整治疗计划。此外，加入支持团体也能让患者了解自己并不孤单，其他人也有类似的经历。

## 如何摆脱疑病心理

我们有时会有这样时刻：总担心害怕自己生病，一看到广告宣传的病例就对号入座，身体稍微有什么问题就怀疑自己患了严重的疾病。其实这是一种疑病心理，如果你也有这样的经历，下面就介绍一下疑病心理并提出一些可行的解决办法。

首先要观察睡眠，如果连续一周以上出现睡眠障碍，不断想象自己得病而焦虑不安，这就是"信号"，你有可能已经出现了心理问题。如果这种症状持续一个月左右，最好咨询心理咨询师。如果出现三个月左右，且影响了日常的工作生活，则需就诊。

疑病心理是接受消极暗示的结果，心理暗示有积极的、消极的，有来自他人影响的、有自我暗示的。消极的暗示会使身心疲惫，情志变化较大，引起体内气血运行失常及脏腑功能失调，这就必然为各种疾病打开方便之门。

有一个简单而实用的方法，可以树立健康意识。建议每天复诵这个句子："每时每刻，无论在哪里，我的身体都越来越健康"，直到潜意识接受并遵行，发挥这句话的积极暗示效果。因为好的健康始于良好的健康意识。

## 疑病症是如何产生的？[1]

容易患上疑病症的人，通常对自己的身体变化比较敏感、警觉。也正是由于他们过度关注身体状况，使得比正常人更易察觉出微不足道的变化，而且相应的身体部位也真的会产生不适感。这也成为他们不自觉夸大或曲解自己的不适感，并将其作为自己患上严重疾病的重要依据。

其实，这是大脑的认知过程出了问题。专家对此解释道："我们放

---

〔1〕 姜迪：《如何区分和克服疑病症心理》，载《农村百事通》2025 年第 2 期。

大了某些小概率的事件，让大脑误以为身体出现了严重的疾病。"当患者对自身不适症状的不确定性无法忍耐时，有些人为获得心安以及追求对症状的精确解释，会选择在网上或书籍中进一步搜索健康信息，结果却被更多模糊、漫无边际的信息干扰，因信息超载而引起更为严重的焦虑、不安、抑郁等负面情绪。

疑病症的病因复杂，目前临床研究认为其可能是由生理、认知、情绪、行为和环境等因素共同作用引起的。

以下是可能导致疑病症发病的主要因素：

（1）个体性格特质：有些人天生容易焦虑和担忧，这可能导致他们对健康问题过度关注。

（2）过去的负面经历：曾经亲身经历过疾病或失去亲人等事件，可能会增加患疑病症的风险。

（3）生活压力：长期的生活压力可能导致个体对健康问题的过度担忧。

（4）少查医学资料：无医学研究背景的大众应尽量不在文献中查找有关疾病方面的资料，因为这样也可能增加对疾病的恐惧和担忧。

下面介绍效果明显的缓解方法：

（1）应该注意自身的心理调节，充分运用各种积极的心理暗示。健康是一个精神与肉体兼容并蓄的系统工程，现代医学对疾病的认识已不再仅仅是寻找生理的、器质性的原因，而是深入认识自身的心理状态对疾病的产生、痊愈有很大的影响。这说明身心疲惫、精神焦虑等心理暗示容易导致各种疾病。

因此，要保持健康，不仅需要振奋自己的精神，保持荣辱不惊的心理状态。还需对来自外界的消极的心理暗示保持警惕，对其进行分析、过滤与辨识。即使觉得这些暗示有一定的道理，也不要言听计从，应该从积极方面暗示自己、鼓励自己，力争把消极暗示转化为积极暗示。这样就能保持愉悦的心理状态，提高战胜疾病的能力。

（2）面对现实采取积极的态度。一旦身体患病，不要疑神疑鬼，胡思乱想，应该到正规医院进行检查，弄清有没有患病，患了什么病。如果真的患病，应积极治疗，疾病消除了，心理自然平和，就不会被一些消极暗示左右了。

（3）要摆脱多疑情绪，相信医生的治疗。疑病心理的特点是多疑，但过分的疑虑只能加重病情，不能治疗疾病。对此，要设法转移不良情绪，及时去医院就诊，化解心头的疑虑，以减轻精神负担。增强信心，鼓起勇气树立战胜疾病的信念。

任何形式的忧虑、恐惧等情绪都是正常的心理反应，不用刻意在意。要维持良好的健康意识，要秉持"良好健康"的想法，客观冷静对待身体不适，相信医院的诊断。

## 嫉妒和疑病都源于觉得自己不值得被爱

美国哲学家埃里克·霍弗说，"一个人要是认为自己的事值得管，他通常都会去管自己的事；如果觉得自己的事不值得管，他就会丢下自己的事，转而去管别人的事"。换言之，一个人要是觉得自己的生活有意义，他就会将自己的生活经营好；如果他认为日常的生活没有价值，他才会不理睬眼前的事，而去怀疑不存在的问题。

如果觉得日常生活不值得管，每天去怀疑不存在的事情，就可能导致疑病，臆想出本不存在的身体疾病。

嫉妒的人往往不喜欢自己，他们会找一连串理由来证明自己嫉妒的人要比自己优秀，把对方的优点无限放大，却极度贬低自己。曾经震惊全国的邱兴华特大杀人案表面上看，起因是嫉妒，邱兴华怀疑被害人和自己的妻子有染。但实质上，邱兴华是在通过嫉妒转嫁他的低价值感。邱兴华的妻子说，最近一年多丈夫接二连三地遭遇挫折，最终基本失去了养家糊口的能力，也恰是在这一段时间内，邱兴华才开始无端猜疑她和其他男人有染。

瑞士心理学家维雷·娜卡斯特说，嫉妒狂的自我价值太低，他们需要通过嫉妒将这种不好的感受转嫁出去。对他们而言，嫉妒的意思就是："不是我搞砸了我的生活，而是你把我的生活搞砸的""不是我不够好让你不喜欢，而是另一个人让你不喜欢我"，这样一来，就有了两个人去承受他转嫁而来的自卑感。

而疑病则像是一声呻吟，就好像小孩难受时哭着叫妈妈，盼着周围的人来关爱自己。当一个人担心自己不值得被爱，既不愿意像一个成熟

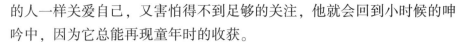

的人一样关爱自己，又害怕得不到足够的关注，他就会回到小时候的呻吟中，因为它总能再现童年时的收获。

疑病症像是一种特殊的言语，当一个人在诉说身体这儿不舒服那儿不舒服时，就是在诉说着对他人及环境的不满、冤屈和怨恨："你看，就是你们害我成这样的，就是因为你们不够爱我、没有好好照顾我!"而觉得自己足够好、足够值得被人关爱，是不会这样呐喊的。

# 息怒的方法

偶尔的愤怒并不是件坏事。因为人在生活中不可避免总会遇到一些愤怒的事，但如果长期压抑自己，不将愤怒爆发出来，将会对自己产生很大的伤害，比如打击你的自尊，甚至影响健康。

愤怒本身不过是你情绪的冰山一角，它并不是独立存在的，而是由其他情绪（如害怕、怨恨或不安等）所引发。所以既然愤怒不可避免，我们要做的不是压抑愤怒，而是找到引发愤怒的情绪，在愤怒之前消除这些情绪，从而消除愤怒带来的消极影响。

专家将愤怒分成六种类型，并提供了破解之法。耐心地读完下面这些文字，管理愤怒便不是一个难题。

**愤怒类型 1：爆发型**

爆发型愤怒的表现："如果你再把脏袜子乱扔在地板上，你就搬出去住!"也许被人逼到爆发的边缘并不容易，但当这一刻真的来临时，便会地动山摇，身边人都想逃离。

如果你从来没有被教过如何处理愤怒，那么你可能会习惯性地忍住怒气，直到无法忍受。渐渐地，你的"怒点"便会很低，一触即发。一遇到不顺心的事，肾上腺素就会突然上升，导致愤怒爆发，更不用说遇到更糟糕的事情。

暴发型愤怒的恶果，很难有人在愤怒的同时还能有同情心。所以在暴怒时，人们通常会说出很多让自己事后后悔的话或是做出很多事后无法弥补的举动。

如何改变这一点？

（1）等待怒气消解。研究表明，愤怒所持续的时间不超过 12 秒，就如暴风雨一般，爆发时摧毁一切，但过后却风平浪静。所以如何度过这关键的 12 秒，让怒气自然消解非常重要。深呼吸，或者在心中默数 10 个数，当你数完的时候，你会发现，其实你已经没有那么生气了。

最好的默数不是顺口溜从 1 数到 10，而是在数数的同时做点加法运算，比如，数"1，4，5，9，14……"，让你的理性大脑苏醒，注意力转移，情绪会更快平息下来。

（2）掌控自己的情绪。换一种说法来表达自己的情绪，有助于让你感觉一切尽在自己的掌握中。"我对你的行为实在是感到很失望"，这句话比你暴怒时的口不择言更有力量。

**愤怒类型 2：隐忍型**

隐忍型愤怒的表现："我很好，一切都很好，没事。"即使你的内心非常愤怒，但你仍然展现给别人一张笑脸，对真实情绪进行不露痕迹的掩藏。

为什么会隐忍？很多人，特别是女性，从小通常被反复教育，无论发生什么事情，都要忍住，不能轻易发脾气。发怒只会让你失去声誉、朋友、工作甚至婚姻。但隐忍并不意味着令人们愤怒的事情不会带来情绪上的伤害。

隐忍型愤怒的恶果：愤怒最基本的作用是预示某事出了错，并且推动人们找到解决方案。如果对这种预示视而不见，你就会以伤害自身的方式来宣泄心中的怒气，比如厌食或暴食、过度消费等。而且你还会给别人的坏行为开绿灯，并拒绝给别人改正错误的机会。试想，如果对方都不知道你受了伤，又怎么向你道歉呢？

如何改变这一点？

（1）挑战自己的核心信仰。问你自己，"允许下属随时早退对他们来说是件好事吗？""爱人每周末都在陪客户而不关心家人这好吗？"如果你够诚实，你的答案一定是"当然不"。认识到对与错，这是改正的第一步。

（2）将自己置身事外。想象自己的一个朋友遇到了你自己的困难。从旁观者的视角看，该如何做出正确的反应呢？列出一张清单，写下这位朋友所可能采取的行为，然后问自己，这些方法对自己而言，是否可行呢？

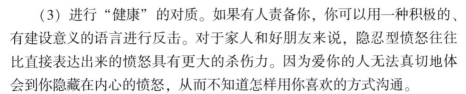

（3）进行"健康"的对质。如果有人责备你，你可以用一种积极的、有建设意义的语言进行反击。对于家人和好朋友来说，隐忍型愤怒往往比直接表达出来的愤怒具有更大的杀伤力。因为爱你的人无法真切地体会到你隐藏在内心的愤怒，从而不知道怎样用你喜欢的方式沟通。

**愤怒类型 3：嘲弄型**

嘲弄型愤怒的表现："哦，你迟到得正好，这让我有了研究菜谱的时间，40 分钟!"人们可能会使用一种拐弯抹角的方式来宣泄自己的不快，而且脸上还带着笑容。

你为什么爱嘲弄？因为在过往的生活经验中，你认为直接表达负面情绪是不对的，所以你选择了一条非直接路线。如果对方生气了，你认为这是他们自己的问题，而不是你的错。毕竟，你只是在开玩笑。难道现在的人已经开不起玩笑了吗？

嘲弄型愤怒的恶果：尽管你觉得你的语言里充满了智慧，但再有智慧的、尖锐的嘲弄也会伤害对方以及你们之间的关系。虽然有人坚持认为嘲弄是一种有智慧的幽默，不过被嘲弄的对象并非个个都能读懂这种幽默，或者都有读懂这种幽默的心情。

如何改变这一点？

（1）学会直截了当地表达。嘲弄是一种被动的攻击性沟通，这更容易伤人，尤其是很亲近的人。找到合适的词语直接表达你内心真实的想法，有时候会更奏效。

（2）表达要坚定而且清晰。对比两句话：简单而温柔地提醒，如"在沙发上乱跳的行为是不被允许的"；嘲弄的表达愤怒，如"哦，别担心，你这么做只会让我再准备 2000 元钱来买一组新的沙发"。从听者的角度，显然前者更易被理解。

**愤怒类型 4：破坏型**

破坏型愤怒的表现："哼，不让我玩游戏，那我删除电脑上的所有游戏!"这类人并不是隐忍或独自压抑自己的愤怒，而是用一种更隐蔽的方法来表达自己的愤怒。

为什么会破坏？这类人不喜欢面对面的斗争，但他们也并不是一个会被轻易击败的人。当人们觉得自己正面抗争不过别人时，就会变成"隐秘的愤怒者"，偷偷地对别人进行攻击。

破坏型愤怒的恶果：这种方式的确能经常挫败他人。但如此做法的目的是不让别人得到他们想要的东西，而不是努力争取让自己得到幸福。这种破坏型愤怒带来的结果就是"双输"。

如何改变这一点？

（1）允许自己生气。告诉自己，愤怒是你告诉别人，你已经对他的摆布感到厌倦的一种方式。

（2）为自己争取。与其采取破坏性的对抗方式不如鼓足勇气告诉对方，长期以来超负荷的负面事件已经超出了你所能承受的范围，或者矛盾已经不可调和了。

（3）学会掌控。如果你因为被寄予了过高的期望，却无法达到而感觉压力大，在以破坏方式来伸张权利之前做些努力来改变自己的现状。比如无法独自承担房贷或家中的经济支出，应该告诉伴侣或其他家庭成员你需要支持和分担，而不是一边随便再找份工作独自努力维系，一边却充满怨气地对家人发脾气。

**愤怒类型 5：自责型**

自责型愤怒的表现：这类人表达愤怒时，往往会把所有的过错揽在自己身上。

为什么会自责：也许自尊受到过重创，而且他们发现对自己生气发怒，比对别人生气发怒要容易得多。于是，便把所有的过错都揽在自己的身上。

自责型愤怒的恶果：长期将过错揽在自己身上，将愤怒藏在自己的内心，容易对自己产生失望和不满，久而久之会导致忧郁症。

如何改变这一点？

（1）反问自己。每当你要怪罪自己的时候，开始反问自己，"谁告诉我这事应该由我负责"？然后问自己，"你相信这一点吗"？认清真正的责任所在，而不是不分青红皂白就挺身而出，将本不该由自己承担的责任揽在自己身上。

（2）提高自信。列一张清单，写下自己所有的优点。找回自信是避免过度自责的关键所在。如果你在这一点上有问题，可以寻找专业人士帮忙。

**愤怒类型 6：习惯型**

习惯型愤怒的表现：对生活中的小事失去耐心，比如，"真烦，你怎么老是要借我的钉书器，你为什么就不能找一个属于你自己的呢！"这并不是针对该事件应有的正确反应，而是一种错误的习惯。

为什么会习惯性愤怒？如果你总是如此直接地表达你的不满，或者这种情绪经常会在不经意中流露出来，那么在这些愤怒的背后一定隐藏着一些你不敢正视或不曾留意的怨恨、遗憾或是挫败。也许是你嫉妒你的同事升职了而你自己却没有，也许是你的婚姻濒临破灭但你却不知道原因。

习惯型愤怒的恶果：如果你总是这样直接、习惯性地一触即发，那么你的家人、同事、朋友需要承担很大的心理压力，以避免你生气发怒。他们甚至会选择远离和逃避你。

如何改变这一点？

(1) 直面自己的内心深处。哪些才是你真正满意的？如果你能挖掘自己的内心，你会发现，一个钉书器、扔在地板上的脏袜子、放在冰箱里的空牛奶瓶这些小事情，根本不值得自己发怒。但如果你直面内心也无法找到自己发怒的底线，你可能需要去咨询专业人士了。

(2) 留意愤怒的迹象。对自己快要愤怒的反应和感觉要敏感，当你愤怒的时候，你的手是不是不知不觉地攥成了拳头？你开始在房间里不停地走来走去，嘴里不停念叨、诅咒或者紧咬牙关？当你能够灵敏地觉察到自己快要发怒时，便提醒自己，"现在，我的情绪很激动"。有意识地觉察到自己的情绪，不带评价性地做出反应。以陈述事实而非反问、攻击的语气同自己、他人说话，从而平息即将到来的怒气。

# 自我放松练习：遥控器技术

你使用的电视、新型照相机一定可以对许多图片和照片进行技术处理，比如画面闪现和消失的方式、焦距的拉长和缩短等。

请你设想一下，现在你的手上拿着一个遥控器，并可以通过它来调整静止的和动态的画面或图像。想一想遥控器的样子，或许你想设计一个新的款式。

　　它是什么样的？什么颜色，那些键钮是什么颜色的？上面的键钮多还是少？按下键钮时的感觉是什么？是那种软橡胶的还是硬塑料的？遥控器被拿在手上的感觉是什么样的？很合手还是有什么地方需要做些改进？很轻还是有点重？遥控器是用什么材料做的？拿在手上很舒服还是你想试着换成别的材料？在想象里，怎么做都可以。

　　现在请你再把它拿在手上，感受一下，看看你对它是否满意，或者你还想做一些调整。如果想调整的话，就再花一点时间；如果你已经比较满意了，就可以欣赏一下你自己设计的遥控器。

　　现在对遥控器的设计已经完成了，但它还应该更好用，你还要在技术性能上再花一点时间。

　　为你的遥控器再设置一些你所喜欢和需要的功能，如果你对技术还不在行，可以从下面几点着手：比如有电源的开启和关闭，快进和快退，让画面停顿或暂停；使画面更亮或更暗的功能，让对比度更高或更低的功能，变焦效果（拉近或推远）；声音调大调小以及静音功能。

　　如果你愿意，你还可以在你的遥控器上设置一些特殊的功能，比如顺计时或倒计时、黑白或彩色性能调整功能、自动定时关机、画面放大或缩小、模糊画面、多画面显示、正色—负色功能，等等。

　　不用着急，从容地把你的遥控器设计到你最满意为止。

　　现在请你找出一段积极的回忆内容（可以是一个小的场景，就像电影里的一个小的片段），找到这一幕以后，就请你用它来调试你的遥控器的各种功能。每一次都找出一个特定的功能，留意观察，看看它是否能很好地对画面进行调控。

　　不要着急，在你练习使用各种画面调节功能时，一定要有足够的耐心。（根据来访者的情况不同可以有以下不同引导："请按下停止键，看看发生了什么。按下开始键，又发生了什么。在画面进行过程中，按下暂停键，发生了什么？现在把焦距调近一点，发生了什么"，等等。）

　　请你把包括积极回忆的画面用定格（或暂停键）停止或倒回到最美的一幕，再把这一幕或这张图片处理成常规的尺寸，使之能装进一个小巧精美的相框。仔细观察这张图片，再把它挂在你家里最漂亮的一个地方，再次仔细观察、品味它……

　　接下来请继续你的试验，再截取一幕对你来说不太舒服的画面，尽管这一幕与此刻的你没有多大关系。

看到这一幕，还是请你用手上的遥控器对它做一点调整，使得画面不那么流畅清晰，从而也就不那么使你感到难受（比如快进、降低对比度使之模糊、静音等）

请你把这部电影从不太舒服的那一幕再倒回到开始的地方，取出录像带，把它放进保险箱或其他不太妨碍你但你又能拿到的地方。（如果是一个保险箱，就锁好箱门，确保不会弄丢，直到什么时候你想和我一起来看它们的时候为止。检查一下你的锁具是否完好，好好考虑你把钥匙藏在哪里，或者密码记好了没有。）

请你再次走到挂在你家最漂亮的地方、在电影里所截取的最美的画面前，仔细观察一下这张图片，直到由这张图片而所产生的积极的情绪能被你再次清楚地感觉到为止。

请你把这种良好的情绪保持一会儿，然后把注意力集中到现实里来。

**思考题**

1. 如何准确识别困扰自己的心魔，是恐惧、嫉妒还是其他情绪？

2. 寻找心方的过程中，自我反思和他人建议哪个更重要，又该如何平衡？

3. 如何摆脱疑病心理？

4. 疑病症是如何产生的？

5. 瞬间息怒的方法有哪些？

# 四、内心和谐，自我放松

> 在我生命中总有一些时刻，所有的事情会以不同而崭新的
> 面貌呈现在我眼前。而此刻，对我而言，正是这样一个创新的
> 时刻。我透过不同的眼镜观察我世界中的自己，知道某些新的
> 事物凝聚成形，使我对我世界中的自己重新有了不同的观点。
>
> ——萨提亚

## 让自己活得更轻松些

曾经在外面，我们为生计奔波；如今，历经种种，我们付出这么多辛苦，努力的目标是什么？或许你忘了，我们曾经期望的是更快乐、更幸福的生活。那么你想想看，当我们被愤怒、烦恼、焦虑压迫的时候，想过得快乐轻松是否那么容易？

请你花几分钟感受一下自己的身体，从头顶开始，然后转移到颈部、背部、手臂和腿部，感觉一下是否有什么部位让你感到不舒服，你的身体是不是有些疲惫和无力。如果你感觉到了某个部位不舒服，那实际上是你的身体在向你发出信息："你的状态不太好，烦恼、紧张、忧虑损伤了你的身体，现在需要停下来调整一下。"可很多时候，我们没有听到这些声音。

当我们为一件事情感到恐惧和忧虑的时候，就会造成紧张，影响我们的胃部神经系统，引起胃溃疡；忧虑、恐惧、唠叨可能引起的情绪不畅，会改变我们体内钙质的平衡，引起蛀牙；如果我们的生理状态长期处于紧张或者愤怒的状态，引起肾上腺素过度分泌，时常咬牙切齿、心惊肉跳，不仅会伤害我们的免疫系统，也会导致抵抗力变弱，更容易感冒。

如果这些症状听起来很熟悉，或许意味着你应该开始重新考虑一下对待生活的态度了。有人可能要埋怨世事、埋怨出身，但你要知道，过于负面的想法会让你痛苦不堪。实际上，当我们改变看待世界的眼光

时，我们所看到的事物也随之改变。

我们感到痛苦和压力，那是因为我们总是关注着让我们产生痛苦的那件事：我们有时会后悔，"当初要是不那样，就不会闹到这种地步"；有时会顾影自怜，总想着自己的不如意，忘记了生活中其他美好的事情；有时想尽办法把责任推卸给别人，好让自己像个好人。而且，即便事情没有给你那么大压力，你的自责倒会把自己压垮；总认为自己是最不幸的，你真的会把自己变成倒霉鬼；把责任都归到别人头上，估计你很长时间都会做个怨妇，或者怨夫。

所以，每当你感觉到心里不舒服的时候，赶紧转移一下注意力。任何事情陷进去太久，都会让人无法承受。我们必须学会放下，学会休息，等到你平静的时候，再想想看，可否换种思维方式，不再感到痛苦和压力。

但是，遇到痛苦和压力，并不是坐着不动，情绪就会立刻改善；也不是用意志的努力就可以控制自己的情绪。遇到问题不解决，往往会带来更大的焦虑；情绪一旦被压抑，要么会伤害你的身体，要么转化为其他的负面情绪。

所以，最好的办法是，让自己内心这种持续不断的情绪、想法安静下来，让自己的内心平和，学会一些调节自己身心的规律。当你有一天成为一个真正平和的人，你会感受到更强的生命力和智慧，你迷茫很久的困惑或许因此跳出清晰的答案，你的人生会有不同的转机。

## 我对自尊的宣言

我是我自己。

在这世界上，没有一个人完全像我。有些人有某些部分像我，但没有一个人完全像我。因此从我身上出来的每一点、每一滴，都那么真实地代表我自己，因为我是我自己选择而成为的人。

我拥有我的一切，包括我的身体和它所做的事情；我的大脑和它的所思所想；我的眼睛和它所看到的、所想象的；我的感觉，不论它们是愤怒、喜悦、挫折、爱、失望、兴奋；我的嘴巴和它所说的话，礼貌的、甜蜜或粗鲁的、正确或不正确的；我的声音，大声或小声的；我所有的行动，不论是对别人的还是对自己的。

我拥有我的幻想、梦想、希望和害怕。

我拥有我所有的胜利与成功、所有的失败与错误。

我拥有自己的全部，因此我能和自己更熟悉、更亲密。由于我能如此，所以我能爱我自己，并友善地对待自己的每一部分。于是，我就能够做我最感兴趣的工作。

我知道存在某些令我困惑和不了解的部分，只要我友善地爱我自己，就能够有勇气、有希望地寻求消除这些困惑的方法，并发现更好的自己。

在任何时刻，我看、我听、我说、我做、我想和我感，都属于真实的我。

过些时候，我再回顾我此前是如何看、听、想和感受的，有些可能已不再合适了。

我能够舍掉一些不再合适的部分，保留其余的，还能再创造一些新的来取代舍掉的那些。

我能看、听、感受、思考、说和做。我有方法使自己活得有意义、亲近别人、使自己丰富和有创意，并且明白这世上其他的人类和我身外的事务。

我拥有我自己，因此我能掌控我自己。

我是我自己，而且我是最好的。

## 做自我调节情绪的主人

情绪、情感是人们对客观对象所持的态度和体验。情绪、情感对人们的身心各个方面有着广泛而深刻的影响。积极的情绪是人生命中的维生素、生活中的催化剂，使世界美好，使生命充满活力。消极的情绪如同腐蚀剂，会损害人的身心健康。因此，注意情绪的健康是身心健康的重要方面。

生活中人人都会遇到不良情绪的困扰。一个心理健康的个体应能用理智驾驭自己的情感，排遣、宣泄、控制和调适不良的情绪，做自我调节情绪的主人。通常有如下调节方法：

**合理排遣与宣泄**

对不良情绪的排遣与宣泄是自我调节的一种好方法。不过分迁怒于人，找"替罪羊"，对他人（如丈夫、妻子、孩子、顾客、同事等）发火、出气；或摔壶摔碗，把气撒在东西身上；或发牢骚、讲怪话，甩手不干，往工作上出气等，都是不可取的。合理的宣泄方法是：心中有委屈、愤怒、不平的事，可向领导、同事、亲人倾诉；矛盾双方开诚布公、交换意见、解开疙瘩、消除误会；大哭一场，释放积聚的负面情绪，调整肌体的平衡；进行运动或干体力活，累得满头大汗，精疲力竭，这也是一种能量的释放。

**理智消解法**

用理智消解法可以控制个人的情绪。例如，当受到批评而不服气的时候，如果冷静地检讨反省，可以减轻心理紧张；与人发生争执时，理智地站在对方立场上考虑，会变得心平气和；当受到他人的干扰、欺负而感到委屈时，若理智地谦让，不与对方一般见识，可以缓解矛盾。总之，在矛盾激化时，能够"三思而后行"，可起"降温"的作用。

**注意转移法**

注意转移的原理是在大脑皮层产生一个新的兴奋中心，通过相互诱导、抵消或冲淡原来的优势兴奋中心，即原来的不良情绪中心。例如当火气上涌时，有意识地转移话题或做点别的事情来分散注意力，便可使情绪得到缓解；当悲伤、忧愁情绪发生时，先避开某种对象，不去想或忘掉，可以消忧解愁；在余怒未消时，可以通过运动、娱乐、散步等活动，使紧张情绪松弛下来。

**艺术与创作升华法**

将不为社会所接受的消极情绪导向比较崇高的有利于建设与创造的行为叫升华。这是较高级水平的宣泄。例如，歌德年轻时，曾因失恋而绝望，后来控制了这种轻率行为，把自己的爱情遭遇作为素材，写出了世界名著《少年维特之烦恼》，这是艺术升华的典范。当亲人或师长去世时，产生悲哀情绪是人之常情，但是过于悲痛容易伤身并使人精神不振；化悲痛为力量，用工作与事业的成就来寄托人们对亡者的哀思，也是一种升华。

### 自我安慰法

当碰到某种不顺心的事情时，为了减少内心的失望与痛苦，人们常找某种"理由"来安慰自己。主要的自我安慰法有"酸葡萄心理"和"甜柠檬心理"。这是用某种理由来冲淡内心不安与痛苦的方法，偶尔使用有缓解情绪的作用，但经常采用，可能产生负面作用。

### 调息法

当不安情绪袭来时，常为平息紧张而深深叹一口气，或者突然大吐一口气等，这是日常生活中常用的方法之一。运动员为了缓解不安的情绪常采用调息法；平时发生冲突，受压抑而憋气的时候，也常用这种方法释放紧张感。

个人的自我调节能力是有限的，如果不良情绪长期存在，干扰到生活和工作，并且自己无法控制的时候，一定要及时就医，只有科学规范地进行精神心理专业治疗，才能更快地恢复身心健康。

# 自我管理的 8 个小习惯

### 学会管理时间

我们每个人所能掌握的时间是相等的，但有的人却能在相同的时间内塑造与众不同的人生。学会管理时间，把时间用在有意义的事情上，才能更好地掌控人生；学会珍惜时间，才能让自己不断成长、进步。

### 不过于依赖经验

经验是过往的积累，也是生活的总结，具有一定的借鉴意义。但太过依赖经验，只会将自己困于思维定式中，难以突破。借鉴经验，而不完全依赖经验，才能步履轻盈，走得更远。

### 适时给自己一点奖励

目标，是前进的方向；奖励，是前进的动力。完成一项任务时，奖励自己一餐美食；解决了一个问题时，给自己买一束鲜花。这些小奖励，能让我们获得满足感和幸福感，会激励我们带着满满的动力继续前行。

### 把目标分解细化

雄伟的山峰不可能一次攀到顶，宏大的目标也不会一蹴而就。一步步地走，一段段地攀，终会距离山顶越来越近。将大目标分解为小目标，一点一点做，一步一步来，持之以恒，才是最好的成功之法。

### 做事多规划

"凡事预则立，不预则废。"如果总是没有准备地盲目行动，往往会手忙脚乱。学会提前规划，做事才能从容不迫；凡事多做一手准备，才不会在意外发生时措手不及。慌乱奔跑只会失去目标，有序行进才能抵达终点。

### 定期总结复盘

真正厉害的人都善于总结复盘。从过往的得失中分析原因，总结自己的不足并及时修正，才能避免更多的错误，做出更加正确的选择。复盘总结，调整步调，让前路走得更顺，也让自己变得更好。

### 随手记录

随手记录，不仅是一种个人习惯，更是一种生活态度。将每天需要完成的事情记录下来，才能对自己的日常计划有更清晰的梳理；随手记录生活中的美好，你会拥有更多的快乐。

### 换个角度思考问题

常言道"条条大路通罗马"，限制我们到达"罗马"的，往往不是脚步的快慢，而是思维方式。如果撞了南墙，就去寻找别的方向；如果眼前的路无法通行，那就学会转弯。换个角度思考问题，也许就会看到一条全新的路。

## 怎样养成自我调节的习惯

成熟的人，需要学会用心经营自己，让自己的身心能够保持平衡，无论暴风雨多么猛烈也无所畏惧。这就需要我们平日里积累一些自我调节的习惯。下面就是一些可以尝试的方法。

### 在劳动中学会放松

劳动或许使我们感到疲惫，但它们有时也可以让我们变得平和。试着在你心烦的时候，找一件事情来做，比如扫地的时候，不去想任何头脑中杂乱的事情，平缓地呼吸，做完后花一点时间来体验这件事情带给你的满足感。这往往可以成为我们将注意力从焦虑中转移出来的好办法。

**用文字梳理你的情绪**

写日记能够健康有效地释放那些困扰你的情绪，让你从中得到解脱，不会因为把生活中的事情堆积，形成负担。试着随身带一个小本，随时记下头脑中困扰你的想法，不要顾及自己的字体、标点，而是去感受自己在思考、体验、期望着什么，在这个过程中，你的情绪就会得到梳理。

**做一个爱自己的人**

我们有时感到压力、紧张、恐惧，是因为我们是缺爱的人，我们渴望一个温暖的拥抱，渴望一句真挚的感谢。但是，有很多方式可以让我们把关爱献给自己。在新年的时候，送给自己一个祝福；生日的时候，送自己一样亲手做的礼物；一件事做得棒的时候，不吝惜夸夸自己。简单的动作就会让我们的心里充满爱意。

**发掘自己的创造性**

在忙碌的生活中，我们常常忽略了那个充满创造性的有魅力的自己，或许我们花时间去做让自己放松，但看上去不务正业的事会充满负罪感。但是对内心世界的表达和宣泄，对心灵来说是非常健康的。比如，我们可以把手边的废旧物改造成一样新东西，玩小时候喜欢的游戏，做一件自己一直不敢做的事情，跟不认识的朋友打招呼，尝试一个新爱好……我们的压力在热爱生活的点滴中被释放了。

# 谁都想见开心的人

好心情的人更有魅力。美国心理学家的一项研究显示，人的魅力绝不单纯来自一个人的外貌。心理学家拍摄了一些录像，一些人做自我介绍，然后请一些素不相识的人评价自己是否喜欢他们。结果显示，外在形象的影响因素最小，而那些表达出积极情绪的人受到的评价最高。

那些心情不好常皱眉头的人，面部肌肉僵硬，嘴角下拉，就会形成"苦瓜脸"——这样的脸色常常让人倍感压力；而一个人如果经常处在愉悦中，表情就会变得舒展、亲和而生动。这就是为什么有的人虽然五官并不出众，但却让人感到很"顺眼"。

当一个人心情好的时候，会更多地表现出亲和、友善与包容，自然更受欢迎。而当一个人心情很糟时，就会变得比较敏感，并具有攻击性。以下是一些犯人的自述。

**张某自述**

我的队友长得并不好看，小眼睛、塌鼻梁，而且扁平脸，厚嘴唇，脸上还有不少斑。但是如果你见到他本人，就会很喜欢他，不会觉得他不好看，因为他真的挺有魅力的。他的魅力来自他的性格——随和、乐观，很多事情都不计较。有几次他被欺负，我都替他打抱不平，但他自己却毫不在意。听他说话，我的心情也会变得很好。

**吴某自述**

我喜欢快乐的人。那些总是很开心的朋友，我随时都想见到。比如我的哥们儿"大暴"，高烧40度，送他上医院，路上还不忘跟我们开个玩笑。这样的人能不受欢迎吗？

我是个热心肠，很愿意帮人排忧解难。队里谁心情不好，一起聊聊天，心情就好多了，我多少也有点成就感。可是有人就不行，好像总是有一大堆理由抱怨。刚开始的时候，这样的人我会为他着急，出主意、想办法。可是后来发现他就是这种人，心理垃圾太多，本来还想和他交朋友，后来连面都不愿意见了。

**胡某自述**

我从前是个性子很容起急的人，有点事情就会怒不可遏，大家都对我敬而远之，甚至有人私下叫我"胡魔头"。

一次团体活动中，大家彼此分享，我才发现每个人心里都扛着很多事情，都希望心情能放松、舒畅些，而我的脾气给队友们带来了压力，于是我就把我的感受说了出来。一个队友对我说，"我原来以为你是个永远板着脸孔、强势、很难接近的人。但是，刚才听你说这番话的时候，发觉你其实挺善良的。为什么平时不把这一面展现给大家呢？"这话对我产生了很大影响。后来，即使大家因为一些小事产生矛盾，我也不着急。因为我觉得大家都不容易，一定要以和为贵，少给生活添点儿堵。我现在已经认识到这点，心态尽量松弛，和大家相处得还不错！

**思考题**

1. 培养兴趣爱好是实现内心和谐与自我放松的常见途径，怎样找到真正适合自己的兴趣？

2. 有哪些具体的自我放松技巧可以在服刑改造期间使用？

3. 内心和谐与人际关系紧密相关，如何通过改善人际关系来促进自我放松？

4. 冥想被认为对实现内心和谐很有帮助，怎样才能掌握正确的冥想方法并长期坚持？

5. 睡眠质量差往往反映内心不够和谐，通过自我放松改善睡眠有哪些有效方法？

# 五、生活处处是阳光

人人都应有一种深厚的兴趣，以丰富心灵，为生活添加滋味。

——戴尔·卡耐基

## 生活处处是阳光　作画演剧把歌唱

44 岁的李某，这已经是第五次在监狱服刑了，他说自己的人生有一半的时间是在监狱度过的。这次因犯贩卖、运输毒品罪，他被判处有期徒刑 15 年，他还患有艾滋病。

漫长的刑期与病痛的双重打击让李某在刚开始入监服刑时很是消极痛苦，只能通过打扑克消磨时间。监狱考虑到危重病犯心理和生理压力都很大，就开设了一些艺术指导活动，帮他们分散压力，李某偶尔去看看其他犯人的创作，慢慢喜欢上了雕刻与油画。不久，监狱开辟了爱心菜园，李某又开始饶有兴致地种植蔬菜，在汗水挥洒的劳动中体味到久违的开心。这样充实富有情趣的生活度过了一年后，李某悟到了"人静而后安，安而后定，定而后慧，慧而后悟，悟而后得"的道理。感悟自己从前私欲太多，现在的服刑生活就像修行，有一种驯服自己杂念的成就感。

李某的经历令人为他高兴，而像李某一样在服刑生活中找到新的兴趣爱好来充实生活的人有很多。

## 为什么不让你的生活充满兴趣

服刑的生活很容易空虚和枯燥，而境遇的压力很容易让我们陷入焦虑，在这种情况下，跟焦虑做斗争是没有用的，越是想逃避焦虑，越是徒劳。人们只能迂回巧妙地潜入其他的某些东西，例如，一项给你带来兴趣的爱好，有时候会让你很快地从焦虑、紧张的情绪中脱离出来。

将精力投入自己的兴趣爱好，即使过程令人十分疲倦和辛苦，也总是会感到兴致勃勃、心情愉快；即使困难重重也绝不灰心丧气，而去想办法，百折不挠地去克服。

# 积极情绪，积极人生

积极情绪会拓宽我们的思维和视野，[1]为我们带来健康，让我们更加坚韧，并抑制无端的消极情绪。要想获得完满的人生，需要借助积极情绪的力量。那么，怎么才能提升并利用自己的积极情绪呢？

消除生活中无端的消极情绪是一个伟大的开端。新的科学研究表明，一旦积极情况是消极情况的 2 倍以上，你就会更快乐、更有创意和更加坚韧。

以下是一些积极情绪的培养方法。

**方法 1：真诚很重要**

花点时间来领略"由衷"这个词。要真正地从内心中感受到积极情绪，你需要先慢下来。现代生活的步伐毫不停歇，让你不断地关注外界，远离了你的内心。随着时间的推移，这种情况麻痹了你的心。为了增加积极情绪，你需要让心"反麻痹"，让它感受，让它敞开。让自己足够地慢下来，让你可以用心去看、去听和去感受，而不仅仅是用眼睛、耳朵和思维。充分体会围绕在你身边的美好，与那份美好建立联系，陶醉其中，同时带着一种真诚的态度。这种减慢的速度解开了你由衷的积极情绪。

不真诚的积极情绪完全不是积极情绪，它是消极情绪的伪装。为了从真正的积极情绪中受益，无论是一个微笑、一次触摸还是一个拥抱，你都需要慢下来，让它成为由衷的积极情绪。

**方法 2：找到生命的意义**

要提升积极情绪并且把积极率往高地上移动的一个关键途径就是，要在你的日常生活中更加频繁地找到积极的意义。

研究亲人丧亡后情绪波动的科学家发现，体验到交织在悲伤中的一些由衷积极情绪的人们恢复得更快。一些丧偶的人们，通过回顾所失去

---

[1] 杜学敏，申开文：《大学新生功能失调性态度对积极率的影响机制研究》，载《中国心理学前沿》2024 年第 10 期。

的爱人的良好品质来培育积极情绪。其他人则通过珍惜他们接收到的、来自健在的所爱之人的关照，来实现这一点。还有一些人，通过恢复日常活动以及为他人提供帮助，来重新点燃他们的积极情绪。不管他们是如何做到这一点的，积极情绪在他们内心中都开辟了为未来制订计划和目标的足够空间。计划和目标是被积极情绪拓展了的思维的果实。连同积极情绪一起，拥有计划和目标是帮助丧亲的人们重新恢复的必备良药。

意义即解释，是你对自己目前状况所说出的道理。无论承认与否，你整天都在建构意义。虽然你可能认为这些微不足道，但是如果用积极的方式来看待它们，你就为积极情绪的河流铺平了道路。

那么关于更大的意义又如何呢？关于生命本身的意义又怎么样？你对生活的全貌做出了怎样的诠释？你如何对自己讲述，你的生活为何经历着它所经历的轨迹？讲述的这个故事能够激励你吗？还是让你感到情绪低落？你能够充满信心地说出你生活的终极使命是什么吗？如果可以，那个使命是否能够作为你的试金石、指南针，当你被摇荡偏离航线的时候，能否帮助你回到正确的轨道上来？

**方法 3：品味美好**

提高积极情绪的另一种策略是从好事情中寻找好的方面，将积极的事物变得更加积极。你可以把这个称作锦上添花的积极情绪。

当有什么好事情将要发生在你的身上时，你会对自己说什么？当你被好运气包围时，你在想什么？或者当某些美好的事物从你的视野里退去时，你脑海中闪过的是什么？人们的反应各不相同。有些人让怀疑和猜忌带路，"这不会真的发生在我身上"，"这是不可能发生的"，或者"我知道这不会持续太久"。其他人会以这样或那样的方式，不对它多加考虑。美好仿佛突然接近了他们，接着又同样迅速地消失了。

人们是否会自然而然地品味美好，往往是一个关于自尊心的问题，关于他们是否觉得自己"应当得到"好事情在自己身上发生的机会。

一种简单的、使你从好运中加倍获得积极情绪的方法，是养成与配偶、亲人或者亲密的朋友分享好消息的习惯。让他们参与其中，与你一起庆祝。

如果他们积极地支持你，你从那个单纯的好消息中收获的积极情绪就会显著地增长，而且作为额外奖励，你的人际关系会盛放。你们会变得更加亲密，并且更加愉快地在一起。这给了你更多理由去品味，品味可以带来更多的积极情绪，你就进入了良性循环的状态。

**方法4：数数你的福气**

你可以通过计算自己的福气来实现这个心理上的转变。让日常生活中曾经看似被遮掩住或是完全平凡的事情，作为名副其实的、值得珍惜的礼物重新展现。例如，在每天赶公交车上班的路上，你都会经过附近的店铺。也许你从来都没有真正注意到，摆放在水果摊前人行道上的大水桶里的插花。但是有一天你注意到了，你意识到鲜花给人们带来喜悦，今天买回这些鲜花的每一个人，都将被赐予这份喜悦中的一部分。但是此时此刻，这满满的喜悦全都是你的。你欣赏着鲜花生动的颜色和浓郁的香气，觉得充满生机，你的眼睛睁大了，步伐加快了，你发现自己对每个工作日都需要经过这家店铺心怀感恩，你发现自己期待看到每一天的新收获。当你日复一日地经过这家店铺时，你感受到了幸福。

将看似平凡的事物当成福气，所带来的收获可能在人际关系中更加显著。

几年前，奥普拉推广了写一本感恩日志的想法。她鼓励人们每天都写下热爱的五样东西，并声称"这个简单的练习将改变你的整个人生观"。

**方法5：计算善意**

善意至少有两个方面。当计算福气时，你常常会因别人对你是如此友善而开心，这引起了你的感激之情。

善意和积极情绪相辅相成。只要认识到自己的善意举动，就能够启动这种良性循环。

让你的善举新鲜和不平凡，创建一个固定的"善意之日"能够帮助你做到这一点。这样会让你在日常生活里对于善意有一定表达，同时选择特定的一天来将之提高到一个更高的水平。这可能就是为什么专门用一个下午或一天来做志愿者工作，无论是每周一次还是每月一次，都能够产生很多积极情绪的原因。这也是科学研究表明，帮助他人或能长寿的原因。

### 方法 6：追随你的激情

带着激情生活，给自己玩乐的权利，找到能够让你获得心流体验的独一无二的活动。

然而，在更多情况下，人们在工作中体验不到心流。

考虑到我们把生活中惊人的比例都贡献给了工作，你完全应该从事能够提升你日常积极情绪的工作。

### 方法 7：梦想你的未来

一种提高积极情绪的简单方法，是更加频繁地梦想你的未来。为自己构想最好的将来，并非常详细地将其形象化。相对于自省的人，被随机分配来进行这项练习的人在积极情绪上表现得更稳定。虽然目前还不清楚形象化的运转机制是怎样的，但可以确定的是，它能够让你对每天的目标和动机如何与你关于未来的梦想相匹配有一个深入的了解，帮助你在日常生活中发现更多的好处。需要注意的是，形象化已经被发现能激活与真正的活动一样的脑区，这就是形象化一直是获奖运动员们的得力工具的原因。心理练习或许能够与身体练习一样有效，至少，这是一个积极且充满活力的方法。形象化可能在你的长期项目中格外有效，例如接受教育、写一本书或是建立社区人际关系。

### 方法 8：利用你的优势

每天都有机会做自己最擅长的事情的人，凭借他们的优势行事，事业更容易欣欣向荣。优势是高度个性化的，因人而异。一些优势确定了你在工作中最能作出贡献的地方，如果将这些优势整合起来，则可以确定对整个生活的独特的影响和贡献。研究表明，了解自己的优势可以带给你生活和事业的高峰。

### 方法 9：与他人在一起

实现生活欣欣向荣并不是一种孤立的努力。没有人能孤立地实现他的全部潜力，这一点在科学上已经得到证实。

每个生活欣欣向荣的人都与其他人有温暖和可信赖的关系，无论是与爱人、亲密的朋友、亲人还是上述所有关系。并且，与生活、心态枯萎凋零的人相比，欣欣向荣的人每天会花更多的时间与他们亲近的人待在一起，而很少独自待着。事实上，欣欣向荣和享受良好社会关系之间的纽带是如此强大和稳定，以至于科学家将它视为欣欣向荣的必要条件。

因此，无论怎样，请每天都与他人建立联系。即使你不是一个天生就非常外向的人，也可以这样去做。科学实验表明，当你和别人在一起的时候，即使你只是假装外向，你表现得大胆、健谈、充满活力、积极主动和自信，无论自然天性如何，你都可以从那些社会交流中汲取更多的积极情绪。

**方法 10：享受自然的美好**

自然环境同社会环境一样重要。因此，提高积极情绪的另一种非常简单的办法，就是到外面去。更确切地说，在春光灿烂的好天气里外出。

每一个在好天气里花时间外出的人，都表现出积极情绪的增长和更加开阔的思维。后来，在全年内进行的研究揭示，这些影响具有季节性，只在春季和初夏表现出来。

当你沉浸在大自然中时，大自然的魅力会不由自主地吸引你的注意，而它的广阔又让你的注意力不断延伸且更加丰富。体验大自然很可能带来积极情绪和开放性，并让你在大自然中具有愈合和恢复能力。曾有研究表明病人住院时长取决于医院病房的窗口是否能展现大自然葱翠。因而，人们可以通过把时间花在与大自然相联系的户外活动上，来把自己放到身心愈合的轨道上。简单来说，户外活动可以让你看得更远，并拓展思维，让你对更多的事物感觉良好。

**方法 11：打开你的心灵**

积极情绪自然而然地打开你的思维，就像玉簪花随着阳光绽开一样。这种规律的美丽之处就在于，积极情绪和开放性相辅相成、相互触发并彼此强化。这种双向联系意味着，为了提高积极情绪，你可以使用的另一个杠杆是保持开放性。保持开放，积极情绪就会随之而来。

冥想是提高开放性的一个巧妙的方法，但它并不是唯一的方法。另一条途径是减少某些倾向于制约和分解体验的思维习惯。

总之，有一些方法很简单。对善意和感激睁开眼睛，留意善意与感谢；品味你看见它们时的美好；将你美好的未来形象化；变得更具有社会性；出去走走。这些小的变化，可以提升积极情绪。

其他的方法需要更多的努力。如重新设计你的工作或生活，以便更好地利用自己的优势；学习带着觉知力、仁爱，或两者一起来进行冥想；把寻找积极的意义变成你默认的心智习惯。虽然这些自我改变的任务更艰巨，但它们所带来的积极情绪是真切的，把你的努力投入这些方法上是相当值得的。

## 爱好是培养出来的

人的爱好不是天生的，而是培养出来的。

天生的东西称作本能，比如要吃好的，喝好的，住舒适的房子，从享受中得到快乐，这些只是欲望与本能，是动物为生存而与生俱来的属性，所以称为本能。

爱好却不同，爱好不是天生的，爱好是培养出来的，是需要学习的。比如欣赏绘画，你必须先学习，具备一定的素养，懂得一些光线、结构、颜色的理论，你才能欣赏画作，才能为其所感染。

你需要度过一段漫长的时间，培养一种爱好，可以让你在生活中拥有乐趣，修炼品性，甚至这种爱好可以成为你回归社会过程中的一技之长。

怎样才能培养出爱好呢？

有朋友打高尔夫球，打几次就烦了。他按照教练教的规范动作，两手握紧，双腿弯曲，用力打出去。结果竿子扔出去了，球还在那里。打了几次都打不好，他就失去兴趣了，再也不打高尔夫球了。

但是当这位朋友学下围棋的时候，情况则不同。开始水平不高，他就找一些围棋书、棋谱来看，感觉有点进步后，就去找一个棋友下，开始总是输，每次输了就回去看棋谱，渐渐地，他的水平提高了，棋友开始下不过他了。他很得意，又去找一个更高水平的人玩，开始也常是输，输了就回去研究棋谱，结果进步很是神速，他非常快地就迷上了围棋。

"兴趣是最好的老师"，一个人如果做他感兴趣的事，他的主动性将会得到充分发挥。一个人要培养爱好，首先得找到自己感兴趣的内容，并试着成为这方面的佼佼者，这种爱好就会带给你生活中极大的乐趣。

你只要肯花精力，整天钻研，就一定能做好；一旦做好，你心理上就会产生喜悦，就会喜欢它，于是你就更愿意学习、研究它，你也就能做得更好，形成良性循环。

实际上，投入心力培养一种爱好和兴趣，是在服刑生活中让自己心情舒畅、激发潜能、充分修养身性的最好方式。在充分享受爱好的过程中，你的大脑会经常兴奋，看到什么都会心情舒畅，使自己的身心经常保持在最佳的状态。

所以不要仅靠忍耐、坚持来度过服刑的日子，生命是上天给我们每个人的馈赠，不要让每一天浑浑噩噩地度过，要让每一天都能充满生活的乐趣，要让每一天的自己都开心起来。而培养一种并非天生的能力——爱好，就会帮你做到这一点。

让爱好和兴趣带给你快乐，让服刑的日子不再是一种忍耐。

## 天赋特点大发现

如果说爱好是一只三条腿的凳子，一条腿是"充分的兴趣"，一条腿是"不断地练习"，还有一条腿就是"你拥有的天赋和特点"。你拥有的天赋和特点会影响你爱好的选择，总爱观察相貌和着装的人可能会拿起画笔，音律准确、嗓音响亮的人会爱上唱歌，善于思索的人会爱上写作，乐天派的人会善于讲笑话和表演，细心料理生活的人会善于种菜养花，好出汗总坐不住的人不是爱好运动就是善于盖屋修瓦……总之，每个人都有自己的特点，可以用来培养某种爱好。但是，我们往往总觉得自己平淡无奇，发现不了自己的天赋和特点是什么。这个问题，或许可以让身边的朋友来告诉你。

可以组织一次团体活动，主题就是"优点大发现——发现自我，联结他人"。通过自我探索，发现自己的独特优势。了解彼此的优点，促进相互尊重和理解。培养正面思考习惯，增强自信心。

准备一面带胶的便签纸或单面胶贴纸，每个人都为其他成员写下自己所发现的他的天赋和特点，像一件礼物一样粘在他的身上，告诉他原来他这么棒。

活动规则：

（1）参与者各自写下自己的优点，要求真实、具体。

（2）轮流展示卡片，公开自己的优点，其他人倾听不评论。

（3）相似优点的卡片小组讨论，深入分享。

（4）全程保持正面积极的交流氛围。

通过一系列的互动和分享，参与者能够从他人的反馈中获得正面能量，同时学会欣赏和接纳他人。这不仅仅是一场游戏，更是一次心灵的洗礼和成长的体验。

"优点大轰炸"活动不仅是对自我的一次深度挖掘，更是一次与他人心灵相连的机会。在这里，我们相信每个人都是独一无二的，每个人都有值得被看见的光芒。

**思考题**

1. 生活中常常被我们忽略的"阳光"瞬间有哪些，如何培养发现它们的能力？

2. 当处于人生低谷，遭遇挫折时，怎样转变心态去看到生活中依然存在的阳光？

3. 从人际关系角度看，怎样通过积极互动让生活中充满更多阳光？

4. 兴趣爱好如何为生活带来阳光，如何利用爱好驱散阴霾？

5. 养成哪些生活小习惯，可以让我们更容易感受到生活里无处不在的阳光？

**推荐书目**

1.《拖延心理学》，简·博克、莱诺拉·袁，中国人民大学出版社2009年版。

2.《高效能人士的七个习惯》，斯蒂芬·柯维，中国青年出版社2015年版。

3.《刻意练习：如何从新手到大师》，安德斯·艾利克森、罗伯特·普尔，机械工业出版社2016年版。

4.《有限责任家庭》，李雪，北京联合出版公司2019年版。

5.《为何家会伤人》，武志红，北京联合出版公司2014年版。

6.《如何打造你的独特观点》，斋藤孝，北京联合出版公司2017年版。

**推荐电影**

1. 《盗梦空间》（2010 年），克里斯托弗·诺兰执导。
2. 《机器人总动员》（2008 年），安德鲁·斯坦顿执导。
3. 《时空恋旅人》（2013 年），理查德·柯蒂斯执导。

# 附　录

## 附录1　影响生活的经典心理学效应

以下这些经典的心理学效应，认真阅读，相信会对你的生活、学习和工作会有所帮助。

1. 踢猫效应

一父亲在公司受到了老板的批评，回到家里就把在沙发上跳来跳去的孩子臭骂了一顿。孩子心里窝火，狠狠去踹身边打滚的猫。猫逃到街上正好一辆卡车开过来，司机赶紧避让，却把路边的孩子撞伤了。

这种对弱于自己或者等级低于自己的对象发泄不满情绪而产生的连锁反应，就是心理学上著名的"踢猫效应"，描绘的是一种典型的坏情绪的传染。

2. 内卷化效应

长期停留在一种简单层面、没有发展增长、没有任何变化和改观、水平稳定、不断重复，对即将到来的变化缺乏应变能力，这种自我懈怠、自我消耗的行为，被称为"内卷化效应"。

3. 罗森塔尔效应

罗森塔尔效应是一种社会心理效应，是指对一个人传递积极的期望，就会使他进步得更快，发展得更好。反之，向一个人传递消极的期望则会使人自暴自弃，放弃努力。

4. 拆屋效应

鲁迅先生在《无声的中国》一文中写道："中国人的性情是总喜欢调和、折中的。譬如你说，这屋子太暗，须在这里开一个窗，大家一定不允许的。但如果你主张拆掉屋顶，他们就会来调和，愿意开窗了。"这种先提出很大的要求，接着提出较小、较少的要求，更容易被接受的心理现象在心理学上被称为"拆屋效应"。

5. 马太效应

马太效应，是指好的越好，坏的越坏，多的越多，少的越少的一种现象，即两极分化现象。

6. 巴纳姆效应

人们常常认为一种笼统的、一般性的人格描述十分准确地揭示了自己的特点，当人们用一些普通、含混不清、广泛的形容词来描述一个人的时候，人们往往很容易就接受这些描述，并认为描述中所说的就是自己。这种心理学现象被称为"巴纳姆效应"。

7. 吊桥效应

在吊桥上，由于危险的情境，人们会不自觉地心跳加快，如果这时候碰巧遇见一个异性，人们很容易错把由这种情境引起的心跳加快理解为：对方使自己心动才产生的生理反应，故而对对方滋生出爱情的情愫。这就是著名的"吊桥效应"。

8. 奶头乐理论

由于生产力的不断上升，世界上大部分人口将不必也无法积极参与产品和服务的生产。

为了避免被边缘化的大多数人口与少数精英之间的阶级冲突，安慰这些"被遗弃"的人，方法之一就是制造"奶头"。

"奶头"即令人陶醉的消遣娱乐和充满感官刺激的产品，比如网络、电视和游戏等，用这些"奶头"填满人们的生活、转移其注意力和不满情绪，令其沉浸在"快乐"中，不知不觉丧失思考能力、无心挑战现有的统治阶级。这就是著名的"奶头乐理论"。

9. 懒蚂蚁效应

日本北海道大学进化生物研究小组对三个分别由 30 只蚂蚁组成的黑蚁群的活动进行了观察。结果发现，大部分蚂蚁都很勤快地寻找、搬运食物，而少数蚂蚁却整日无所事事、东张西望，他们把这部分蚂蚁叫做"懒蚂蚁"。

经过观察发现，"懒蚂蚁"们把大部分时间都花在了"侦察"和

"研究"上。它们能观察到组织的薄弱之处，同时保持对新的食物来源的探索状态，从而保证群体不断得到新的食物来源，这就是著名的"懒蚂蚁效应"。

10. 晕轮效应

一个人的某种品质，或一个物品的某种特性一旦给人以非常好的印象，在这种印象的影响下，人们对这个人的其他品质，或这个物品的其他特性也会给予较好的评价。这种心理现象被称为"晕轮效应"，也叫"成见效应"。

11. 南风效应

法国作家拉封丹曾写过一则寓言，讲的是北风和南风比威力，看谁能把行人身上的大衣脱掉。北风首先来一个冷风凛凛、寒冷刺骨，结果行人为了抵御北风的侵袭，便把大衣裹得紧紧的。南风则徐徐吹动，顿时风和日丽，行人因为觉得很暖和，所以开始解开纽扣，继而脱掉大衣。

结果很明显，南风获得了胜利。这即是"南风效应"，意指人在处理人际关系时，温和的方式往往比强硬的方式更加有效。

12. 飞轮效应

为了使静止的飞轮转动起来，一开始你必须使很大的力气，一圈一圈反复地推，每转一圈都很费力，但是每一圈的努力都不会白费，飞轮会转动得越来越快。

达到某一临界点后，飞轮的重力和冲力会成为推动力的一部分。这时，你无须再费更大的力气，飞轮依旧会快速转动，而且不停地转动。

这就是"飞轮效应"，在做每一件事的最初阶段，都必须付出足够的坚持和努力。

13. 延迟满足效应

为了长远的、更大的利益而甘愿放弃或者延缓即时满足，在等待中保持良好的自我控制能力，这种抉择取向称为"延迟满足"。

14. 黑天鹅效应

非常难以预测且不寻常的事件，通常会引起市场连锁负面反应甚至颠覆的现象，被称为"黑天鹅事件"，也被称为"黑天鹅效应"。

15. 首因效应

首因效应由美国心理学家洛钦斯首先提出，也称"首次效应""优先效应"或"第一印象效应"，指交往双方形成的第一次印象对今后交往关系的影响，即是"先入为主"带来的效果。虽然这些第一印象并非总是正确的，但却是最鲜明、最牢固的，并且决定着以后双方交往的进程。

16. 近因效应

在有多个意义不同的刺激物依次出现的场合，印象形成的决定因素是后来新出现的刺激物。例如介绍一个人，前面先讲他的优点，接着"但是"，讲了许多缺点，那么后面的话对印象形成产生的效果就属于近因效应，即最新出现的刺激物促使印象形成的心理效果。

17. 蘑菇效应

蘑菇长在阴暗的角落，得不到阳光，也没有肥料，自生自灭，只有长到足够高的时候才会被人关注，可此时它自己已经能够接受阳光了。这种现象称为"蘑菇效应"。

蘑菇效应告诉我们，吃苦受难不一定是坏事，特别是那些刚刚走入社会、走上工作岗位的年轻人，当一段时间的"蘑菇"，能够更好地认识形形色色的人与事，为今后的发展打下坚实的基础。

18. 海马效应

从未经历过的事情或者场景，在某一瞬间让人有似曾相识之感，好像以前在某时某刻某地真实经历过一样。这就是著名的"海马效应"。

19. 木桶定律

一只木桶盛水的多少，并不取决于桶壁上最高的那块木板，而是取决于桶壁上最短的那块。

根据这一内容，可以有两个推论：其一，只有桶壁上的所有木板都足够高，这个木桶才能盛满水；其二，只要这个木桶里有一块木板高度不够，木桶里的水就不可能是满的。

这就是著名的"木桶定律"，说的是由多块木板构成的木桶，其价值在于其盛水量的多少，但决定木桶盛水量多少的关键因素不是其最长的板块，而是其最短的板块。

### 20. 手表定律

一个人有一块手表时，可以知道现在是几点钟，但当他同时拥有两块或更多块手表时，却无法确定。拥有两块以上的手表并不能帮人更准确地判断时间，反而会制造混乱，让看表的人失去对时间的正确判断。这就是著名的"手表定律"。

### 21. 破窗效应

如果有人打坏了一幢建筑物的窗户玻璃，而这扇窗户又得不到及时的维修，别人就可能受到某些示范性的纵容去打烂更多的窗户。久而久之，这些破窗户就给人造成一种无序的感觉，结果在这种公众麻木不仁的氛围中，犯罪就会滋生、繁荣。

这就是著名的"破窗效应"，意思是环境中的不良现象如果被放任存在，会引发更多不良行为的模仿和升级。

### 22. 曝光效应

我们会偏好自己熟悉的事物，越熟悉的事就越有好感，只要经常出现就能增加喜欢的程度。这种对越熟悉的东西越喜欢的现象，心理学上称为"曝光效应"或"多看效应"。

曝光效应表明，若想增强人际吸引，就要提高自己在别人面前的熟悉度，这样可以增加别人喜欢你的程度。

### 23. 二八定律

"二八定律"表明，原因和结果、投入和产出、努力和报酬之间本来存在着无法解释的不平衡，若以数学方式测量这个不平衡，得到的基准线是一个80/20关系。

### 24. 0分法则

在印象心理学中，0分法则也叫"烂瓜子效应"。一个人的印象，平时我们虽然只有1%的态度不好，但对于与我们交往的人来说，这1%的不良态度却等于100%的不良态度，从而形成了坏的印象。

这就是著名的"0分法则"，告诉我们要追求产品质量"0缺陷"、服务质量"0失误"。

### 25. 20英里法则

从美国西海岸圣地亚哥到某个地方有三千英里的路程，这段路程地貌十分复杂，而且经常会遭遇天气变化。那么，每天该走多少英里才是一个合适的速度呢？答案是：日行 20 英里，即每天走 32 公里。

这就是著名的"20 英里法则"，告诉我们如果想做成一件事，不能盲目地追求一时的拼命努力，应该要学会保持自律，在诸多外界不确定因素的影响下保持内心的稳定，不惧风雨、持之以恒，才能按计划完成既定目标。

26. 21 天效应

在行为心理学中，人们把一个人的新习惯或新理念的形成并得以巩固至少需要 21 天的现象，称为"21 天效应"。

一个人的动作或想法，如果重复 21 天就会变成一个习惯性的动作或想法。

27. 米格-25 效应

苏联研制生产的米格-25 喷气式战斗机，以其优越的性能而广受世界各国青睐，然而，众多飞机制造专家惊奇地发现：米格-25 战斗机所使用的许多零部件与美国战斗机相比要落后得多，而其整体作战性能达到甚至超过了美国等其他国家同期生产的战斗机。

产生这种现象的原因是，米格公司在设计时从整体考虑，对各零部件进行了更为协调的组合设计，使该机在升降、速度、应急反应等诸方面反超美国战斗机而成为当时世界一流。这一因组合协调而产生的意想不到的效果，被后人称为"米格-25 效应"。

米格-25 效应表明：事物的内部结构是否合理，与其整体功能的发挥关系很大。

28. 250 定律

每一位顾客身后，大体有 250 名亲朋好友。如果你赢得了一名顾客的好感，就意味着赢得了 250 个人的好感；反之，如果你得罪了一名顾客，也就意味着得罪了 250 名顾客。

这就是著名的"250 定律"，告诉我们必须认真对待身边的每一个人。

29. 蝴蝶效应

一只南美洲亚马孙河流域热带雨林中的蝴蝶，偶尔扇动几下翅膀，可能在两周后在美国得克萨斯引起一场龙卷风。

其原因在于：蝴蝶翅膀的运动，导致其身边的空气系统发生变化，并引起微弱气流的产生，而微弱气流的产生又会引起它四周空气或其他系统发生相应的变化，由此发生连锁反应，最终导致其他系统的极大变化。

这就是著名的"蝴蝶效应"，指的是事物发展的结果，对初始条件具有极为敏感的依赖性，初始条件的极小偏差，都可能会引起结果的极大差异。

30. 青蛙效应

将一只青蛙放在煮沸的大锅里，青蛙触电般地立即窜了出去。

后来，人们又把它放在一个装满凉水的大锅里，任其自由游动，再用小火慢慢加热，青蛙虽然可以感觉到外界温度的变化，却因惰性而没有立即往外跳，等后来感到热度难忍时已经来不及了。

这就是著名的"青蛙效应"，也叫"煮蛙法则"或"温水青蛙效应"。

31. 鸟笼效应

如果一个人买了一个空的鸟笼放在自己家的客厅里，过了一段时间，他一般会丢掉这个鸟笼或者买一只鸟回来养。

这就是著名的"鸟笼效应"，说明人们在拥有一个物品后，会倾向于添加与之相关的物品。

32. 毛毛虫效应

把许多毛毛虫放在一个花盆的边缘上，使其首尾相接，围成一圈。而在花盆周围不远的地方，撒一些毛毛虫喜欢吃的松叶。

毛毛虫开始一个跟着一个，绕着花盆的边缘一圈一圈地走，一小时过去了，一天过去了，又一天过去了，这些毛毛虫还是夜以继日地绕着花盆的边缘在转圈，并不会突然转向寻找松叶。它们最终因为饥饿和精疲力尽而相继死去。

科学家把这种喜欢跟着前者已走过的路线走的习惯，称为"跟随者"的习惯；把因跟随而导致失败的现象，称为"毛毛虫效应"，也称"毛毛虫定律"。

33. 羊群效应

羊群是一种很散乱的组织，在相对平静时，羊会随机漫步在草原上，但一旦有一只头羊突然奔跑，其他羊也会不假思索地一哄而上，全然不顾旁边可能有狼和不远处更好的草。

这就是著名的"羊群效应"，比喻人都有一种从众心理，从众心理很容易导致盲从，而盲从往往容易使人陷入骗局或遭到失败。

34. 刺猬法则

在一个寒冷的冬季，两只困倦的刺猬因为冷而拥抱在了一起，但是无论如何它们都睡不舒服，是因为它们各自身上都长满了刺，紧挨在一块儿就会刺痛对方，反倒睡不安宁。

因此，两只刺猬就离开了一段距离，可是又实在冷得难以忍受，因此就又抱在了一起。折腾了好几次，最后它们终于找到了一个比较合适的距离，既能够相互取暖又不会被扎。

这也就是在人际交往过程中的"心理距离效应"。"刺猬法则"强调的就是人际交往中的"心理距离效应"。

35. 牛蝇效应

林肯少年时在肯塔基老家的农场里耕地。耕地的牛很懒，经常"磨洋工"，林肯对此很无奈。然而，有一段时间牛却走得飞快。林肯开始大惑不解，后来才发现原来是有几只硕大的牛蝇叮在牛背上，它的叮咬使牛身上发痒，于是它走得比任何时候都快。

林肯从中悟出一个道理：要想让牛走得快，必须给予它足够的刺激。这就是著名的"牛蝇效应"。

36. 野马结局

非洲草原上有一种吸血蝙蝠，常叮在野马的腿上吸血。它们依靠吸食动物的血液生存，不管野马怎样暴怒、狂奔，就是没办法甩开这些"小家伙"，它们可以从容地吸饱再离开，而不少野马被活活折磨死。动物学家发现吸血蝙蝠所吸的血量极少，远不足以使野马死去，野马的死因是暴怒和狂奔。

这就是著名的"野马结局"，指的是因芝麻小事而大动肝火，以致因别人的过失而伤害自己的现象。"野马结局"表明，要管理好自己的情绪。

37. 鳄鱼效应

假定一只鳄鱼咬住你的脚，如果你用手去试图挣脱你的脚，鳄鱼便会同时咬住你的脚与手。你越挣扎，就被咬住得越多。所以，万一鳄鱼咬住你的脚，你唯一的机会就是牺牲一只脚。

这就是著名的"鳄鱼效应"，也叫"鳄鱼法则"，常被应用于股票交易市场中，即当你发现自己的交易背离了市场的方向时，必须立即止损，不得有任何延误，不得存有任何侥幸。

38. 鲇鱼效应

挪威人喜欢吃沙丁鱼，尤其是活的沙丁鱼。市场上活沙丁鱼的价格要比死鱼高许多，所以渔民总是千方百计想办法带活沙丁鱼回港。虽经种种努力，可大部分沙丁鱼还是会在中途窒息而死。后来，有人在装沙丁鱼的鱼槽里放进了一条以鱼为主要食物的鲇鱼。

沙丁鱼见了鲇鱼四处躲避，这样一来缺氧的问题就得到解决，大多数活蹦乱跳地回到了渔港。

这个故事是著名的"鲇鱼效应"，常被应用于企业人才或技术引进中，是企业激发员工活力的有效措施之一。

39. 墨菲定律

凡事只要有可能出错，那就一定会出错。这就是著名的"墨菲定律"，由爱德华·墨菲（Edward A. Murphy）在 1949 年提出。

其中可延伸出 4 个深刻的道理：（1）任何事都没有表面看起来那么简单；（2）所有事都比你预计的时间长；（3）会出错的事总会出错；（4）如果你担心某种情况发生，那么它就更有可能发生。

40. 安慰剂效应

病人虽然获得无效的治疗，但却"预料"或"相信"治疗有效，而让病患症状得到舒缓的现象，被称为"安慰剂效应"。

41. 金蝉定律

蝉在它蜕皮变成知了之前，在地底下靠刺吸植物根部汁液维持生命，在忍受了黑暗、冰冷、孤独，且长达 3 年甚至 17 年之久后，幼虫成熟，终于在某个夜晚钻出地面、爬到树梢、完成蜕变，同时静静地等待太阳升起那一刻的来临，它便可以成功地振翅飞向天空，冲向自由。

这就是著名的"金蝉定律"，告诉我们成功需要厚积薄发、忍受孤独和具有毅力。

42. 库里肖夫效应

库里肖夫是苏联时期的一位电影工作者，在他 19 岁的时候，发现了一种电影现象，即构成电影情绪反应的并不是单个镜头的内容，而是由几个画面之间的并列产生的，这种蒙太奇构成的可能性、合理性的创作才称为电影艺术。

这种心理效应被称为"库里肖夫效应"。告诉我们不同组合会让人对某一事物、产品或者人，产生不同的联想、情绪反应或感受到差异化，学会善用这种组合，就会达到意向不到的效果。

### 43. 路西法效应

受特定情境或者氛围的影响，人的性格、思维、行为方式等会表现出不可思议的一面，而"路西法效应"体现了人性中恶的一面。

路西法效应在我们身边随处可见，比如当一个人的经济地位、社会地位、领导关系发生变化时，他的语气、语态等都会发生微妙的变化。

### 44. 瓦伦达效应

在社会心理学中，人们把只想做好当前的事情，从不考虑此外的一切其他事而取得成功的现象，称为"瓦伦达效应"。

瓦伦达效应告诉我们，无论做任何事情，不要想得太多、患得患失，应该着眼于当下所做的事情本身，全力以赴，结果往往会成功。

### 45. 不值得定律

不值得做的事情，就不值得做好，这种心理学效应被称为"不值得定律"。

一个人之所以会产生不值得定律的心理反应，与其个人的价值观、性格、现实处境等都有密不可分的关系。

### 46. 酸葡萄效应

当自己真正的需求得不到满足时，为了缓解内心的压力和挫败感，使自己从不满、不安等消极心理状态中解脱出来，从而编造一些"理由"自我安慰，说得不到的东西是"酸的"，这种心理现象被称为"酸葡萄心理"，也叫"酸葡萄效应"。

酸葡萄效应告诉我们，要正确认识自己和他人。

### 47. 刻板效应

对事物或人形成的一般看法和个人评价，主观认为其应该具有某种特定属性或特征，从而忽视事物或人的个体差异，这种心理现象被称为"刻板效应"，也叫"刻板印象"。

刻板效应表明，要全方位多角度地了解事物或者评价一个人，避免形成偏见。

48. 投射效应

把自己的感情、意志、特性投射到其他人身上，以己度人，认为自己身上具有的某些特性，别人身上也一定会有与自己相同的特性，这种心理上的认知偏差被称为"投射效应"。

投射效应表明，人与人之间、事物与事物之间，既有共性，又有个性，要真正地了解自己和别人，避免投射效应过于严重，以己度人。

49. 霍桑效应

意识到自己被观察或者被研究，从而改变自己行为的倾向，被称为"霍桑效应"。

霍桑效应表明，善意的谎言和夸奖可以造就一个人；你认为你是什么样的人，你就能成为什么样的人。

50. 沉锚效应

人们在对某个事物或者某人做出判断时，总是先入为主，思维受第一信息所左右，而第一信息的起始值就像是沉入海底的锚一样制约着估测值，这种心理现象被称为"沉锚效应"，也叫"锚定效应"。

因为"锚"即参考物的暗示是人自主产生的，会对人的记忆产生某些作用，引导人们最终的选择或判断。所以，要积极采取措施减轻其可能有的不良影响。

51. 俄狄浦斯效应

俄狄浦斯效应源于古希腊戏剧《俄狄浦斯王》，指的是一种预言成真的心理现象，即预言本身被说出来、被相信，以至于最后预言成真。

俄狄浦斯效应表明，预测本身可以影响被预测的事件，这种影响可能会引起被预测事件，可能防止这种事件的发生。

52. 安泰效应

一旦脱离相应条件就失去某种能力的现象，被称为"安泰效应"。

安泰效应表明：要凝聚和依靠集体的力量；脱离自己擅长的领域或力量源泉，失去优势，很容易会遭受挫折。

53. 搭便车效应

在利益集团内，某个或某些成员为本利益集团做出努力和付出成本，最终集团内所有人，包括那些没有为此努力和付出成本的"搭便车"的人，都会得益，这种现象被称为"搭便车效应"。

搭便车效应表明，每个利益集团成员只有联手努力才能获得共同利益，如果有人没有为此而努力，那么就会抑制或削弱集团内其他成员努力和付出的动力；如果利益集团内的每个成员都共同努力，则个人成本就会相当小。

54. 权威效应

一个地位高、有威信、受人敬重的人，他所说的话或所做的事情容易引起别人重视，也容易让人相信其正确性，这种心理现象被称为"权威效应"，也称"权威暗示效应"。

权威效应告诉我们，要善用权威的暗示来积极引导，但不可迷信或盲从。

55. 多米诺骨牌效应

"牵一发而动全身"的连锁反应，被称为"多米诺骨牌效应"。即在一个存在内部联系的体系中，一个很小的初始能量就可能导致一连串的连锁反应，甚至引发翻天覆地的变化。

56. 稻草原理

将一根稻草放到一匹强健的骆驼身上，骆驼毫无反应，又放一根，骆驼还是没有反应，再放一根，骆驼依然没有反应。继续放下去，当稻草累积到一定程度，此时哪怕再放一根稻草，强健的骆驼也会不堪重负，轰然倒地。

这就是"稻草原理"，即人们经常说的"压死骆驼的最后一根稻草"，强调的是积少成多、量变到质变的现象。

57. 幽默效应

在日常交际中，不可避免地会出现困难或尴尬的场景，这时候，幽默就成了最好的调节剂，可以运用一些诙谐的手法，自我解脱，摆脱尴尬的境地，营造出和谐美好的氛围，从而与他人建立友好的关系。

这种有效的心理防御机制被称为"幽默效应"。

58. 角色效应

现实生活中，因场合的不同，人们的身份和角色也会发生变化，进而也会引起心理或行为的变化。这种因角色转变而产生的心理及行为变化的现象，被称为"角色效应"。

在生活中，我们的角色随时在发生着转变，比如孩子、家长、老师、领导、朋友、同学、恋人等，这一转变决定了我们用什么样的心理及行为去跟对方相处，同时也意味着享有或承担某一角色所赋予的权利、义务、责任和期待。

59. 泡菜效应

同样的蔬菜，在不同的水中浸泡一段时间后，将它们分开煮，其味道是不一样的。

这就是著名的"泡菜效应"，强调环境对人或者事物的影响和重要性。

60. 酒与污水定律

把一匙酒倒进一桶污水里，得到的是一桶污水；把一匙污水倒进一桶酒里，得到的还是一桶污水。很明显，污水和酒的比例并不能决定这桶东西的性质，真正起决定性作用的就是那一匙污水，只要有它，再多的酒都成了污水。

这就是著名的"酒与污水定律"，常被用于企业管理中，即当发现团队中有不合适的、不认同企业文化的、传递消极负面影响的人，要尽快使之离开，避免因一个"害群之马"使原本团结、向上的团队被毒化、被瓦解。

61. 暗示效应

暗示效应是指在无对抗的条件下，用含蓄、抽象、诱导的间接方法对人们的心理和行为产生影响，从而诱导人们按照一定的方式去行动或者接受某些意见，使其思想、行为与暗示者期望的目标相符合。

62. 冻脸效应

视频中的人在说话，画面被暂停时，此人的静态形象通常没有视频播放时的动态图像好看，这种心理现象称为"冻脸效应"。

63. 塔西陀效应

当一个组织或个人失去公信力时，不论说真话还是说假话，不论做好事还是做坏事，都会被认为是说假话、做坏事。这就是塔西陀效应。

64. 牢骚效应

A 公司中有对工作发牢骚的人，B 公司中没有对工作发牢骚的人，那么，A 公司一定比 B 公司成功得多，或 A 公司的老板一定比 B 公司的老板成功得多，这就是"牢骚效应"。

发牢骚是一种有效的沟通方式，公司或领导可以据此一方面了解自身的不足，另一方面了解员工的真实需求与情感。解决这些不足或需求，有助于企业长远、健康发展。

65. 哈默定律

天下没有坏买卖，只有蹩脚的买卖人。这就是著名的"哈默定律"，由西方石油公司董事阿曼德·哈默提出。

66. 哭泣效应

人们因悲痛而哭泣并产生心情舒畅、避免不幸后果的现象，被称为"哭泣效应"。

由此可见，哭泣效应能起到一种积极的、正面的作用，尤其是当人在遭受重大打击时，哭泣所起到的情绪宣泄作用是非常有效的。

67. 证人的记忆效应

心理学研究证明，很多证人提供的证词都不太准确，或者说是具有个人倾向性，带有个人的观点和意识。这种心理现象被称为"证人的记忆效应"。

证人的记忆效应表明，证人的记忆并不完全可信，其往往都带有倾向性，所以在对某件事做判断的时候，不能只听某个人的一面之词。

68. 冷热水效应

一杯冷水，一杯温水，一杯热水，把手放进冷水中，然后放进温水中，就会感到温水热；把手放进热水中，然后放进温水中，就会感到温水凉。同一杯温水，出现两种不同的感觉，这就是"冷热水效应"。

冷热水效应是随着人的心理变化而产生的，因为"标准"在变，所以对某一人或事物的预期也在发生着变化。在人际交往中，要善于运用这种冷热水效应。

69. 贝勃定律

当一个人经历强烈的刺激后，再施予的刺激对他（她）来说会变得微不足道，从心理感受来说，第一次大刺激能冲淡第二次的小刺激。

这就是"贝勃定律"，多做"雪中送炭"的事情，少做"锦上添花""画蛇添足"的事。

70. 热炉效应

组织中任何人触犯规章制度都要受到处罚，这就是"热炉效应"，也叫"热炉法则""惩处法则"。

与奖赏之类的正面强化手段相反，热炉效应属于反面强化手段。热炉效应经常被用于企业管理中，制定规章制度给所有人以警告的作用，当有人违反时，要做到一视同仁，公平、公正、公开，第一时间处理，可以起到很好的反向强化作用，有利于企业的长远发展。

71. 瀑布效应

人在注视倾泻而下的瀑布以后，如果将目光转向周围的田野，就会觉得田野上的景物都在向上飞升，这种心理学现象被称为"瀑布效应"。

72. 标签效应

当一个人被贴上一种词语或者名词标签时，他（她）就会做出自我印象管理，使自己的行为与所贴的标签内容相一致。由于这种现象是贴上标签后引起的，因此被称为"标签效应"。

给一个人"贴标签"的结果，往往会使其向"标签"所暗示的方向发展，积极的标签给人积极的暗示，消极的标签给人消极的暗示。

73. 责任分散效应

当发生了某种紧急事件时，如果有其他人在场，那么在场者所分担的责任就会减小，意味着任何一个旁观者提供帮助的可能性就减少了，即使他们采取反应，反应的时间也延长了。

这种现象被称为"责任分散效应"，也称"旁观者效应"。

74. 虚假同感偏差

人们常会高估或夸大自己的意见、判断、行为的普遍性，甚至把自己的特性也赋予到他人身上，认为别人也有和自己相同的特性。

这种现象被称为"虚假同感偏差"，也称"虚假一致性偏差"，告诉我们不要以己度人。

75. 焦点效应

高估周围人对自己外表和行为的关注度，这种心理现象被称为"焦点效应"，也称"社会焦点效应"。

焦点效应意味着把自己看作一切的中心，同时高估别人对自己的关注程度，尤其是当自己出丑时，总以为大家都会注意到，而事实却并非如此。

76. 美即好效应

对一个相貌、智力或天赋出众的人，人们很容易认为他（她）在其他方面也很不错，这就是"美即好效应"。

77. 避雷针效应

在高大建筑物顶端安装一个金属棒，用金属线把这根金属棒与埋在地下的一块金属板连接起来，利用金属棒的尖端放电及金属的导电性，使云层所带的电被大地带的电直接中和，从而保护建筑物等避免雷击。

这就是"避雷针效应"，其寓意是善疏则通，能导必安。

78. 布里丹毛驴效应

在决策的过程中，优柔寡断、犹豫不决的现象被称为"布里丹毛驴效应"。追求最优，往往会导致情绪、思维混乱等问题。

布里丹毛驴效应表明，鱼与熊掌不可兼得，不可得陇望蜀。

79. 犬獒效应

藏獒是生活在青藏高原的家庭护卫犬或牧羊犬，由于牧民过着以游牧为主的生活，藏獒必须能承受极其恶劣的气候条件，具备耐饥劳、抗瘟病的生存能力，才能生存下来，所以牧民在自然选择的基础上进行了人工选择。当年幼的藏犬长出牙齿并能撕咬时，主人就把它们放到一个没有食物和水的封闭环境里，让这些幼犬互相撕咬，最后剩下一只活着的犬，这只犬就被称为"獒"。这种现象被称为"犬獒效应"，这表明竞争与机遇同在。

80. 花盆效应

花盆是一个半人工、半自然的小环境。它在空间上有很多的局限性，由于人为地创造出非常适宜的环境条件，在一段时间内，作物和花卉可以长得很好。但只要一离开人的精心照料，花盆里的花就很难经受住温度的变化和风吹雨打，这就是"花盆效应"，也叫"局部生境效应"。

81. 音叉效应

当音叉频率和玻璃的共振频率一致时，子弹都打不透的玻璃也会瞬间裂成碎片；雪山里的一声呐喊，就可能会引发雪崩。

这种通过感应对象用巧力而不用强力使其发生变化、影响的方式，

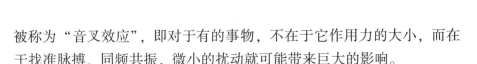

被称为"音叉效应"，即对于有的事物，不在于它作用力的大小，而在于找准脉搏、同频共振，微小的扰动就可能带来巨大的影响。

82. 海潮效应

海水因为天体的引力而涌起海潮，引力大则出现大潮，引力小则出现小潮，引力过弱则无潮，这种现象即为"海潮效应"。

海潮效应常被用于形容人才与社会、企业之间的关系。

社会需要人才，时代呼唤人才，人才便应运而生；而企业通过调整待遇和激励，不断吸引优秀人才加入。

83. 垃圾人定律

有很多负面、不良情绪的人就像一台"垃圾车"，当他们身上的负能量不断堆积时，需要找个地方倾倒，有时候刚好被人碰上，垃圾就往人身上丢。这种现象被称为"垃圾人定律"。

生活中有关"垃圾人定律"的事件时有发生，有时候可能仅仅因为一句口角，可能因为不小心碰了一下，或者仅仅只是一个路人甲，就招致挑衅、殴打甚至杀身之祸。

84. 出丑效应

一个才能平庸的人固然不会受人仰慕，但毫无缺点的人也未必讨人喜欢，而最讨人喜欢的是精明又带有小缺点的人。人们把这种心理现象称为"出丑效应"。

对于一个优秀的人来说，一些微小的失误不会影响人们对他（她）的好感，相反，会让人觉得他（她）很真实、值得信任；而如果一个人表现得完美无缺，看不到任何缺点或破绽，反而会让人觉得他（她）不真诚，使人难以接近和信任。

85. 凡勃伦效应

消费者对一种商品需求的程度，会因其标价较高而不是较低而增加，即商品价格定得越高，越容易受到消费者的青睐，反映了人们进行挥霍性消费的心理愿望。

这种现象最早由美国经济学家凡勃伦提出，因此被称为"凡勃伦效应"。

86. 登门槛效应

一个人一旦接受了他人一个微不足道的要求，为了避免认知上的不协调，或者想给他人前后一致的印象，就有可能接受更大的要求。

这种现象，犹如登门槛时要一级一级向上登，被称为"登门槛效应"，也称"得寸进尺效应"。

87. 邻避效应

居民或者当地单位因担心建设项目（如垃圾场、核电厂、殡仪馆等邻避设施）给人的身体健康、环境质量和资产价值等带来诸多负面影响，从而激发人们的嫌恶情绪，滋生"不要建在我家后院"的心理，即采取强烈和坚决的、高度情绪化的集体反对甚至抗争行为，这种现象被称为"邻避效应"。

88. 淬火效应

金属工件加热到一定温度后，将其浸入冷却剂中，经过冷却处理，金属工件的性能会更好、更稳定。心理学上把这种冷处理的现象称为"淬火效应"，教育学上把这种冷处理的方法称为"挫折教育"。

在孩子的成长过程中，适当的"挫折教育"会使其心理更趋于成熟，心理承受能力也更强。

89. 阿瓜约效应

一个人如果对其所买的产品满意，他（她）会把这种好的感觉告诉给周围的 8 个人；但如果他（她）对所买的产品不满意，他（她）会把这种不好的印象至少告诉给周围的 20 个人。这种购买心理现象由美国经济学家阿瓜约发现并提出，被称为"阿瓜约效应"。

90. 观察者效应

被观察的人或事物，会因其被观察的行为而受到一定程度的影响。

这种现象被称为"观察者效应"，即人们几乎没办法不影响所观察的事物。

91. 反弹琵琶效应

把原本要批评的过错，不给予直接批评，而是充分肯定或表扬其长处，使犯错者自我反省，进而认识过错，改正过错，这种现象在批评心理学中称为"反弹琵琶效应"。

92. 眼镜蛇效应

针对某个问题做出的解决方案，非但没有从根本上解决问题，反而使问题更加恶化，这种现象称为"眼镜蛇效应"。

93. 俄罗斯套娃现象

人们喜欢选择与自己类似但比自己"小"的人为自己的下属，这种现象称为"俄罗斯套娃现象"。

94. 丁达尔效应

丁达尔效应原本是一个物理现象，指当一束光线透过胶体，从垂直入射光方向可观察到胶体里出现一条光亮的通路。在心理学领域，它也被用来类比一些心理和行为现象：外界的反馈会影响我们的自我认知。当我们在某个领域表现好，得到别人的称赞和认可时，就像光线穿过尘埃形成明亮通路，会让我们对自己更有信心，形成积极的自我认知。

# 附录 2　歪曲信念的识别及矫治技巧要点

## 关于歪曲信念

歪曲信念是指个体内心中不现实的、不合逻辑的、缺乏事实依据的信念，会导致个体精神内耗，影响心理健康。

歪曲信念通常存在以下三个特征：

1. 绝对化要求

绝对化要求指人们以自己的意愿为出发点，认为某一事物必定发生或不会发生的信念。

它常常与"应该""必须"等词语联系到一起，比如：我必须获得成功；别人必须好好对待我；事情必须向着好的事情发展等。

如果持有这种信念，就容易陷入到情绪困扰中，因为很多事情并不完全按照个人的意志发生。

2. 过分概括化

过分概括化是一种以偏概全、以一概十的歪曲信念。通过片面的方式来概括整体。比如，评价自身时，如果某件事情没做好，就感觉自己是失败的，是一无是处的。这容易导致自罪自责心理、自卑自弃心理以及焦虑、抑郁情绪的产生。

评价他人时，如果对方稍有差错，就认为对方是坏的、是一无是处的。这容易导致敌意和愤怒情绪的产生。

3. 糟糕至极

糟糕至极是一种把事情的后果想象得很可怕、非常糟糕，甚至出现灾难性后果的歪曲信念。比如，入狱后就觉得自己的人生彻底完了；失恋后就觉得自己再也不可能幸福了；求职失败后就觉得自己再也找不到工作了。这些灾难化的想象，容易让人陷入到极端的负面情绪中，比如

耻辱、自责、悲观、抑郁等。

# 区分歪曲信念的标准

第一，合理的信念大都是基于一些已知的客观事实，而歪曲信念则包含更多的主观臆测成分。

第二，合理的信念能使人们保护自己，努力使自己愉快地生活，歪曲信念则会产生情绪困扰。

第三，合理的信念使人更快地达到自己的目标，歪曲信念则使人难以达到现实的目标而苦恼，

第四，合理的信念可使人不介入他人的麻烦，歪曲信念则难以做到这一点。

第五，合理的信念使人阻止或很快消除情绪冲突，歪曲信念则会使情绪困扰持续相当长的时间而造成不适当的反应。

# 常见的歪曲信念

1. 非黑即白，非此即彼

习惯用"要么这样，要么那样"的方式来思考。例如，孩子的成绩没有达到自己设定的标准，就将事情的结果想得很糟，甚至认为孩子将来必定是失败者。习惯从一个极端走向另一个极端。例如这样的表述："考不上好高中，你的一生就完了。"

2. 灾难化的心理过滤

习惯于把一些消极因素无限夸大，把问题往最坏的方面思考。例如，"我这次上心理健康教育课的笔记肯定要重写了"。其实民警只是给你提出了一些修改意见，希望你能够精益求精，写得更好，而你却因为这些合理的意见否定了自己的整篇文章。

3. 以偏概全

习惯于将偶然发生的坏事看成是经常发生的事情。例如，"我运气一直很糟糕""我从来没有好过""我一直都那么倒霉""幸运女神向来都不会眷顾我"。

4. 给好事打折扣

归因方式出现严重偏离，拒绝积极的经验。即使自己完成了任务，也认为是自己的运气好，而不是自己的实力强，认为别人也能做到甚至做得更好。例如，大强参加监狱组织的心理剧比赛，拿到了一等奖，他认为是那些有实力的高手都没有参赛，自己只是侥幸拿到了这个奖，如果那些高手参赛了，自己肯定没戏。

5. 胡乱猜测结果

当事情还没有结果的时候，习惯性地对结果进行消极的推测和判断。例如，"这次狱内高自考，数学考试我后面的大题都答得不够完整，这可怎么办？我的数学肯定考砸了"。

6. 凭感情论事

习惯进行情绪化的推理，将自己的消极感受当成必然事实，认定自己的消极情绪必然反映了事情的真实情况。例如，"今天早上起来，心里闷闷的，很不舒服，肯定是有不好的事情要发生。""今天来车间的路上太不顺了，我今天的劳动肯定要砸了！"

7. 乱贴标签

经常会给自己或他人一个评价，但是这样的评价缺乏客观全面的认识。例如，"我是一个学不好刑法的人""他的人缘不好"。

8. 虚拟陈述

认为事情应该符合自己的想法和期望。经常会给自己一个虚拟的想法或期望。例如，"我的人缘应该是最好的，所有人都应该喜欢我"。

9. 以己度人

自认为能够知晓他人的想法，总是习惯用自己的想法去判断他人的认知。例如，"他们就是讨厌我，就是不想要我这个朋友了""民警就是讨厌我""其他罪犯总是瞧不起我"。

10. 夸大其词

过分夸大自己的问题或不足的严重性，同时习惯性地轻视自己拥有的积极、正向的品质。例如，"我太冲动了，估计谁也不愿意和我交朋友""我就是控制不了自己的脾气，我就是一个脾气暴躁的人"。

# 克服歪曲信念

认识到自己有歪曲信念也许不是一件容易的事情，有时还需要与自己长久以来的认知做斗争。但如果坚持歪曲信念并且长期处于不良的情绪状态中，最终很可能导致严重情绪障碍的产生。所以，当你意识到或者在他人的引导下发现了自己的歪曲信念，尽量摆脱、改变它，为了防止出现更糟糕的后果，也为了成就更好的自己。

1. 觉察歪曲信念

是否出现了"应该""必须"这种想法，是否因为一件事不如意就觉得天塌了，是否认为自己的想法就是未来要发生的事情，等等。

2. 自我宽容

允许拥有灰色地带，允许自己慢慢地成长。

3. 积极思维

给予"积极"想法足够的思考时间。当你与朋友发生争吵时，想想朋友之前对你的帮助，不要让负面情绪成为你唯一的关注点。

4. 调查研究

在下结论之前确认事实。请记住，大多数时候别人并非是因为你产生某些行为，问问朋友是因为什么不开心，而不是自行假定是因为你。

5. 自我提问

凡事多问问自己："这件事有必要如此较真吗？""真的无法改变了吗？""这个想法一定会变成现实吗？"

6. 自我辩证

不断与歪曲信念进行辩论，尽量减少自身的非理性成分。

## "识别歪曲信念，减少精神内耗"的顺口溜

识别歪曲信念误，减少内耗心灵舒。
歪曲认知需纠正，真实信念助前行。
坚定信念走正道，曲解迷惑皆不靠。
真实面对无畏惧，曲解杂念皆抛弃。

识别歪曲信念误，精神焕发展勇气。
心灵觉醒识真相，内耗远离我自由。
内耗减少生活美，歪曲认知早远离。
曲解消除增智慧，信念坚定不迷茫。
精神焕发活力足，歪曲认知需觉悟。
认知真实不迷茫，心灵宁静无纷扰。

# 附录3 心理健康知识之"应对挫折"知识点

## 什么是挫折

挫折是人们在有目的的活动中，遇到阻碍人们达成目的的障碍。

## 什么是抗挫折能力

抗挫折能力，是人在遭遇挫折情境时，能否经得起打击和压力，有无摆脱和排解困境的耐受能力，是人适应挫折、抵抗挫折和应对挫折的综合能力。

## 应对挫折的技巧有哪些（8句顺口溜）

沉着冷静，不急不恼。
勇敢面对，不躲不逃。
找准原因，不等不靠。
树立目标，不低不高。
保持信心，不论晚早。
合理宣泄，跟人聊聊。
学会幽默，自我解嘲。
日常修身，持续变好。

## "五达道""三达德"

中国儒家传统文化思想中，修身可应对挫折，其中孔子提出了

"五达道""三达德"。

"五达道"本质是五种基本的人际关系：上下级关系、亲子关系、夫妻关系、兄弟姐妹关系和朋友关系；"三达德"是：知、仁、勇。